STM32CubeIDE를 이용한
STM32 따라하기

STM32CubeIDE를 이용한 STM32 따라하기

발행일	2020년 6월 17일

지은이	김남수, 이진형		
펴낸이	손형국		
펴낸곳	(주)북랩		
편집인	선일영	편집	강대건, 최예은, 최승헌, 김경무, 이예지
디자인	이현수, 김민하, 한수희, 김윤주, 허지혜	제작	박기성, 황동현, 구성우, 권태련
마케팅	김회란, 박진관, 장은별		
출판등록	2004. 12. 1(제2012-000051호)		
주소	서울특별시 금천구 가산디지털 1로 168, 우림라이온스밸리 B동 B113~114호, C동 B101호		
홈페이지	www.book.co.kr		
전화번호	(02)2026-5777	팩스	(02)2026-5747

ISBN	979-11-6539-265-9 13000 (종이책)	979-11-6539-266-6 15000 (전자책)

이 도서의 국립중앙도서관 출판예정도서목록(CIP)은 서지정보유통지원시스템 홈페이지(http://seoji.nl.go.kr)와
국가자료공동목록시스템(http://www.nl.go.kr/kolisnet)에서 이용하실 수 있습니다.
(CIP제어번호: CIP2020024596)

(주)북랩 성공출판의 파트너

북랩 홈페이지와 패밀리 사이트에서 다양한 출판 솔루션을 만나 보세요!

홈페이지 book.co.kr   •   **블로그** blog.naver.com/essaybook   •   **출판문의** book@book.co.kr

임베디드 개발자를 위한 실습 A to Z

STM32CubeIDE를 이용한
STM32 따라하기

김남수 · 이진형 지음

ST사
제품군 소개 및
분석 제공

최신 트렌드
ST사 실습 보드
사용

그림 중심의
단위 예제 실습
구성

예제 실습용
코드 및 프로젝트
파일 제공

북랩 book Lab

인사말

중학교 때 처음으로 컴퓨터 학원에서 GW-Basic을 배워 1~10 합을 구하는 프로그램을 코딩하고 실행 결과가 출력될 때의 기억과 <우리들의 천국>이라는 캠퍼스 드라마에서 처음 봤던 마이크로 마우스가 개발자의 넋두리를 늘어놓게 하는 듯하다.

중학교 때 C 언어를 배웠고, 마이크로 마우스를 만들고자 전자 공학을 선택했던 나에게 C 언어를 사용하는 것은 사치였다. 동아리에서 며칠 밤을 새우며 직접 납땜하여 만든 Z80 보드에 어셈블러를 통해 생성한 HEX 코드를 직접 입력하던 시절이 정말 꿈만 같다. 하지만 이제는 C 언어를 모르고는 임베디드 시스템 코딩이라는 단어를 말할수는 없을 것이다.

군 생활하며 8051 책을 소설책 읽듯 공부하였고, 제대 후에는 컴퓨터가 DOS에서 윈도우로 바뀐 IMF 전후 시절부터 본격적으로 마이크로 컨트롤러를 이용하여 마이크로 마우스를 만들던 기억이 아련하다. 이때부터 C 언어를 이용하여 마이크로 컨트롤러를 제어할 수 있었지만, 크로스 컴파일러는 나에게 너무나 비싼 소프트웨어 툴이었다. 하지만 이제는 개발에 필요한 모든 툴이 무료로 제공된다.

Z80, 8051, 80196, PIC 등 다양한 마이크로 컨트롤러를 접한 나에게 사회에서 처음접한 atmega128 개발 환경은 오랜 코딩 경험의 C 언어를 최대한 활용할 수 있게 만들었다. 그로 인해 현업에서 20년 가까이 활용할 수 있는 자산이 되기도 하였다. 또한, 임베디드 시스템이라는 표현이 어울리는 ARM core 기반 마이크로 컨트롤러를 사용하면서 개발자의 정점을 찍은 듯했다.
더 이상 새로운 마이크로 컨트롤러를 배울 필요가 없을 듯하던 그때, ARM에서

Cortex-M3라는 IP를 내놓으면서 엔지니어로서 삶에 또 한 번의 격랑이 시작되었다.

ATMEL사의 SAM 시리즈로 Cortex에 입문하려고 했으나, 촉박한 일정의 프로젝트로 인해 온라인에서 쉽게 검색되던 STM32F1 시리즈 칩을 선택할 수밖에 없었던 것이 지금 이 책을 쓰게 된 계기가 되었다.

나와 마찬가지로 개발자들은 시스템 설계에 있어 타깃 칩을 선택할 때, 유사한 설계 시스템이 있는지, 참고할 수 있는 자료는 풍부한지 온라인 검색해 볼 것이다. 그리고 Cortex 시작에 있어 풍부한 자료와 설계 용이성은 여러분들을 STM32 MCU 개발자로 입문하게 만들 것이다.

내가 STM32 MCU를 처음 시스템 설계에 적용한 지 5년도 지나지 않았지만 칩벤더에서 제공해 주는 개발 환경은 엄청난 속도로 발전했다. 물론 이런 추세를 만든 것은 아두이노지만, 주요 칩벤더들이 시대적 흐름에 빨리 적응하는 것을 보면 시스템 설계 엔지니어 또한 예전처럼 새로운 개발 환경에 두려움을 가질 필요는 없을 듯하다.

기존 ATMEL AVR MCU에서 Cortex MCU로 한 단계 성장하려는 시스템 엔지니어와 아두이노처럼 쉽게 마이크로 컨트롤러를 시작하려는 전공자들에게 마이크로 컨트롤러 기반의 개발 환경을 쉽게 안내해 줄 수 있길 바라며 이 책을 집필하였다. 그리고 그로 인해 생기는 기회비용을 좀 더 혁신적인 R&D 분야와 아이디어 창출에 집중할 수 있기를 바란다.

나는 교수이자 개발자로서 학생들이 현업에서 바로 활용하는 지식을 습득할 수 있는 실용 학습서의 필요성을 느꼈다. 이 책은 그림을 중심으로 쉽게 따라 할 수 있고, 주요 기능들은 단위 프로젝트로 구성하여 이후 필요로 하는 기능이 있을 때 단위 프로젝트를 열어 실무에 바로 활용할 수 있다. 또한, 프로젝트 생성을 반복하며 낯선 개발 환경에 좀 더 친숙해질 수 있도록 하였다. NUCLEO 보드만 구입하여도 간단한 예제들을 바로 학습할 수 있으며, 저자가 설계한 교육 키트를 통해 다양한 외부 장치를 제어할 수 있도록 하였다. 마지막 Application은 소스 코드를 바로 공개하지 않고 설계 방향을 제시하여 독자들이 다양한 외부 장치를 활용해 스스로 프로젝트를 설계하고 구현해 볼 수 있도록 구성하였다.

본 교재에 필요한 자료 및 Application 예제 코드는 네이버 카페(https://cafe.naver.com/androiddaq)에서 제공되며, 문의 사항 또한 네이버 카페를 통해 지원한다.

4. Peripheral 예제

5. NUCLEOEVB 보드를 이용한 실습

1.

STM32 요약

1.1. STMicroelectronics STM32 현황

리눅스 오픈 소스 정책이 임베디드 시스템으로 옮겨와 아두이노와 같은 오픈 하드웨어가 비전문가들을 위한 임베디드 시스템 개발 시장에 자리를 잡게 되었다. 이런 추세에 맞추어 최근에는 마이크로 컨트롤러 칩을 제공하는 TI, Microchips 등 글로벌 반도체 기업들도 사용자 중심의 임베디드 시스템 설계 환경을 제공해 주고 있다.

ST마이크로일렉트로닉스(STMicroelectronics, 이하 ST)는 예산 제약을 받는 엔지니어나 학생, 일반인이라도 성능과 전력 소모가 중요한 임베디드 설계에 10달러 내외의 STM32 누클레오 보드(NUCLEO board)를 사용할 수 있도록 공급하고, 이와 함께 마이크로 컨트롤러 개발 툴을 무료로 제공함으로써 누구나 임베디드 설계 및 개발을 손쉽게 진행할 수 있도록 만들었다.

특히 ST는 주요 PC 운영 체제를 지원하는 STM32CubeIDE 개발 툴을 무료로 다운로드해, STM32Cube Hardware Abstraction Layer(이하 HAL)과 미들웨어 컴포넌트 및 데모 코드, ST의 표준 주변 장치 라이브러리(Standard Peripheral Library, 이하 SPL)와 호환이 가능하다. 또한, 오버헤드가 낮은 STM32스닙펫(STM32Snippets) 코드 예제들과 STM32큐브 확장 소프트웨어 패키지를 이용할 수 있고, STM32 누클레오 보드, STM32 디스커버리 키트(Discovery Kit)나 모든 기능을 탑재한 평가 보드(EVAL board)를 이용하여 하드웨어 개발의 속도를 높일 수 있어 임베디드 시스템 설계자들이 600개 이상의 다양한 STM32 마이크로 컨트롤러 제품을 부담 없이 선택할 수 있도록 지원한다.

마이크로 컨트롤러 제품은 낮은 주파수의 ARM® Cortex®-M0에서 고속 Cortex-M7에 이르기까지 다양한 코어 성능 및 전력 범위를 제공하고, 가격 민감도가 우수한 제품의 경우 주변 장치 집적화를 최소화하고 핀 수가 적은 패키지를 적용한다. 또한 대용량의 온칩 플래시와 정밀 아날로그, USB, 이더넷, 하드웨어 암호화 같은 주변 장치를 갖춘 기능이 풍부한 제품도 있다.

본 교재에서 다루게 될 누클레오 보드는 다양한 프로토타입 보드로 구성되어 있으며 아두이노 헤더를 갖추고 있어서 확장 보드를 더욱 폭넓게 선택할 수 있고 디버거/프로그래머인 ST-Link가 제공되기 때문에 별도의 개발 장비가 없이도 플래시 프로그래밍을 드래그 앤드 드롭 방식으로 적용할 수 있게 만들어졌다.

최근 들어 ST는 Low-Layer Application Programming Interface(이하 LL API) 소프트웨어를 모든 STM32 마이크로 컨트롤러의 STM32Cube 소프트웨어 패키지에 추가했다.

LL API로 간편한 STM32Cube 환경 내에서 개발을 하고 ST의 검증된 소프트웨어를 이용해 개발 중인 코드를 레지스터 레벨로 최적화해 시장 출시 기간 단축 효과를 기대할 수 있다.

이제 모든 STM32Cube 패키지에 LL API와 HAL이 함께 탑재되면서 디바이스의 주변 장치 제어 방식을 결정해야 할 때도 완벽한 유연성을 발휘할 수 있다. HAL의 사용 편의성과 포팅이 가능한 점, LL API의 성능, 코드 풋프린트, 전력 소모를 최적화하는 성능을 활용할 수 있기 때문이다.

LL API에는 STM32 표준 주변 장치 라이브러리(SPL)와 기능적으로 동일한 주변 장치 초기화 서비스 기능이 있어, 구버전의 SPL에서 간단하지만 강력한 STM32Cube 에코 시스템으로 용이하게 마이그레이션(migration)을 가져갈 수 있다. LL API를 적용하면 STM32Snippets direct-register-access 코드 예제들에 견줄 수 있는 우수한 성능을 구현할 수 있으며, 본 교재에서 다루는 누클레오 보드 및 확장 보드에서 동작하도록 구성된 맞춤형 코드 예제들은 다른 STM32 마이크로 컨트롤러(이하 MCU)로 손쉬운 포팅을 돕는 템플릿으로 사용될 것이다.

ARM® Cortex® M 프로세서 기반의 32비트 마이크로 컨트롤러 STM32 제품군은
MCU 사용자에게 새로운 차원의 자유를 제공하도록 설계되었다. STM32는 매우 높은
성능, 실시간 기능, 디지털 신호 처리 및 저전력, 저전압 작동을 결합한 32비트 제품 범
위를 제공하면서 완전한 통합과 개발 용이성을 유지한다.

업계 표준의 ARM® Cortex®-M0, M0, M3, M4 및 M7 코어를 기반으로 하는 탁월
하고 광범위한 ARM STM32 MCU는 광범위한 툴과 소프트웨어를 갖추고 있어 탁월한
플랫폼을 제공해 준다. 또한, STM32 시리즈 간의 이식 용이성으로 독창적인 프로젝트
및 신속한 플랫폼 결정을 이끌어 내어 시장 출시를 앞당길 수 있도록 해 준다.

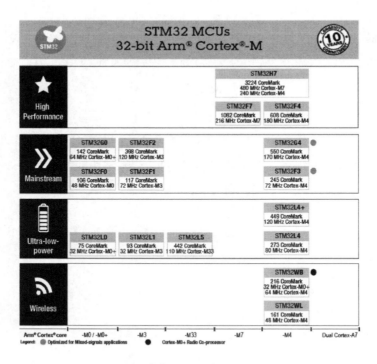

[그림 1] STM32 MCU Family

1.2.1. Ultra-Low-Power MCU STM32L0 Series

ARM® Cortex®-M0+ 코어와 STM32 초저전력 기능이 독점 결합된 STM32L0 계열은 배터리 또는 에너지 수확에서 운영되는 응용 제품에 적합하며 125°C에서 전력 소비량이 최저이다. STM32L0는 공간 절약형 WLCSP36을 포함한 32~64핀 패키지에서 최대 64KB의 플래시, 8KB의 RAM 및 최대 2KB의 내장형 EEPROM으로 제공된다.

- 동적 전압 비율 조정, 짧은 절전 해제 시간, 초저전력 클럭 발진기, LCD 인터페이스, 비교기, DAC 및 하드웨어 암호화를 제공
- 내장형 주변 장치: USART, I²C, 접촉 센서 컨트롤러, 16비트 ADC(하드웨어 오버 샘플링), 크리스탈리스 USB 및 통신 주변 장치
- 전체 RAM 및 저전력 타이머 포함 초전력 모드: 440nA 전력 소비
- LQFP64, LQFP100, LQFP144 및 WLCSP64 패키지 제공

• Ultra low leakage process • Dynamic voltage scaling • 14 to 100-pin • 5 clock sources • Advanced RTC w/ calibration • 12-bit ADC 1.14 Msps • Multiple USART, SPI, I²C • Multiple 16-bit timers • LP UART1 • LP Timer1 • 2 watchdogs • Reset circuitry POR/PDR • Brown-out Reset • DMA • AES-128	Product line	Flash (KB)	RAM (KB)	EE-PROM (Bytes)	Power supply	PVD ²	TEMP sensor	2x ULP COMP	2x 12-bit DAC	Touch sense	TRNG	USB 2.0 FS Crystal-less	Segment LCD Driver
	STM32L0x0 Value line	Up to 128	Up to 20	Up to 512	Down to 1.8V								
	STM32L0x1 Access	Up to 192	Up to 20	Up to 6K	Down to 1.65V	•	•	•					
	STM32L0x2 USB	Up to 192	Up to 20	Up to 6K	Down to 1.65V	•	•	•	•	•	•	•	
	STM32L0x3 USB & LCD	Up to 192	Up to 20	Up to 6K	Down to 1.65V	•	•	•	•	•	•	•	Up to 4x52 or 8x48

Note 1: Low-power peripherals available in ultra-low-power modes
Note 2: PVD = Programmable voltage detector

[그림 2] STM32L0 Series

1.2.2. Ultra-Low-Power MCU STM32L1 Series

ARM® Cortex®-M3 기반 STM32 L1 계열은 ST의 독점 초저누설 공정 기술과 혁신적 자율 동적 전압 비율 조정 및 5개의 저전력 모드를 사용하여 모든 응용 제품에 적합한 최고의 플랫폼 유연성을 제공한다. STM32 L1 계열은 성능 저하 없이 초저전력 개념을 확장한다.

초저전력 외에도 STM32 L1 계열은 다양한 기능의 포트폴리오, 메모리 크기 및 패키

지 핀 수를 제공한다. 초저전력 및 성능이 결합된 포트폴리오는 32~512KB의 플래시 메모리(최대 80KB의 SDRAM과 16KB의 실제 내장형 EEPROM) 및 48~144핀 패키지를 제공한다.

- 혁신적 아키텍처: 전압 비율 조정 및 초저전력 MSI 발진기
- USB, LCD 인터페이스, 연산 증폭기, 비교기, 신속 켜기/끄기 모드의 ADC, DAC, 정전 용량 방식 터치 및 AES 등의 내장형 주변 장치
- 실시간 클럭을 사용하는 초저전력 모드: 백업 레지스터 포함 900nA 전력 소비

	Product line	Flash	RAM	EE-PROM	Memory I/F	Op-Amp	Comp.	Temp. Sensor	Capacitive touch	Segment LCD Driver	AES 128-bit
• Reset POR/PDR • 2x watchdogs • Hardware CRC • Internal RC • Crystal oscillators • PLL • RTC calendar • 16- and 32-bit timers • 1x12-bit ADC • Temperature sensor • Multiple-channel DMA • Single-wire debug • Unique ID • USB 2.0 (with internal 48 MHz PLL)	STM32L100 Value line	32 to 256	4 to 16	2						Up to 8 x 28	
	STM32L151 STM32L152	32 to 512	16 to 80	4 to 16	SDIO FSMC	•	•	•	•	Up to 8 x 40	
	STM32L162	256 to 512	32 to 80	8 to 16	SDIO FSMC	•	•	•	•	Up to 8 x 28	•

[그림 3] STM32L1 Series

1.2.3. Ultra-Low-Power MCU STM32L5 Series

STM32L5 MCU는 Arm의 TrustZone 하드웨어 기반 보안 기능을 통합해 소형 기기의 보안 기능을 강화하는 Cortex-M33을 내장함으로써 유연한 소프트웨어 격리, 보안 부팅, 키 스토리지, 하드웨어 암호화 가속기 등 보다 향상된 기능들이 추가되었다. 또한, 코인 셀이나 에너지 하베스팅으로 전원이 공급되는 기기에 풍부한 기능과 탁월한 성능, 긴 런타임 등을 제공한다. 셧다운 모드에서 33nA만을 소모하고, EEMBC ULP-Bench에서 402 ULPMark-CP를 달성한 새로운 MCU 시리즈로, 이전 STM32L 시리즈에서 검증된 어댑티브 전압 스케일링 및 실시간 가속, 전력 게이팅, 다양한 저전력 동작 모드와 같은 저전력 기법을 기반으로 구현되었다.

- TrustZone을 통해 하드웨어 및 소프트웨어의 보안을 유연하게 분리
- 보안 서비스 강화

- EEMBC™ ULPBench®: 370 ULPMark™ - CP 스코어
- 내장형 SMPS 강압 컨버터(옵션)
- 다양한 기능을 갖춘 최적의 소비 전력

ART Accelerator™ USART, SPI, I2C Octo-SPI 16 and 32-bit timers SAI + audio PLL SHA, TRNG 2x 12-bit DAC Temperature sensor	Product line	FLASH (KB)	RAM (KB)	Memory I/F	2 x Op-Amp	2 x Comp	4ch / 2x Sigma Delta Interface	12- bit ADC 5 Msps 16 bit HW oversampling	USB2.0 Device XTAL-less USB Type-C and Power Delivery	CAN-FD	AES, PKA, OTFBC 128/256-bit
	STM32L552 USB Device & CAN-FD	512 to 256	256	SDIO FSMC Octo SPI	•	•	•		2	•	•
Low voltage 1.71V to 3.6V Vbat Mode Unique ID Capacitive Touch sensing	STM32L562 USB Device & CAN-FD & AES	512	256	SDIO FSMC Octo SPI	•	•	•		2	•	•

[그림 4] STM32L5 Series

1.2.4. Ultra-Low-Power MCU STM32L4 Series

STM32L4 MCU는 초저전력 MCU의 효율을 비교하는 표준화된 EEMBC™ ULP-Bench® 테스트에서 123점(세계 최고 기록)을 기록했다. 또한, STM32L4 시리즈는 초저전력 환경에서 성능 제한을 넘어, 80㎒에서 FPU 및 ST ART Accelerator™가 장착된 ARM® Cortex-M4 코어를 기반으로 100DMIPS를 제공한다.

STM32L43x 및 STM32L44x MCU 제품 라인은 통합 USB 컨트롤러, LCD 컨트롤러 및 보안 수준이 뛰어난 애플리케이션을 위한 암호화의 다양한 조합을 포함하며 다양한 패키지 및 메모리 밀도 옵션을 제공한다. 최대 256KB의 플래시 및 핀 수가 적은 패키지로 인해 비용에 민감한 애플리케이션에 이상적이다.

- 내장형 주변 장치: 정지 모드에서 사용할 수 있는 동적 전압 스케일링, 저전력 주변 기기(LP UART, LP 타이머), 안전 및 보안 기능, 연산 증폭기, 비교기, LCD, 12비트 DAC 및 16비트 등의 고급 및 저전력 아날로그 주변 장치 비트 ADC(하드웨어 오버 샘플링)
- 32KB의 RAM 및 실시간 클럭으로 구성된 초저전력 모드: 660nA의 전력 소비

Note: * HW crypto/hash functions are available on STM32L486, STM32L443, STM32L462, STM32L442 and STM32L422 - ** on STM32L4A6

[그림 5] STM32L4 Series

1.2.5. Ultra-Low-Power MCU STM32L4+ Series

차세대 STM32L4 계열인 STM32L4+ MCU는 최대 150DMIPS(233 ULPMark™-CP)(120 ㎒ 기준)로 성능을 확장하며 피트니스 밴드, 스마트 워치, 소형 의료용 장비, 스마트 계측기, 스마트 산업용 센서 등에 폭넓게 적용 가능하다. 이러한 모든 응용 제품은 배터리 충전을 위한 정교한 기능, 즉각적인 응답, 최소한의 중단 시간을 필요로 하므로 초고효율 STM32L4+가 이상적이다. STM32L4+는 응용 제품 설계자에게 이러한 유형의 초저전력 MCU를 위한 최신 온칩 메모리를 갖춘 강력한 프로세서 성능과 원활하고 유동적인 경험을 위한 최첨단 그래픽 성능이라는 목표를 달성하는 데 필요한 특징을 제공한다. 이 새로운 Chrom-GRC™ 그래픽 컨트롤러는 표시되지 않는 픽셀을 관리하는 데 리소스를 낭비하지 않으면서 정사각형 디스플레이처럼 효율적으로 원형 설계(TFT-LCD)를 처리할 수 있다.

- STM32L4+는 다른 STM32 계열과 핀 간 호환이 가능하며 전체 STM32 에코 시스템에 대한 기회를 제공
- 초저전력 모드: 20nA(백업 레지스터 포함, 실시간 클럭 없음(5개 절전 해제 핀)

- 초저전력 모드 +64KB RAM: 800nA

- 초저전력 모드 +RTC: 200nA(백업 레지스터 포함(5개 절전 해제 핀)

- 초저전력 모드 +64KB RAM+RTC: 1μA

- 동적 실행 모드: 최저 112μA/MHz

- 절전 해제 시간: 5μs

	Product line	Flash (KB)	RAM (KB)	Memory I/F	Op-Amp	Comp.	Sigma Delta Interface	12-bit ADC 5 Msps 16-bit HW oversampling	USB2.0 OTG	TFT Display Interface	*Chrom-GRC*	MIPI-DSI	AES 128-/256-bit
	STM32L4P5/Q5												
USART, SPI, I2C 2x Quad-SPI 16- and 32-bit timers SAI + audio PLL CAN Camera IF ART Accelerator™ Chrom-ART Accelerator™ 2x 12-bit DACs Temperature sensor Low voltage 1.71 to 3.6V VBAT mode Unique ID Capacitive touch-sensing	**STM32L4P5** USB OTG	512 to 1024	320	SDIO FSMC	2	2	4 ch	2	•	•			
	STM32L4Q5 USB OTG & AES	1024	320	SDIO FSMC	2	2	4 ch	2	•	•			•
	STM32L4R5/S5												
	STM32L4R5 USB OTG	1024 to 2048	640	SDIO FSMC	2	2	8x ch	1	•				
	STM32L4S5 USB OTG & AES	2048	640	SDIO FSMC	2	2	8x ch	1	•				•
	STM32L4R7/S7												
	STM32L4R7 USB OTG & TFT Interface	1024 to 2048	640	SDIO FSMC	2	2	8x ch	1	•	•			
	STM32L4S7 USB OTG & TFT Interface & AES	2048	640	SDIO FSMC	2	2	8x ch	1	•	•			•
	STM32L4R9/S9												
	STM32L4R9 USB OTG & MIPI-DSI	1024 to 2048	640	SDIO FSMC	2	2	8x ch	1	•w	•	•	•	
	STM32L4S9 USB OTG & MIPI-DSI & AES	1024 to 2048	640	SDIO FSMC	2	2	8x ch	1	•	•	•	•	•

[그림 6] STM32L4+ Series

1.2.6. 엔트리급 ARM® Cortex®-M0 MCU STM32F0 Series

ARM® Cortex®-M0 기반 STM32F0 계열의 MCU는 STM32 제품군의 필수 기능을 갖춘 동시에 32비트 성능을 제공하며, 특히 비용에 민감한 응용 제품에 적합하다. 또한, 실시간 성능, 저전력 작동 및 고급 아키텍처와 STM32 플랫폼의 주변 장치를 결합하고 있다.

- STM32F0x0 실속형은 기존 8비트 및 16비트 시장에서 경쟁력이 뛰어나며 여러 아키텍처 및 관련 개발 비용을 관리할 필요성을 제거
- STM32F0x1 라인은 통합된 기능을 제공하며 메모리 크기 및 패키지가 다양하기 때문에 비용에 민감한 응용 제품의 유연성이 높음

- STM32F0x2 라인은 크리스탈 없이 USB 2.0 및 CAN 버스 인터페이스와의 연결을 제공하므로 통신 게이트웨이, 스마트 에너지 장치 또는 게임 터미널에 적합
- STM32F0x8 라인은 1.8V±8%에서 작동하는 스마트폰, 부속품 및 미디어 장치와 같은 휴대용 소비자 응용 제품에 적합

· Reset POR/PDR · 2x watchdogs · Hardware CRC · Internal RC · Crystal oscillators · PLL · RTC calendar · 16- and 32-bit timers · 1x12-bit ADC · Temperature sensor · Multiple-channel DMA · Single-wire debug · Unique ID	Product line	Flash (KB)	RAM (KB)	Power supply	20-byte backup data	12-bit DAC Comp.	Touch sense	Up to 2x SPI/I²S, 2x I²C	USART	CEC	CAN	USB
	STM32F0x0 Value line	16 to 256	4 to 32	2.4 to 3.6 V				•	6			•
	STM32F0x1 Access line	16 to 256	4 to 32	2.0 to 3.6 V	•	• •	•	•	8	•	•	
	STM32F0x2 USB line	16 to 128	4 to 16	2.0 to 3.6 V	•	• •	•	•	4	•	•	• (crystal-less)
	STM32F0x8 Low-voltage line	32 to 256	4 to 32	1.8 V ±8%	•	• •	•	•	8	•		• (crystal-less)

[그림 7] STM32F0 Series

1.2.7. 메인스트림 MCU STM32F1 Series

STM32F1 계열 메인스트림 MCU는 산업, 의료 및 소비자 시장에서 매우 다양한 응용 제품의 요구 사항을 충족한다. 이 계열로 ST는 ARM® Cortex™-M 마이크로 컨트롤러 시장을 개척하며 내장형 응용 제품의 초석을 다졌으며 국내에서 가장 많이 사용되고 있는 계열이다.

- 최대 72㎒에서 작동
- 1MB의 플래시 메모리
- 이더넷 MAC, CAN 및 USB 2.0 OTG 통신 인터페이스
- 61DMIPS/177 CoreMark
- LQFP64, LQFP100, LQFP144 및 WLCSP64 패키지 제공

	Product line	FCPU (MHz)	Flash (Kbytes)	RAM (Kbytes)	USB 2.0 FS	USB 2.0 FS	FSMC	CAN 2.0B	3-phase MC Timer	I²S	SDIO	Ethernet IEEE1588	HDMI CEC
-40 to 105°C range	STM32F100 Value line	24	16 to 512	4 to 32			•		•				•
USART, SPI, I²C	STM32F101	36	16 to 1M	4 to 80				•					
16- and 32-bit timers	STM32F102	48	16 to 128	4 to 16	•								
Temperature sensor Up to 3x12-bit ADC Dual 12-bit ADC	STM32F103	72	16 to 1M	4 to 96	•		•	•	•	•	•		
Low voltage 2.0 to 3.6V (5V tolerant I/Os)	STM32F105 STM32F107	72	64 to 256	64		•	•	•	•	•		•	

[그림 8] STM32F1 Series

1.2.8. DSP 및 FPU 명령어를 지원하는 혼합 신호 MCU STM32F3 Series

STM32F3 계열 MCU는 수많은 통합 주변 장치와 72㎒에서 실행되는 32비트 ARM ® Cortex®-M4 코어(FPU 및 DSP 명령어 사용)를 결합한다.

- 아날로그: 5Msps(0.2㎲)에서 고속 12비트 ADC, 정밀한 16비트 시그마 델타 ADC, 고속 및 초고속 비교기(25ns), PGA(4게인, 1% 정확도) 포함 연산 증폭기 및 12비트 DAC
- 최대 144㎒에서 실행되는 16비트 및 32비트 분해능의 타이머 최대 18개
- 오디오: 단방향 또는 전이중 I²S 인터페이스
- USART(9Mbit/s), SPI/I²S(18Mbit/s), I²C(Fast+ 모드에서 1㎒), CAN(1Mbit/s) 및 고속 USB를 포함한 다양한 통신 인터페이스
- 순환 중복 검사(CRC)
- 정전 용량 접촉 감지(24키)
- 복합 파형 빌더 및 다중 이벤트 핸들러 포함 고분해능 타이머(217ps)
- 온도 범위 -40~85°C 또는 -40~105°C
- LQPF48/64/100, UFBGA100, UQFN32 및 WLCSP66/49패키지 제공

	Product line	Flash memory (KB)	RAM (KB)	CCM-SRAM	Power supply	ADC		12-bit DAC	Fast and Ultra Fast Comparators	Op amp (PGA)	Advanced 16-bit PMW Timer	High-Resolution Timer
						12-bit	16-bit					
• Routine booster (CCM) • Interconnect Matrix • DMA • USART, SPI, I²C, I²S, USB and CAN • 16- and 32-bit timers • HW polynomial CRC • SRAM with Parity check • Low and high speed oscillator • Reset + BOR PVD • RTC • Temperature sensor • Capacitive Touch sensing	STM32F301 - Access	32 to 64	16		2.0 to 3.6 V	Up to 2		1	3	1	1	
	STM32F302 - USB & CAN	32 to 512	16 to 64		2.0 to 3.6 V	Up to 2		1	Up to 4	Up to 2	1	
	STM32F303 - Performance	32 to 512	16 to 80	•	2.0 to 3.6 V	Up to 4			Up to 3	Up to 7	Up to 4	Up to 3
	STM32F3x4 Digital Power	16 to 64	16	•	2.0 to 3.6 V	2		3	2x Ultra Fast	1	1	• 10ch
	STM32F373 Precision measurement	64 to 256	32		2.0 to 3.6 V	1	3	3	2			
	STM32F3x8 1.8 V ± 8%	64 to 512	16 to 80	•	1.8 V ± 8%	Up to 4			Up to 3	Up to 7	Up to 4	Up to 3

[그림 9] STM32F3 Series

1.2.9. MCU STM32G0 Series

STM32G0 계열 MCU는 STM32 제품군의 필수 요소를 갖추면서 32비트 성능 및 통합 강화로 업그레이드한 제품으로, 특히 비용에 민감한 응용 제품에 적합하다. STM32G0 MCU는 실시간 성능, 저전력 작동 및 고급 아키텍처와 STM32 플랫폼의 주변 장치를 결합한다.

STM32G0x0 실속형 제품군은 기존 8비트 및 16비트 시장에서 경쟁력이 매우 높으며 정확한 내부 클록이 내장되어 있어 비용을 더욱 절감할 수 있고, 다양한 아키텍처 및 관련 개발 비용을 관리할 필요가 없으며, 아날로그 기능을 업그레이드한 STM32G0x1 제품군은 보안 기능을 업그레이드하여 IoT에 편리하게 사용할 수 있다.

- IoT 응용 제품, 홈 엔터테인먼트 제품, 가전제품 및 산업 장비와 같은 보안 트랜잭션에 대한 제어 강화
- 최대 +125°C의 높은 온도 범위 지원
- WLCSP, UFBGA, TSSOP, QFP 및 QFN 패키지와 같은 다양한 패키지 유형 세트

• MPU • Communication Peripheral: USART, SPI, I²C • Multiple general-purpose 16-bit timers • Integrated reset and brown-out warning • DMA channels • 2x watchdogs • Real-time clock (RTC) • Integrated regulator PLL and clock circuit • Main oscillator and 32 kHz oscillator • Internal RC oscillators 32kHz, 16 MHz • Temperature sensor	Product line	Flash (Kbytes)	SRAM (Kbytes)	Power supply	Temp. range	12-bit ADC 2.5 MSPS	12-bit DAC 2ch 2x comparators*	1x 32-bit timer	1x16-bit MC timer =128 MHz	1x16-bit timer =128 MHz	Low-power timer	Low-power UART	USB-PD	USB DEV/HOST 2.0 FS*	CAN-FD*	Securable Memory Area	AES-256 / TRNG*
	STM32G0x0 Value line	32 to 512	Up to 128	2.0 to 3.6 V	-40 to +85 °C	•											
	STM32G0x1 Access line	16 to 512	Up to 128	1.70 to 3.6 V	-40 to +125 °C	•	•	•	•	•	•	•	•	•	•	•	•

Note: * available on some STM32G0x1 partnumbers

[그림 10] STM32G0 Series

1.2.10. 고성능 MCU STM32F2 Series

ARM® Cortex™-M3 기반 STM32F2 계열 MCU는 혁신적인 적응형 실시간 메모리 가속기(ART Accelerator™) 및 다층 버스 매트릭스와 함께 ST의 고급 90nm NVM 공정 기술을 사용한다.

- 이더넷 MAC, USB 2.0 HS OTG, 카메라 인터페이스, 하드웨어 암호화 지원 및 외부 메모리 인터페이스를 포함한 최대 1MB의 플래시 메모리와 최대 128KB의 SRAM
- 150DMIPS/398CoreMark
- LQFP64, LQFP100, LQFP144, LQFP176, UFBGA176 및 WLCSP66(4mm x 4mm) 패키지 제공

• ART Accelerator™ • 2 x USB 2.0 OTG FS/HS • SDIO • USART, SPI, I²C • 2 x CAN • I²S + audio PLL • 16- and 32-bit timers • 3 x 12-bit ADC (0.5 µs) • Low voltage 1.7 to 3.6 V	Product line	Flash (KB)	RAM (KB)	Memory I/F	Op-Amp	Comp.	Sigma Delta interface	12-bit ADC 5 Msps 16-bit HW oversampling
	SM32F215 SM32F205	128 K to 1 M	Up to 128	•	•			•
	SM32F217 SM32F207	512 K to 1 M	Up to 128	•	•	•	•	•

[그림 11] STM32F2 Series

1.2.11. MCU STM32G4 Series

STM32G4 계열 MCU는 CORDIC와 필터링 기능을 통해 애플리케이션의 처리 속도를 높이는 2개의 하드웨어 수학 가속기를 도입했다. 이 가속기들은 가전제품이나 에어컨에서 에너지 절감 모터를 위한 삼각법, 신호 컨디셔닝, 디지털 전력 제어 필터링과 같이 고속 계산에 중점을 둬, 범용 메인 프로세서보다 연산을 빠르고 효율적으로 수행한다. 코어는 오프로딩을 통해 더 많은 센서 데이터를 수신하고, 추가 사용자 기능을 제어한다.

- 코어: Arm 32비트 Cortex-M4 CPU, FPU, 플래시 메모리에서 제로 대기 상태 실행을 허용하는 적응형 실시간(ART) 가속기, 213DMIPS, 최대 주파수 170㎒, MPU, DSP 명령
- 동작 조건: VDD, VDDA
- 전압 범위: 1.71~3.6V
- 수학 하드웨어 가속기: 삼각 함수 가속용 CORDIC, FMAC

• ART Accelerator™ • Math Accelerator • Flash memory with ECC • Parity bit on SRAM • Securable Memory Area • Quad-SPI • CAN-FD • USART, SPI, I2C, SAI • Advanced Motor control timers • Multiple DMA and DMAMUX • Integrated regulator PLL and clock circuit • -40 to +85 °C and up to 125°C operating temperature range • Low voltage 1.71 to 3.6 V • Temperature sensor • Vbat mode	Product line	Flash memory (KB)	RAM (KB)	CCM-SRAM (KB)	ADC 12-bit	12-bit DAC	Ultra Fast Comparators	Op amp (PGA)	FSMC	High-Resolution Timer
	STM32G4x1* Access line	32 to 512	32 to 96**	Up to 16	3	4	3	4		
	STM32G4x3* Performance line	128 to 512	128	Up to 32	5	7	7	6	•	
	STM32G4x4* Hi-resolution line	128 to 512	128	Up to 32	5	7	7	6	•	•

Note: * HW crypto/hash functions are available on STM32G441 and STM32G483/484

[그림 12] STM32G4 Series

1.2.12. DSP 및 FPU 명령어를 포함한 고성능 MCU STM32F4 Series

ARM® Cortex®-M4 기반 STM32F4 계열 MCU는 ST의 NVM 기술과 ART Accelerator™를 이용하여 최대 180㎒ 작동 주파수로 플래시 메모리에서 실행되며, 최대

225DMIPS/608CoreMark로 Cortex-M 기반 마이크로 컨트롤러 중 업계 최고의 벤치 마크 점수를 달성했다.

디지털 신호 컨트롤러(DSC) 라인으로 구성되며, MCU의 실시간 제어 기능과 DSP의 신호 처리 성능이 완벽한 조화를 이룬다.

- STM32F401 84㎒ CPU/105DMIPS, 탁월한 전력 효율성(동적 효율성 회선)을 갖춘 가장 작고 비용 효율적인 솔루션
- STM32F411 100㎒ CPU/125DMIPS, 데이터 배칭(배치 취득 모드를 이용한 동적 효율성 회선)을 위한 새로운 스마트 DMA 최적화 전력 소비와 대용량 SRAM으로 탁월한 전력 효율성 제공
- STM32F446 180㎒ 225DMIPS, 최대 512KB의 플래시와 듀얼 Quad SPI 및 SDRAM 인터페이스
- STM32F405/415 168㎒ CPU/210DMIPS, 최대 1MB의 플래시와 고급 연결 및 암호화
- STM32F407/417 168㎒ CPU/210DMIPS, 최대 1MB의 플래시, 이더넷 MAC 및 카메라 인터페이스 추가
- STM32F427/437 180㎒ CPU/225DMIPS, 최대 2MB의 듀얼 뱅크 플래시(SDRAM 인터페이스), Chrom-ART Accelerator™, 직렬 오디오 인터페이스, 더 높은 성능과 더 낮은 정지 전력 소비
- STM32F429/439 180㎒ CPU/225DMIPS, 최대 2MB의 듀얼 뱅크 플래시(SDRAM 인터페이스), Chrom-ART Accelerator™ 및 LCD-TFT 컨트롤러
- STM32F469/479 180㎒ CPU/225DMIPS, 최대 2MB의 듀얼 뱅크 플래시(SDRAM 및 QSPI 인터페이스), Chrom-ART Accelerator™, LCD-TFT 컨트롤러 및 MPI-DSI 인터페이스

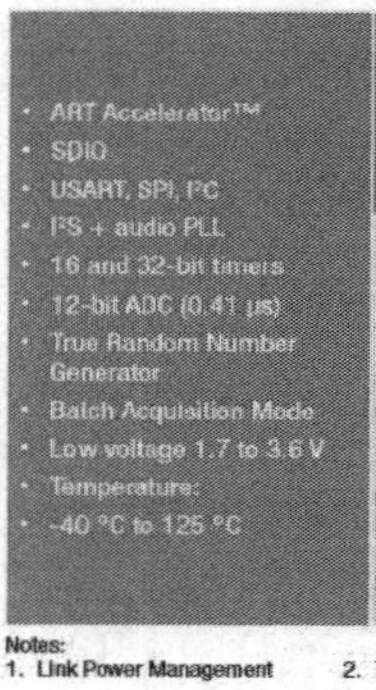

• ART Accelerator™ • SDIO • USART, SPI, I²C • I²S + audio PLL • 16 and 32-bit timers • 12-bit ADC (0.41 μs) • True Random Number Generator • Batch Acquisition Mode • Low voltage 1.7 to 3.6 V • Temperature: • -40 ℃ to 125 ℃	Product lines		Flash (Kbytes)		RUN current (μA/MHz)	STOP current (μA)	Small package (mm)	FSMC (NOR/ PSRAM/ LCD) support	QSPI	DFSDM	CAN 2.0B	DAC	TRNG	DMA Batch Ac- quisition Mode	USB 2.0 OTG FS
	STM32F401	84	128 to 512	up to 96	Down to 128	Down to 10	Down to 3x3								•
	STM32F410	100	64 to 128	32	Down to 89	Down to 6	Down to 2.553x 2.579					•	•	BAM	~
	STM32F411	100	256 to 512	128	Down to 100	Down to 12	Down to 3.034x 3.22							BAM	•
	STM32F412	100	512 to 1024	256	Down to 112	Down to 18	Down to 3.653x 3.651	•	•	•	•	•	•	BAM	• +LPM¹
	STM32F413²	100	1024 to 1536	320	Down to 115	Down to 18	Down to 3.951x 4.039						•	BAM	• +LPM¹

Notes:
1. Link Power Management   2. The same devices are also found with embedded HW AES encryption (128-/256-bit) named STM32F423

[그림 13] STM32F4 Series

1.2.13. ARM® Cortex®-M7 코어를 장착한 고성능 MCU STM32F7 Series

ST의 ART Accelerator™와 L1 캐시의 장점을 채용한 STM32F7 MCU는 코드가 내장형 플래시에서 실행되든지 외부 메모리에서 실행되든지 간에 Cortex-M7의 이론상 최대 성능을 제공한다(216㎒ fCPU에서 1082 CoreMark /462DMIPS).

새로운 주변 장치 집합의 스마트 아키텍처 Cortex-M7 코어의 성능을 발휘하는 STM32F7 계열이다.

- 상호 연결 코어, 주변 장치 및 메모리를 위한 AXI 및 다중 AHB 버스 매트릭스
- 두 개의 범용 DMA 컨트롤러 및 이더넷, 고속 USB OTG(On The Go) 인터페이스 및 Chrom-ART 그래픽 가속기를 위한 전용 DMA
- UPS 속도(이중 클럭 지원)와는 독립적인 주변 장치 속도로 모든 주변 장치 작동에 대해 영향을 주지 않고 시스템 클럭 변경 허용
- SPDIF 출력을 지원하는 2개의 직렬 오디오 인터페이스(SAI), SPDIF 입력을 지원하는 3개의 I²S 반이중 및 전용 전원 공급 장치 및 이중 모드 QuadSPI 플래시를 갖춘 2개의 USB OTG와 같은 더 많은 주변 장치
- 분산된 아키텍처의 대용량 SRAM

ACCELERATION
- ART Accelerator™
- L1 cache: data and instruction cache
- Chrom-ART Accelerator™ (except. STM32F7x3/F7x2)
- Floating Point Unit

CONNECTIVITY
- 2 x USB2.0 OTG FS/HS
- SDIO (x2 on F76x & F779)
- USART, UART, SPI, I²C
- CAN2.0
- HDMI-CEC
- Ethernet IEEE 1588 (except. STM32F7x3/F7x2)
- FMC
- MDIO slave (on F76x and F77x)
- Camera I/F (except. STM32F7x3/F7x2)
- Dual mode Quad-SPI

AUDIO
- I²S + audio PLL
- 2 x SAI
- 2 x 12-bit DAC
- SPDIF-RX

OTHER
- 16- and 32-bit timers
- 3 x 12-bit ADC 2.4 MSPS
- Low voltage supply: 1.7 to 3.6 V
- 85 °C and 105 °C ranges

Product line		F_{CPU} (MHz)	L1 cache (I/D)	FPU	Flash (bytes)	RAM (KB) + 16K ITCM + 4K backup	JPEG codec		DF SDM	TFT LCD controller	MIPI®-DSI
Advanced lines											
STM32F7x9[2] STM32F7x8[1]		216	16K+16K	Double Precision	1M to 2M (RWW)	512K (incl.128K DTCM)	•	3	•	•	•
STM32F7x7[2]		216	16K+16K	Double Precision	1M to 2M (RWW)		•	3	•	•	
STM32F7x6[2]		216	4K+4K	Single Precision	512K to 1M	320K (incl.64K DTCM)		2		•	
STM32F7x5	765	216	16K+16K	Double Precision	1M to 2M (RWW)	512K (incl.128K DTCM)		3	•		
	745	216	4K+4K	Single Precision	512K to 1M	320K (incl.64K DTCM)		2			

Product lines	F_{CPU} (MHz)	L1 cache (I/D)	FPU	Flash (bytes)	RAM (KB) + 16K ITCM + 4K backup	JPEG codec		DF SDM	PC-ROP (protected code execution)	USB HS PHY
Foundation lines										
STM32F7x3[1]	216	8K+8K	Single Precision	256K to 512K	256K (incl.64K DTCM)		1		•	•
STM32F7x2[1]	216	8K+8K	Single Precision	256K to 512K			1		•	

Notes:
[1] Voltage Regulator Off mode available for WLCSP180 package (STM32F778AIY6TR)

[그림 14] STM32F7 Series

1.2.14. High-performance MCUs with ARM® Cortex®-M7 core STM32H7 Series

STM32H7 계열 MCU는 더욱 발전된 지능형 스마트 기기를 위한 제품으로 ST의 STM32 플랫폼 중에서도 가장 큰 SRAM 메모리(1MB)와 가장 풍부한 커넥티비티 주변 장치 세트를 내장하고 있다.

코어 성능을 높이고 시스템을 통한 초고속 데이터 전송을 구현하면서도 동작 전력 소모는 280㎂/㎒ 이하, 대기 모드일 때는 7㎂ 이하로 줄여, 기존 자사 'STM32F7'에 비해 성능은 2배, 전력 소모량은 절반으로 낮췄다. 또한, AP가 담당하던 동영상 처리가 가능하여 XGA(1024x768) 해상도 디스플레이를 지원하고, JPEG 디코더도 지원한다. 처리 속도는 400㎒로 Cortex-M 코어를 적용하여 업계에서 최고의 성능을 구현하는 제품이다.

- 32비트 Arm® Cortex®-M7 코어(이중 정밀 FPU 및 L1 캐시 포함): 16KB의 데이터 및 256비트 임베디드 플래시 메모리의 단일 액세스에서 하나의 캐시 라인이 입력되도록 허용

- 16KB의 명령어 캐시, 최대 400MHz의 주파수, MPU, 856DMIPS/2.14 DMIPS/MHz(Dhrystone 2.1) 및 DSP 명령어
- 최대 133MHz까지 실행되는 듀얼 모드 Quad-SPI 메모리 인터페이스
- 최대 32비트의 데이터 버스를 지원하는 유연한 외부 메모리 컨트롤러: 동기화 모드에서 최대 133MHz로 클록된 SRAM, PSRAM, SDRAM/LPSDR SDRAM, NOR/NAND 플래시
- 전력 효율을 극대화하기 위해 독립적으로 클록 게이팅 또는 스위치 오프가 가능한 별도의 전원 도메인 3개
- 내부 PHY에 3.3V 내부 레귤레이터가 내장된 전용 USB 전원

CORE, MEMORIES AND ACCELERATION
- Single-core Cortex-M7 up to 480 MHz
- Dual-core Cortex-M7 480 MHz and Cortex-M4 240 MHz
- Flash and RAM acceleration
- SP-FPU and DP-FPU
- 4 x DMA

CONNECTIVITY
- 2 x USB2.0 OTG FS/HS
- 2 x SDMMC
- USART, UART, SPI, I2C
- 2 x CAN (1 x FD and 1 x TT)
- HDMI-CEC
- FMC, Dual-mode Quad-SPI
- Camera I/F
- Analog (comp, AOP)

AUDIO
- 3 x I2S + audio PLL
- 4 x SAI
- 2 x 12-bit DAC
- SPDIF-RX

GRAPHIC
- Chrom-ART Accelerator™

OTHER
- Crypto/Hash (except H742)¹
- Security services (except H742)
- TRNG
- DFSDM
- 16- and 32-bit timers, HRTimer
- 3 x 16-bit ADC (up to 3.6 MSPS)
- Voltage range 1.62 to 3.6 V (except 100-pin package: 1.71 to 3.6 V)
- Multi-power domains
- -40°C up to 105°C ambient
- -40°C up to 125°C ambient²

Product line	f_{cpu} (MHz)	Dual-Bank Flash memory (bytes)	RAM (bytes)	OctoSPI & OT - FDEC	Ethernet	Graphic	Power supply	Stop mode (typical) / RAM reten - tion
Dual-core lines								
STM32H747/757¹	480 + 240	Up to 2 Mbytes	1 Mbyte (incl.128 Kbytes DTCM + 64 Kbytes ITCM + 64 Kbytes backup1) + 4 Kbytes backup2	-	●	TFT-LCD JPEG codec MIPI-DSI	SMPS + LDO	360 µA / 1MB 250 µA / 768KB
STM32H745/755¹	480 + 240	Up to 2 Mbytes	1 Mbyte (incl.128 Kbytes DTCM + 64 Kbytes ITCM + 64 Kbytes backup1) + 4 Kbytes backup2	-	●	TFT-LCD JPEG codec	SMPS + LDO	360 µA / 1MB 250 µA / 768KB
Single-core lines								
STM32H7A3/7B3¹	280	Up to 2 Mbytes	1,4MB (incl.128K DTCM, 64K ITCM, 1184K+SRAM, 4K backup)	●	-	TFT-LCD JPEG codec Chrom-GRC	SMPS + LDO	32 µA / 1.4MB 26 µA / 32KB
STM32H743/753¹	480	Up to 2 Mbytes	1 Mbyte (incl.128 Kbytes DTCM + 64 Kbytes ITCM + 64 Kbytes backup1) + 4 Kbytes backup2	-	●	TFT-LCD JPEG codec	LDO	1270 µA / 1MB 910 µA / 768KB
STM32H742	480	Up to 2 Mbytes	692 Kbytes (incl.128 Kbytes DTCM + 64 Kbytes ITCM + 16 Kbytes backup1) + 4 Kbytes backup2	-	●		LDO	1270 µA / 692KB 910 µA / 704KB
Value line								
STM32H7B0	280	128 Kbytes	1,4MB (incl.128K DTCM, 64K ITCM, 1184K+SRAM, 4K backup)	●	-	TFT-LCD JPEG codec Chrom-GRC	SMPS + LDO	32 µA / 1.4MB 26 µA / 32KB
STM32H750	480	128 Kbytes	1 Mbyte (incl.128 Kbytes DTCM + 64 Kbytes ITCM + 64 Kbytes backup1) + 4 Kbytes backup2	-	●	TFT-LCD JPEG codec	LDO	1270 µA / 1MB 910 µA / 768KB

Notes :
1. Optional - dedicated CPN, STM32H753, STM32H755, STM32H757, STM32H7B3 for the Crypto Variants

[그림 15] STM32H7 Series

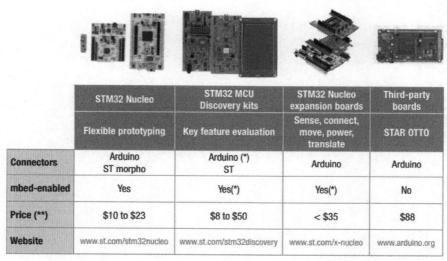

	STM32 Nucleo	STM32 MCU Discovery kits	STM32 Nucleo expansion boards	Third-party boards
	Flexible prototyping	Key feature evaluation	Sense, connect, move, power, translate	STAR OTTO
Connectors	Arduino ST morpho	Arduino (*) ST	Arduino	Arduino
mbed-enabled	Yes	Yes(*)	Yes(*)	No
Price (**)	$10 to $23	$8 to $50	< $35	$88
Website	www.st.com/stm32nucleo	www.st.com/stm32discovery	www.st.com/x-nucleo	www.arduino.org

(*) On selected boards
(**) Recommended

[그림 16] STM32 개발 보드

STM32 MCU는 저렴한 키트부터 완벽한 장비를 갖춘 하이엔드 응용 제품 개발 기판에 이르기까지 광범위한 평가 도구를 지원한다. 이를 통해 각 제품 라인의 주변 장치 및 기능을 모두 구현할 수 있다.

STM32 Nucleo Board를 사용하면 설계 엔지니어는 모든 STM32 MCU로 새로운 아이디어를 시도해 보고 시제품을 빠르게 만들 수 있다. 모든 Nucleo 보드에는 Arduino™ 커넥터와 ST's Morpho 커넥터가 함께 제공되어 하드웨어 추가가 용이하다.

STM32 Discovery Kit는 STM32 MCU의 탁월한 기능을 평가할 수 있는 저렴하고 완벽한 접근 방법이 된다. 특정 장치 기능을 시연하는 데 필요한 MEMS 마이크, 센서 및 LCD 디스플레이 등의 부품도 포함되어 있다.

STM32 Eval Board는 STM32 MCU의 전체 기능 집합을 사용하는 데 필요한 모든 외부 하드웨어가 포함되어 있다. STM32 평가 기판은 STM32 MCU의 모든 핀에 대한 액세스를 제공하므로 응용 제품 개발을 위한 참조 설계로 고려할 수 있다.

STM32 에코 시스템

ST의 STMCube™는 개발자의 개발 노력, 시간 및 비용을 절감할 수 있도록 설계를
지원한다. 모든 STM32 포트폴리오 라인에서 사용 가능한 에코 시스템은 그래픽 마법
사를 사용하여 C 초기화 코드를 생성할 수 있는 그래픽 소프트웨어 구성 도구인
STM32CubeMX가 포함된다.

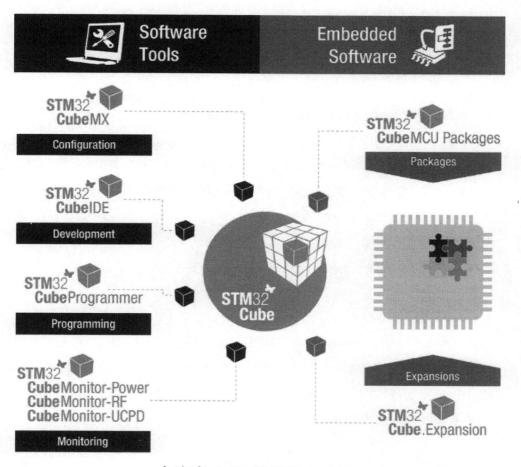

[그림 17] Inside the STM32Cube ecosystem

1.4.1. STM32CubeMX

STM32CubeMX는 그래픽 마법사를 사용하여 C 초기화 코드를 생성하며, STM32 MCU 시리즈(STM32F4 시리즈용 STM32CubeF4 등)별로 제공되는 포괄적인 STM32Cube MCU 패키지를 내장하고 있다. 이 패키지에는 STM32Cube HAL, STM32Cube LL, 정형화된 미들웨어(RTOS, USB, TCP/IP 및 그래픽과 같은 구성 요소)의 임베디드 소프트웨어 유틸리티를 함께 제공한다.

- 그래픽 마법사를 사용하여 핀 다중화, 클럭 트리, 주변 장치 및 미들웨어 설정을 위한 C 코드 생성 구성
- 통합 개발 도구 체인을 위한 IDE 지원 프로젝트의 생성
- 사용자 정의 응용 제품 시퀀스를 위한 전력 소비 계산
- st.com에서 STM32 Cube 내장형 소프트웨어 직접 가져오기
- 업데이터가 통합되어 STM32CubeMX를 최신 상태로 유지

1.4.2. STM32Cube 내장형 소프트웨어 라이브러리

- 표준화된 API 호출을 통해 여러 STM32 MCU간 이식성을 지원하는 HAL 하드웨어 추상화 계층
- RTOS, USB 라이브러리, 파일 시스템, TCP/IP 스택, 접촉 감지 라이브러리 또는 그래픽 라이브러리(MCU 계열에 따라 다름) 등의 미들웨어 제공
- 모든 패키지에는 다양한 예제와 데모 코드가 포함되어 있어서 IAR EWARM, Keil MDK 또는 GCC 기반 IDE를 포함한 광범위한 개발 환경에서 사용 가능

1.4.3. STM32 IDEs

ST의 32비트 ARM Cortex-M 코어 기반 MCU인 STM32 제품군은 C, C++, 파스칼 및 자바 지원을 포함한 광범위한 소프트웨어 통합 개발 환경(IDE)과 주요 타사의 디버거(무료 버전)를 통해 MCU 설정 및 초기화를 하거나 런타임에 동작을 모니터링할 수 있도록 보완된 기능을 제공한다.

 STM32 IDEs

[그림 18] STM32 IDEs

2.

개발 환경 구축

2.1. 실습 보드 소개

임베디드 시스템을 개발하기 위해서는 시스템 요구 사항에 대한 분석을 통해서 가장 적합한 시스템 설계를 진행할 수 있다. 또한, 시스템 설계에 있어서 가장 중요한 요소 중의 하나가 MCU를 선정하는 단계이다. MCU 선정에 있어 개발자들이 고려하는 것 중의 하나가 내가 이전에 설계해 봤던 MCU를 다시 선택하거나, 설계에 처음 적용하는 제품의 경우 당연히 온라인에서 자료를 쉽게 찾을 수 있는 MCU를 선택하는 것이다. 독자들이 앞으로 MCU 선정에 있어 STM32 시리즈만큼은 자신감을 가지고 시스템 설계에 임할 수 있을 것이라 확신한다.

본 교재에서 선택한 MCU는 초기 Cortex-M3 제품군 중 국내에서 가장 많은 설계에 적용이 되어 자료가 풍부한 STM32F103 계열이다.

MCU 선정에 따른 개발 보드는 ST에서 판매하는 NUCLEO F103RB 보드를 활용하여 기본적인 실습 예제를 구현해 보고, 이후 간단한 응용 실습을 위해서 저자가 직접 설계한 트레이닝 보드(NUCLEOEVB)의 디바이스들을 제어함으로써 STM32 사용에 대한 자신감을 키울 수 있도록 하겠다. 또한, NUCLEOEVB는 NUCLEO-64 보드와 호환이 되기 때문에 각자 필요로 하는 NUCLEO-64 MCU 시리즈로 변경하여 실습을 해 보는 것도 추천한다.

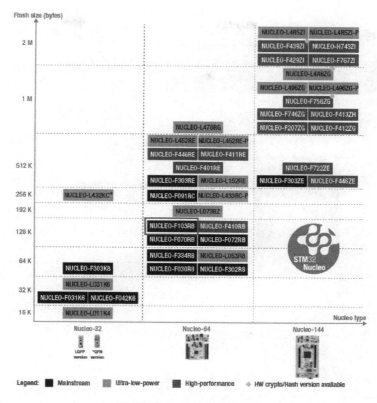

[그림 19] STM32 MCU NUCLEO

2.1.1. NUCLEO F103RB 보드 소개

본 교재 실습에 사용되는 최소한의 하드웨어 장치로서 ST사에서 저렴한 가격에 제공해 주는 NUCLEO 보드이다. 컴퓨터 USB 포트에 케이블만 연결하면 하드웨어 환경 구축이 끝난다. 예전에는 몇 십만 원을 줘야 살 수 있던 EVAL 보드와 JTAG 같은 디버거 & 프로그래머 장비와 비교하면 주머니가 가벼운 엔지니어와 학생들에게는 좋은 일이 아닐 수 없다.

혹시 보드를 어디서 구매해야 될지 모르는 분들을 위해서 제품 판매처 한 곳을 소개한다.

디바이스마트에서 "nucleo"를 검색하거나 URL 주소(http://www.devicemart.co.kr/1346033)로 접속한다.

[그림 20] NUCLEO-F103RB 판매처(디바이스마트)

[그림 21] NUCLEO F103RB

STM32CubeIDE를 이용한 STM32 따라하기

보드 사양을 간략히 나열하면 아래와 같다.

- STM32 microcontroller(STM32F103RBT6) with LQFP64 package

- Two types of extension resources

- Arduino Uno Revision 3 connectivity

- STMicroelectronics Morpho extension pin headers for full access to all STM32 I/Os

- On-board ST-LINK/V2-1 debugger/programmer with SWD connector

- selection-mode switch to use the kit as a standalone ST-LINK/V2-1

- Flexible board power supply

- USB VBUS or external source(3.3V, 5V, 7~12V)

- Power management access point

- Three LEDs

- USB communication(LD1), user LED(LD2), power LED(LD3)

- Two push buttons: USER and RESET

- USB re-enumeration capability: three different interfaces supported on USB

- Virtual Comport

- Mass storage

- Debug port

기본 예제를 실습할 때는 NUCLEO 보드만 사용하므로 설정은 디폴트 상태로 한다.
[그림 22]는 NUCLEO 보드의 블록 다이어그램으로 크게 ST-LINK 부분과 MCU 부
분으로 나뉜다.

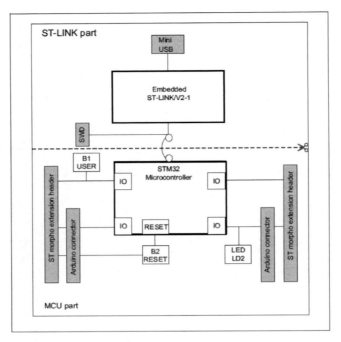

[그림 22] 하드웨어 블록 다이어그램

PCB의 ST-LINK 부분을 잘라 내어 보드 크기를 줄일 수도 있다. 이 경우 나머지 타 깃 MCU 부품은 ST morpho 커넥터 CN7에서 VIN, E5V 및 3.3V로만 전원을 공급하 거나, Arduino 커넥터 CN6에서 VIN 또는 3.3V에서 전원을 공급할 수 있다.

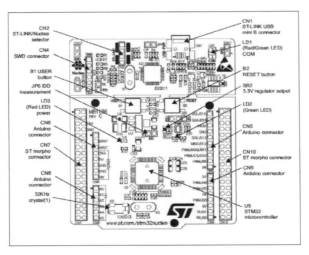

[그림 23] Top Layout

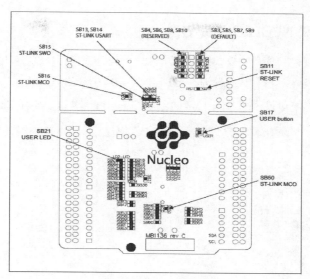

[그림 24] Bottom Layout

NUCLEO 보드의 Bottom Layer 저항을 통한 점퍼 설정에 따라 morpho 커넥터 출력 핀을 변경할 수 있지만 임베디드 시스템 입문 단계인 초보자에게는 추천하지 않는다.

2.1.2. NUCLEO F103RB 보드 확장 커넥터

[그림 25]는 NUCLEO 보드와 트레이닝 보드로 연결되는 CN7 및 CN10 커넥터 핀 배치를 나타낸다.

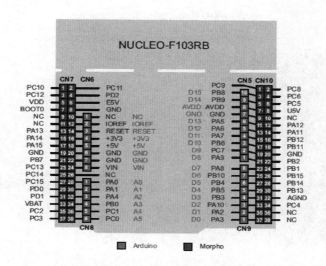

[그림 25] NUCLEO-F103RB 확장 커넥터

2.1.3. 컴퓨터와 NUCLEO 보드 연결

USB 케이블(USB-A에서 MINI-B)을 이용하여 NUCLEO 보드의 전원이 공급되며, [그림 26]처럼 컴퓨터 장치 관리자를 통해서 ST-LINK 디바이스가 인식된 것을 확인한다. 만약 드라이버가 인식되지 않는 독자는 STM32CubeIDE 프로그램을 설치할 때 드라이버를 기본적으로 설치할 수 있으므로, 이후 정상적으로 디바이스가 인식된 것을 확인할 수 있다.

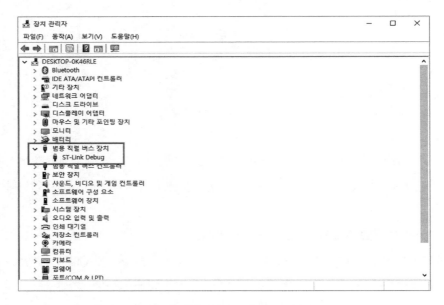

[그림 26] 장치 관리자의 ST-LINK 디바이스

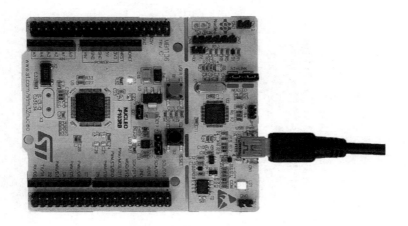

[그림 27] NUCLEO 보드 USB케이블 연결

2.1.4. NUCLEOEVB 보드 소개

본 교재에서 보다 다양한 디바이스를 제어하기 위하여 저자가 직접 설계한 트레이닝 보드로 STM32 MCU를 처음 접하는 입문자들에게 가장 기본적인 기능부터 접근할 수 있도록 주변 디바이스를 구성하였다.

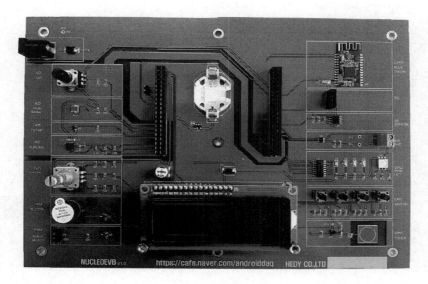

[그림 28] NUCLEOEVB 보드

NUCLEOEVB 보드에 NUCLEO-F103RB 보드를 연결하여 외부 장치를 제어할 수 있으며, 다양한 STM32 패밀리 시리즈의 NUCLEO-64 보드를 활용할 수도 있다.

NUCLEOEVB 실습 보드 구매는 디바이스마트에서 "NUCLEOEVB" 검색 또는 URL 주소(https://www.devicemart.co.kr/goods/view?no=12545343)로 방문하면 된다.

[그림 29] 실습 보드 판매처(디바이스마트)

STM32CubeIDE를 이용한 STM32 따라하기

2.2. STM32CubeIDE 설치

STM32CubeIDE는 ST사에서 만든 소프트웨어로, STM32 MCU를 쉽고 빠르게 개발할 수 있도록 무료로 지원하는 통합 개발 환경(IDE)이다. ST사에서 라이브러리 및 다양한 예제 소스를 함께 제공받을 수 있다. 또한, Windows, Mac, Linux 운영 체제를 지원하며 본 교재에서는 쉬운 접근을 위해 Windows 기반으로 설명한다.

STM32CubeIDE는 Eclipse 기반으로 만들어졌으며, 기존에 널리 사용된 GUI 기반으로 STM32 MCU를 선정하고 입출력을 정의하며 초기화 코드를 자동 생성하여 바로 빌드 가능한 코드를 생성해 주는 STM32CubeMX 툴을 포함하고 있다.

2.2.1. STM32CubeIDE 다운로드

ST 사이트(www.st.com) 검색창에 "stm32cubeIDE"를 검색한다.

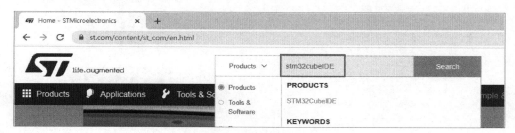

[그림 30] STM32CubeIDE 검색

[그림 31]과 같이 검색 결과가 나오면, STM32CubeIDE 를 클릭한다.

[그림 31] STM32CubeIDE 검색 결과

STM32CubeIDE 다운로드 메인 화면이 나오면 GET SOFTWARE 를 클릭한다.

[그림 32] STM32CubeIDE 다운로드 화면

지금은 1.3.0 버전이나 아마도 독자들이 실습할 때는 더 상위 버전으로 업그레이드 되었을 수 있다.

	Part Number ▲	General Description	Software Version	Download	Previous versions
+	STM32CubeIDE-DEB	STM32CubeIDE Debian Linux Installer	1.3.0	Get Software	Select version ∨
+	STM32CubeIDE-Lnx	STM32CubeIDE Generic Linux Installer	1.3.0	Get Software	Select version ∨
+	STM32CubeIDE-Mac	STM32CubeIDE macOS Installer	1.3.0	Get Software	Select version ∨
+	STM32CubeIDE-RPM	STM32CubeIDE RPM Linux Installer	1.3.0	Get Software	Select version ∨
+	STM32CubeIDE-Win	STM32CubeIDE Windows Installer	1.3.0	Get Software	Select version ∨

Get Software

[그림 33] GET SOFTWARE

[그림 34]처럼 라이선스 동의 팝업 창이 뜨면 ACCEPT 를 클릭한다.

License Agreement

ACCEPT

Please indicate your acceptance or NON-acceptance by selecting "I ACCEPT" or "I DO NOT ACCEPT" as indicated below in the media.

BY INSTALLING COPYING, DOWNLOADING, ACCESSING OR OTHERWISE USING THIS SOFTWARE PACKAGE OR ANY PART THEREOF (AND THE RELATED DOCUMENTATION) FROM STMICROELECTRONICS INTERNATIONAL N.V, SWISS BRANCH AND/OR ITS AFFILIATED COMPANIES (STMICROELECTRONICS), THE RECIPIENT, ON BEHALF OF HIMSELF OR HERSELF, OR ON BEHALF OF ANY ENTITY BY WHICH SUCH RECIPIENT IS EMPLOYED AND/OR ENGAGED AGREES TO BE BOUND BY THIS SOFTWARE PACKAGE LICENSE AGREEMENT.

[그림 34] 라이선스 동의 팝업 창

소프트웨어를 다운로드하기 위해서는 로그인을 하거나 정보를 입력해야 하는데 앞으로 ST 홈페이지에서 자료를 받을 때마다 정보를 입력하기 번거로우니 잠시 시간을 내어 회원 가입을 해 두는 것을 추천한다.

Get Software

If you have an account on my.st.com, login and download the software without any further validation steps

Login/Register

If you don't want to login now, you can download the software by simply providing your name and e-mail address in the form below and validating it.

This allows us to stay in contact and inform you about updates of this software.

For subsequent downloads this step will not be required for most of our software.

First Name:

Last Name:

E-mail address:

☐ I have read and understood the Sales Terms & Conditions, Terms of Use and Privacy Policy

ST (as data controller according to the Privacy Policy) will keep a record of my navigation history and use that information as well as the personal data that I have communicated to ST for marketing purposes relevant to my interests. My personal data will be provided to ST affiliates and distributors of ST in countries located in the European Union and outside of the European Union for the same marketing purposes

----
I understand that I can withdraw my consent at any time through opt-out links embedded in communication I receive or by managing my account settings. I can also exercise other user's rights at any time as described in the Privacy Policy.

Download

[그림 35] Login/Register

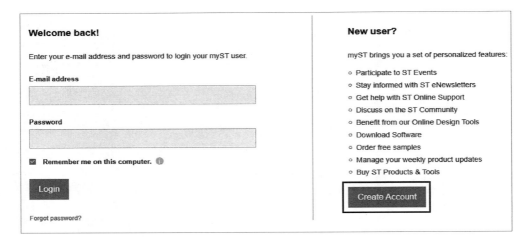

[그림 36] ST 계정 생성

이제 ST 회원이 되었을 것이라 판단하고 **[그림 37]**처럼 로그인 정보를 입력하고 로그 인한다.

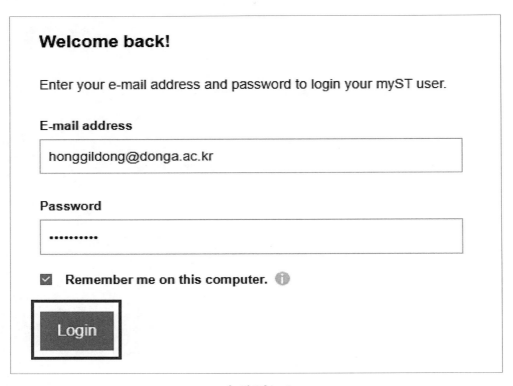

[그림 37] Login

로그인 후 다운로드가 시작되며, 만약 다운로드가 되지 않으면 [그림 33]에서처럼
Get Software 를 다시 클릭해 주면 [그림 38]처럼 파일 다운로드가 진행된다.

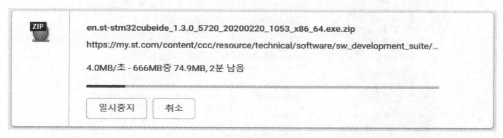

[그림 38] 다운로드 진행 중

[그림 39]처럼 파일 다운로드가 완료된 것을 확인한다.

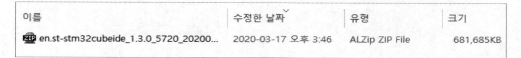

[그림 39] 다운로드 파일

2.2.2. STM32CubeIDE 설치

다운로드 파일을 압축 해제한 후 [그림 40]처럼 실행 파일(exe)을 관리자 권한으로 실
행한다. 참고로 STM32CubeIDE는 윈도우 64비트 환경만 지원한다.

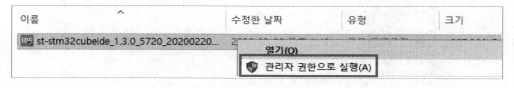

[그림 40] 관리자 권한으로 실행

Next 버튼을 클릭한다.

[그림 41] 설치 시작

라이선스 수락을 위해 I Agree 버튼을 클릭한다.

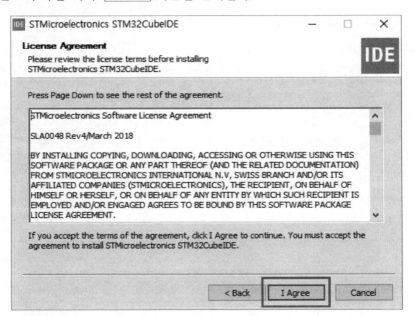

[그림 42] 라이선스 동의

STM32CubeIDE 설치 경로를 변경할 수 있으며, 저자는 기본값에 설치했다.

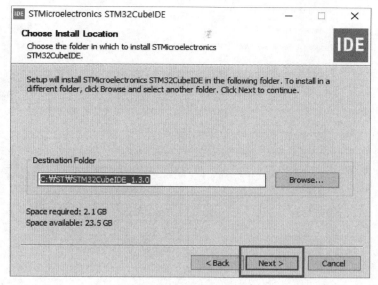

[그림 43] 설치 디렉토리 설정

[그림 44]는 디버거 드라이버 및 업데이트 설치를 위한 구성 요소이며 모두 체크해 주고 **Install** 버튼을 클릭한다.

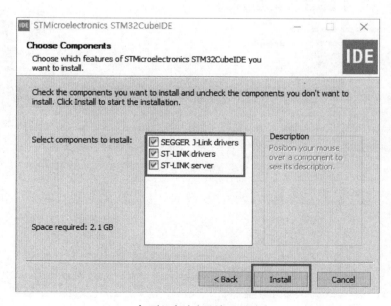

[그림 44] 설치 구성 요소 설정

프로그램 설치가 진행된다.

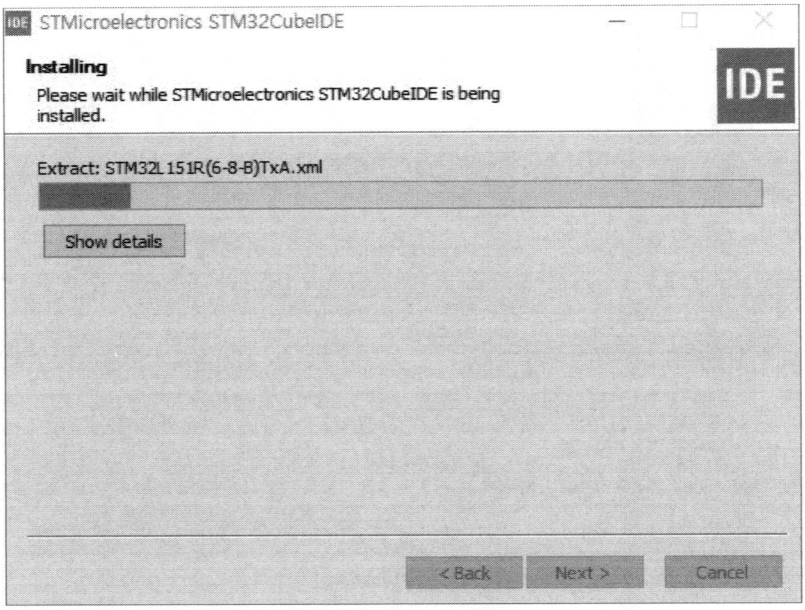

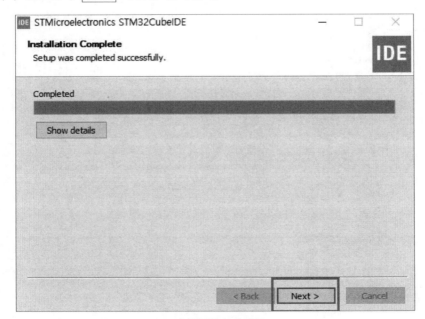

[그림 45] STM32CubeIDE 설치

설치가 완료된 후 Next 버튼을 클릭한다.

[그림 46] 설치 완료

바탕화면에 바로가기 생성 여부에 대해 묻는 체크 박스가 있으며, 완료되면 Finish
버튼을 클릭한다.

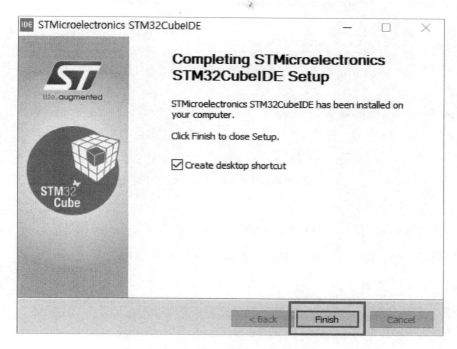

[그림 47] STM32CubeIDE 설치 완료

2.2.3. STM32CubeIDE 실행 및 업데이트

앞서 [그림 33]에서 받은 설치 파일이 최신이 아니라면, STM32CubeIDE 프로그램 설
치가 완료된 이후 최신 프로그램 여부를 확인하고 업데이트해 주는 것을 추천한다.

STM32CubeIDE 설치가 완료되었으니 프로그램 아이콘을 클릭하여 프로그램을 실
행한다.

[그림 48]처럼 Workspace 폴더 설정 화면이 뜨면 기본 위치를 사용하여도 무방하지
만, 실습 예제 관리를 위해 저자와 동일한 환경 설정을 추천하며 Browse 버튼을 클릭
한다.

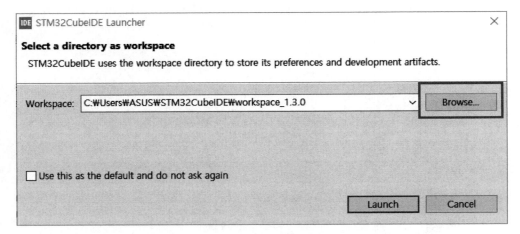

[그림 48] workspace 디렉토리 선택 화면

윈도우 탐색기에서 "D:\STM32CubeIDE\workspace" 폴더를 새로 만들고, [그림 49] 처럼 "D:\STM32CubeIDE\workspace" 폴더를 선택한 후 폴더 선택 버튼을 클릭한다.

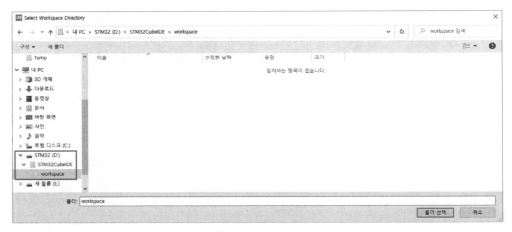

[그림 49] workspace 디렉토리 선택

STM32CubeIDE를 재실행할 때 Workspace를 다시 묻지 않도록 하려면 **[그림 50]**처럼 체크 박스를 체크하고 Launch 버튼을 클릭한다.

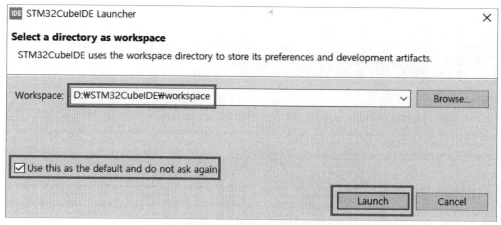

[그림 50] workspace 디렉토리 변경

최신 버전으로 업데이트하는 항목은 **[그림 51]**처럼 2가지로 나뉜다.

첫 번째 'Check for Updates'로 STM32CubeIDE를 업데이트하는 것이고, 두 번째 'Check for Updates'는 STM32CubeMX를 업데이트하는 것이다.

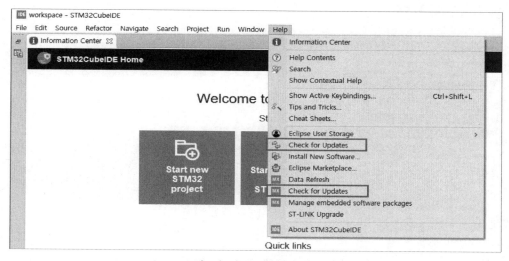

[그림 51] 프로그램 업데이트

STM32CubeIDE 최신 버전 업데이트 확인을 위해 [그림 52]처럼 **[Help]→[Check for Updates]** 메뉴를 실행한다.

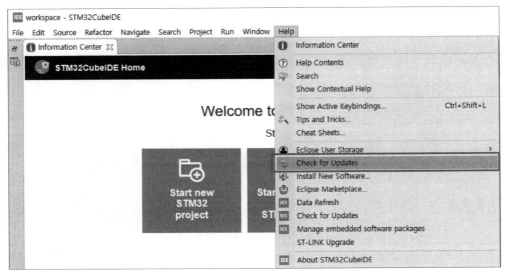

[그림 52] STM32CubeIDE Check for Updates

[그림 53]에서 최신 버전인 1.3.0을 받은 상태라 STM32CubeIDE를 업데이트할 사항이 없다는 메시지 창이 뜬다. 만약 업데이트 사항이 있는 독자라면 무리 없이 업데이트를 진행할 수 있을 것이라 생각된다.

[그림 53] No updates found 창

STM32CubeMX 최신 버전 업데이트 확인을 위해 [그림 54]처럼 **[Help]→[Check for Updates]** 메뉴를 실행한다.

[그림 54] STM32CubeMX Check for Updates

[Refresh] 버튼을 클릭하여 업데이트 항목이 있는지 확인한다. 업데이트 항목이 있다면 [그림 55]처럼 업데이트할 목록들이 나열되며, 최신 버전으로 개발 환경을 유지하기 위해서 모든 항목이 선택된 상태에서 [Install Now] 버튼을 클릭한다.

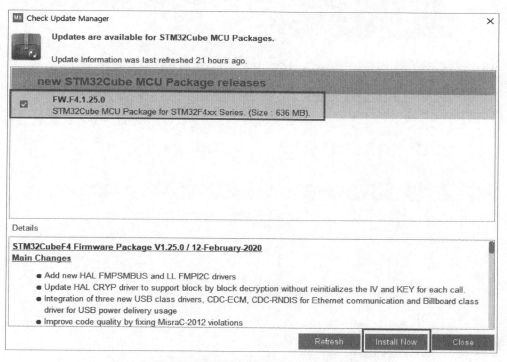

[그림 55] STM32CubeMX Check Update Manager

더 이상 업데이트 항목이 없다면 [그림55] 화면에서 Close 버튼을 클릭하여 종료한다.

2.2.4. ST-Link Upgrade

ST사의 실습 보드에는 대부분 ST-Link가 내장되어 있고 최신 펌웨어로 업그레이드 가능하다. 실습 전 NUCLEO F103RB 보드의 ST-Link를 업그레이드하는 것을 추천한다.

NUCLEO 보드를 PC와 USB 케이블로 연결한 뒤 **[Help]→[ST-LINK Upgrade]** 메뉴를 실행한다.

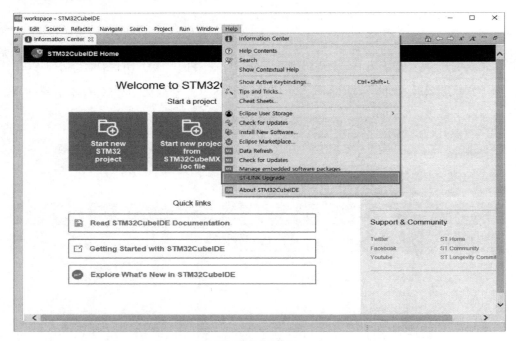

[그림 56] ST-LINK Upgrade

ST-LINK/V2-1 확인 후 Open in update mode 버튼을 클릭하여 업그레이드 여부를
확인한다.

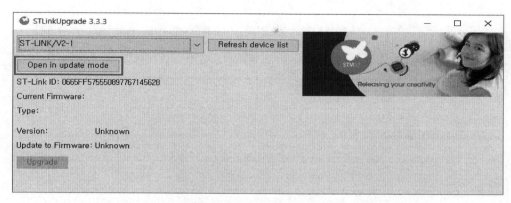

[그림 57] ST-Link Version Update 여부 확인

업그레이드가 가능하다면 [그림 58]처럼 현재 Version 및 Update Firmware Ver-
sion이 나오며, Upgrade 버튼을 클릭하여 업그레이드를 진행한다.

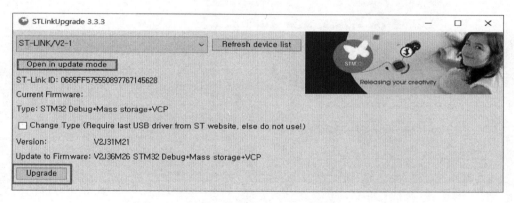

[그림 58] ST-Link Version Update

업그레이드가 성공적으로 끝났으면 [그림 58] 창을 종료한다.

2.2.5. Firmware Repository Folder 설정

Repository 폴더는 STM32CubeIDE에서 C 코드 생성에 필요한 압축 라이브러리를 다운로드하여 저장하고, 압축된 라이브러리를 압축 해제해 놓는 곳을 말한다.

Repository 폴더의 압축 해제된 라이브러리는 다양한 예제를 포함하고 있기 때문에 개발 과정에서 참고할 수 있는 보물 창고라고 생각한다. 본 교재에서 다루게 될 예제도 라이브러리에 존재하는 코드를 기반으로 진행하게 되는 부분이 있을 것이다.

[Window]→[Preferences] 메뉴를 실행한다.

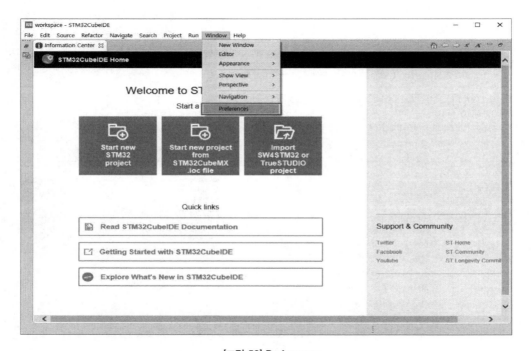

[그림 59] Preferences

저자는 패키지를 모두 다운로드해 관리하기 때문에 Repository 폴더를 변경하여 사용한다. 프로젝트 또는 소스 코드 관리를 위해 특정 폴더를 사용하듯이 repository 폴더를 특정하여 사용하기를 추천한다. 특히 다양한 디바이스와 버전의 패키지를 다운로드하면 저장 공간을 많이 차지한다는 것을 명심해야 한다.

드롭다운 목록에서 STM32Cube > Firmware Updater를 선택하고 Repository Setup 옵션에서 Browse 버튼을 클릭한다.

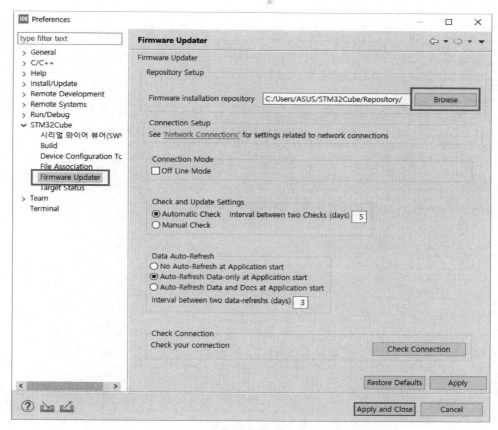

[그림 60] Firmware Updater Settings

본 교재 실습에서 사용할 Repository 폴더는 "D:/STM32CubeIDE/Repository/"로 한다.

윈도우 탐색기에서 "D:\STM32CubeIDE\Repository" 폴더를 새로 만들고, [그림 61] 처럼 "D:\STM32CubeIDE\Repository" 폴더를 선택한 후 폴더 선택 버튼을 클릭한다.

[그림 61] Repository Folder 변경

Firmware Updater Folder 설정이 완료되었으면 [그림62] 창에서 **Apply and Close** 버튼을 클릭한다. 그럼 설정이 적용되고 화면이 닫힌다.

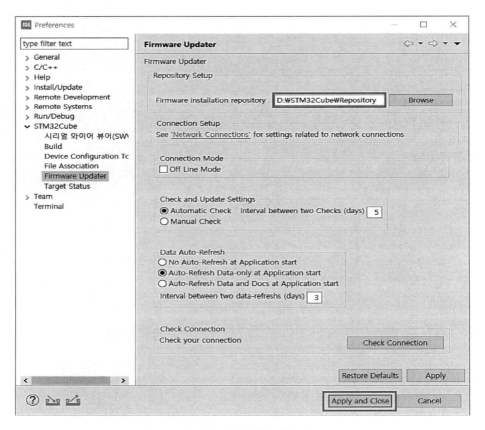

[그림 62] 설정 적용 및 닫기

STM32CubeIDE를 이용한 STM32 따라하기

2.2.6. 소프트웨어 패키지 설치

STM32 계열별 라이브러리 및 예제를 포함하는 패키지를 버전별로 다운로드할 수
있다.

여기서는 실습에 사용하는 NUCLEO 보드의 STM32F1 계열 최신 버전을 선택하여
설치한다. 설치를 위해 **[Help]→[Manage embedded software packages]** 메뉴를 실행
한다.

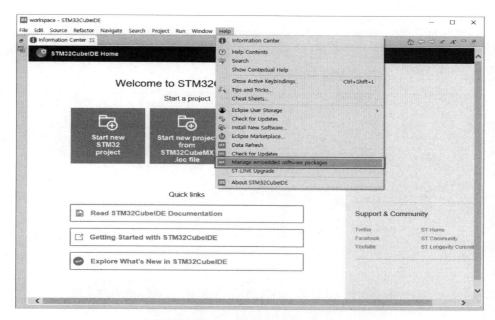

[그림 63] Manage embedded software packages

STM32F1 계열 최신 버전 패키지의 체크 박스를 체크하고, Install Now 버튼을 클릭
한다.

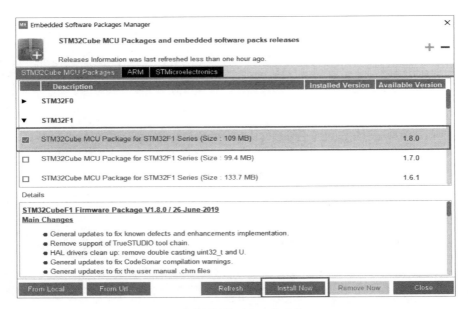

[그림 64] Packages Install

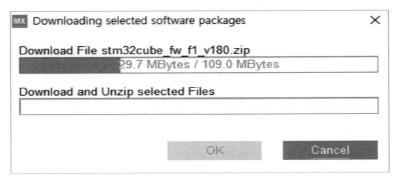

[그림 65] 패키지 다운로드

패키지가 다운로드 완료되면 자동으로 패키지를 압축 해제한다.

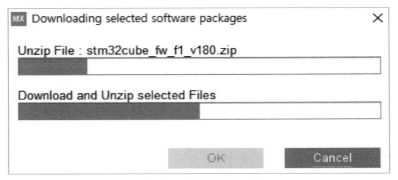

[그림 66] 패키지 압축해제

설치가 완료된 뒤 **Refesh** 버튼을 클릭하면 Installed Version 열에 해당 버전이 유효하다는 표시가 나타나며, 그 외 패키지가 Repository 폴더에 설치되어 있다면 추가적인 설치 버전들이 표시된다.

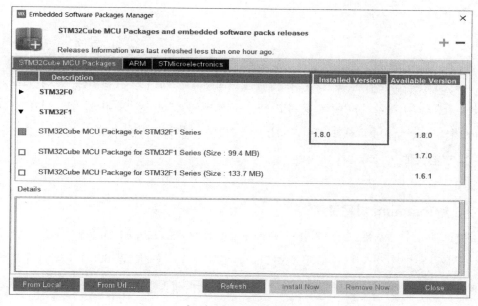

[그림 67] Installed Version

[그림 68]에서 보듯이 Repository 폴더를 확인하면 압축 파일과 압축이 해제된 폴더를 확인할 수 있다.

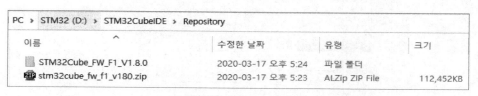

[그림 68] Repository Folder

여기까지 정상적으로 진행되었다면, STM32CubeIDE 프로그램 사용 환경을 잘 마무리한 것이다.

터미널 통신 프로그램 설치

다음 장부터 진행하게 될 실습 및 시리얼 디버깅을 위해서 PC에 시리얼 통신 프로그램이 필요하다. 독자가 이미 사용하고 있는 터미널 통신 프로그램이 있다면 이 부분은 넘어가도 무관하며, 아직 터미널 통신 프로그램이 설치되어 있지 않은 독자는 터미널 통신 프로그램을 설치하길 바란다.

2.3.1. Tera term 다운로드

본 교재에서는 오픈 소스 기반의 Tera term 통신 프로그램을 사용할 예정이며, 구글에서 검색하여 직접 다운로드를 하고, 잘 모르는 독자는 [그림 69]처럼 네이버 카페(https://cafe.naver.com/androiddaq)에 만들어 놓은 교재 Q&A 게시판에서 프로그램을 다운로드하면 된다.

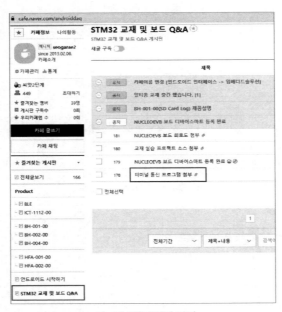

[그림 69] 네이버 카페

2.3.2. Tera Term 설치

Tera Term 설치 파일을 실행하면 라이선스 수락을 묻는 데 동의하고 $\boxed{\text{Next >}}$ 버튼을 클릭한다.

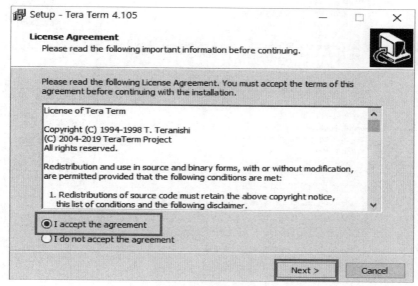

[그림 70] 라이선스 동의

설치 폴더는 기본 경로로 하고 $\boxed{\text{Next >}}$ 버튼을 클릭한다.

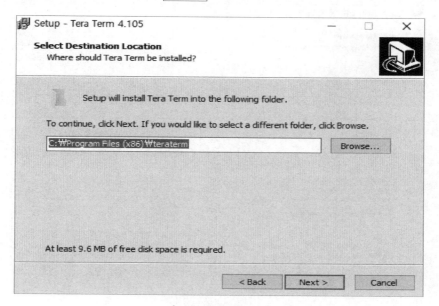

[그림 71] 설치 폴더 선택

설치 항목은 기본 항목으로 하고 Next > 버튼을 클릭한다.

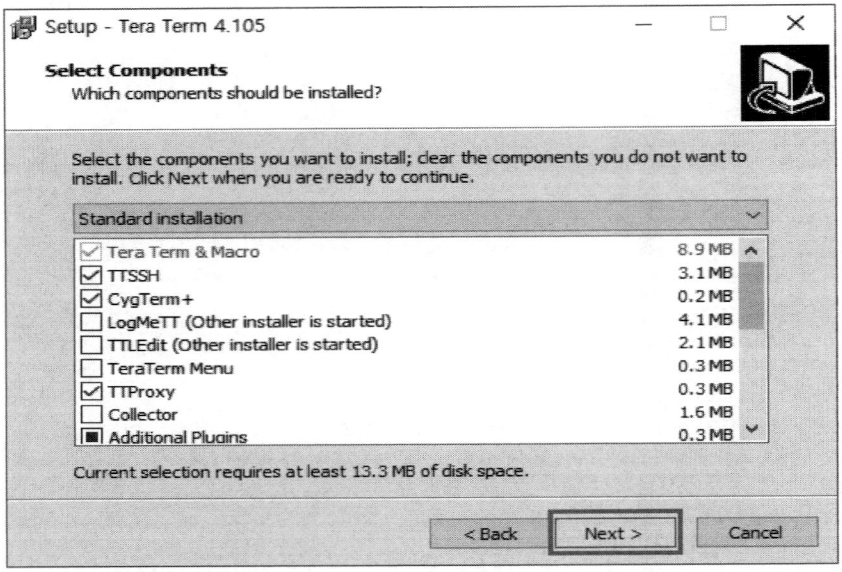

[그림 72] 설치 항목 선택

설치 언어는 Korean을 선택하고 Next > 버튼을 클릭한다.

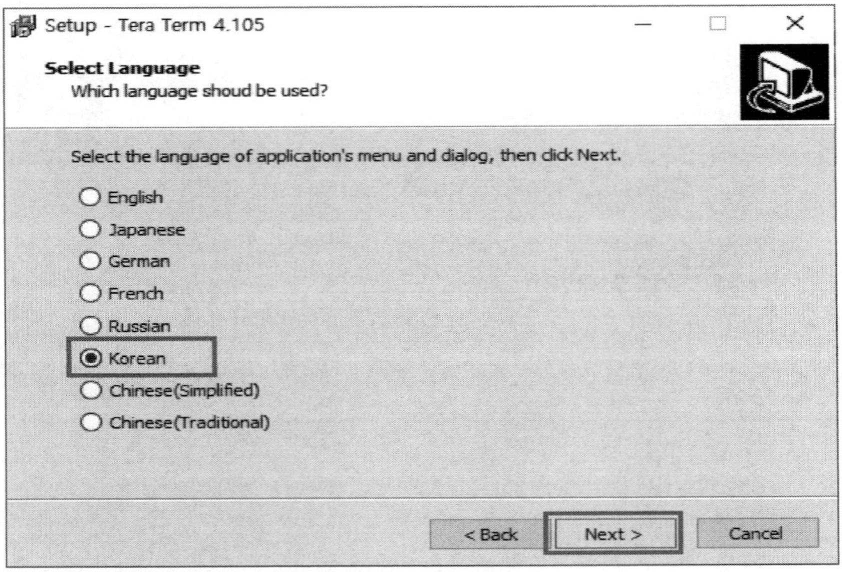

[그림 73] 설치 언어 선택

Next > 버튼을 클릭한다.

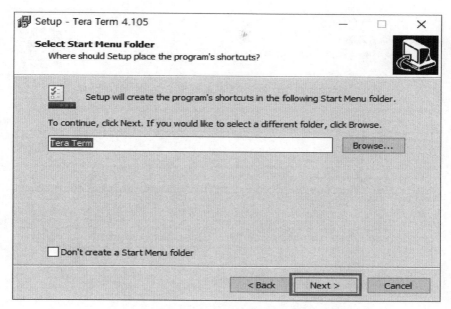

[그림 74] 시작 메뉴에 프로그램 폴더 생성

설치 추가 옵션 선택도 기본 선택으로 하고, Next > 버튼을 클릭한다.

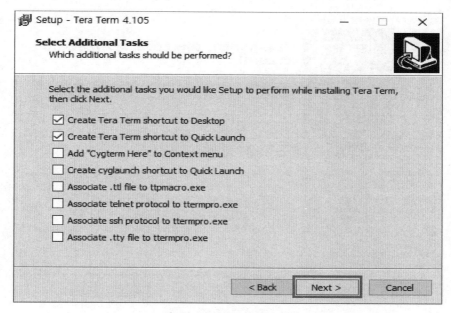

[그림 75] 설치 추가 옵션 선택

Install 버튼을 클릭하면 프로그램이 설치된다.

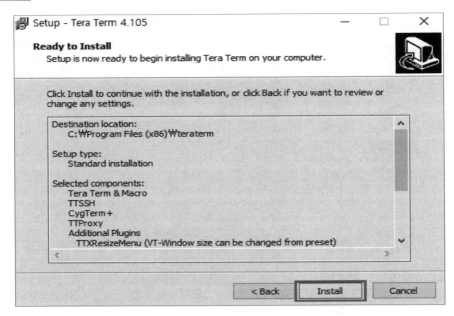

[그림 76] 프로그램 설치

프로그램 설치가 완료되면 Finish 버튼을 클릭한다.

[그림 77] 설치 완료

2.3.3. Tera Term 실행

NUCLEO 보드를 컴퓨터와 연결한 후 Tera Term 프로그램을 실행한다.

시리얼을 체크하고 확인 버튼을 클릭한다. 만약 시리얼 체크 박스가 비활성화되어 있거나, 포트에 STLink 정보가 표시되지 않는 독자가 있다면 NUCLEO 보드가 컴퓨터와 정상적으로 연결되지 않은 것이니 다시 연결해 보도록 한다.

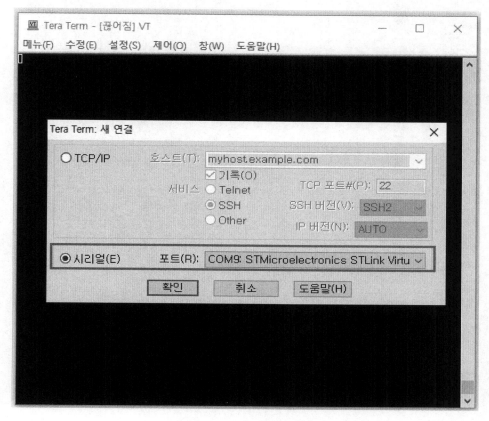

[그림 78] Tera Term 새 연결 설정

2.3.4. 시리얼포트 설정

[설정]→[시리얼포트] 메뉴를 선택한다.

[그림 79] 시리얼포트 설정 메뉴

추후 실습에서 사용하는 통신 속도는 115,200bps이므로 속도만 맞춰서 변경한다.

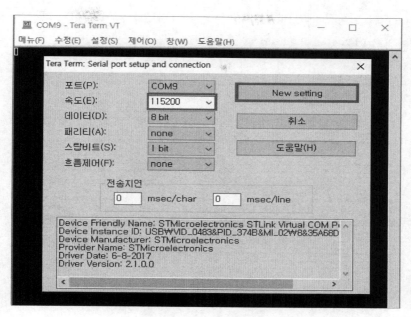

[그림 80] 시리얼포트 속도 설정

현재 설정된 정보를 저장하면 프로그램을 시작할 때마다 새 연결 작업을 수행할 필요가 없다.

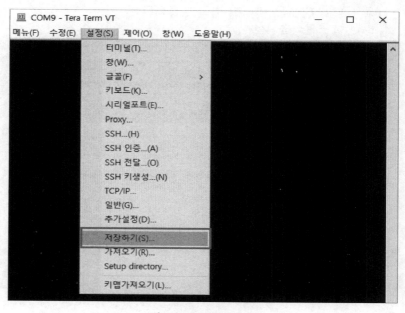

[그림 81] 설정 저장하기

Tera Term이 실행될 때 TERATERM.INI 파일 정보를 읽어 들이기 때문에 본 교재 실습을 위해서 디폴트 파일 이름으로 저장한다.

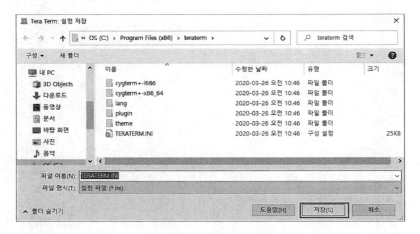

[그림 82] 설정 파일 저장

예(Y) 버튼을 눌러 저장한다.

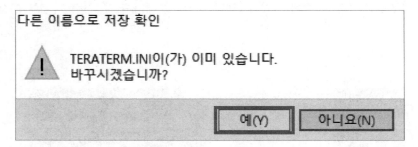

[그림 83] 설정 파일 덮어쓰기

3.

STM32CUBEIDE 프로젝트 시작하기

앞 장에서 개발 환경을 구축할 때 STM32CubeIDE 프로그램을 설치하였다.
위 프로그램은 통합 개발 환경으로 STM32CubeMX가 내포되어 시스템 요구 사
항에 적합한 MCU를 선정하고 핀 맵을 정의함으로써 보다 쉽게 회로를 설계할
수 있다는 것을 알게 될 것이다.

이번 장에서는 NUCLEO 보드만을 이용하여 STM32 MCU에 입문하는 개발자들이 기본적으로 알아야 하는 기능을 단계적으로 습득할 수 있도록 하였다. NUCLEO 보드에 있는 LED를 깜빡이는 예제로 만들어 봄으로써 본 교재의 실습을 시작해 보도록 하겠다.

3.1.1. STM32CubeIDE 실행

STM32CubeIDE 프로그램을 실행한다.

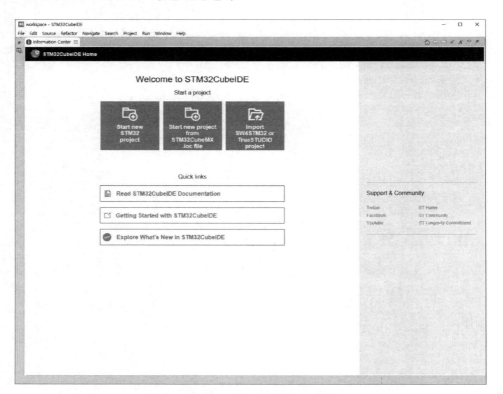

[그림 84] STM32CubeIDE 실행 초기 화면

3.1.2. 프로젝트 생성

STM32 계열 MCU가 사용된 NUCLEO 보드 프로젝트 생성을 위해 **[File]→[New]→ [STM32 Project]** 메뉴를 실행한다.

참고로 STM32CubeIDE는 STM32CubeMX로 생성된 ioc 파일로도 프로젝트를 생성할 수 있으며, 기존의 SW4STM32 및 TrueSTUDIO 컴파일러로 생성된 프로젝트도 Import 가능하다.

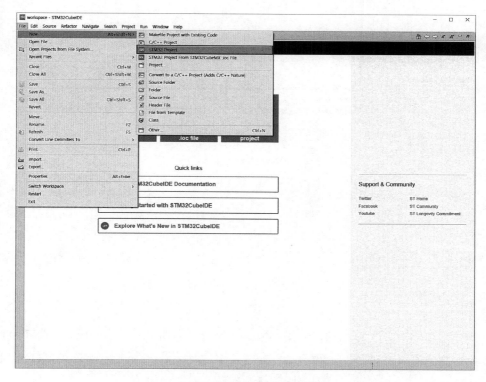

[그림 85] New Project 메뉴 실행

Target Selection 창이 뜨면 **Board Selector** 탭을 선택한다.

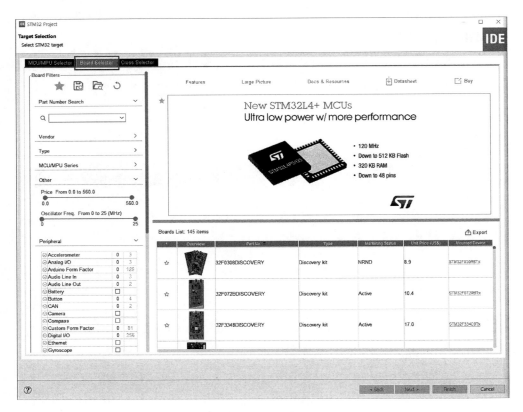

[그림 86] Board Selector 탭 선택

Board Filters의 Type 카테고리에서 Nucleo64를 선택하고, MCU Series 카테고리에서는 STM32F1을 선택하면 **[그림 87]**처럼 우측 아래 Board List에 실습에 사용하게 되는 NUCLEO-F103RB 보드 하나만 표시된다.

[그림 87] Board Filters 선택

Board List에 있는 NUCLEO 보드를 선택하면 상단에 보드에 대한 설명이 나오게 되며, 프로젝트를 생성하기 위하여 [그림 88]처럼 Next 버튼을 클릭한다.

[그림 88] Target Selection 완료

Project Name은 "LED_Blink"를 입력한 후 **Finish** 버튼을 클릭한다.

프로젝트 위치는 기본적으로 지정한 "workspace\Project Name"이며 다른 위치에 저장을 원할 경우 "Use default location" 체크 박스를 해제 후 Location을 변경해 준다.

[그림 89] Setup STM32 project

NUCLEO-F103RB 보드 주변 장치의 기본 설정을 불러오기 위해 Yes 버튼을 클릭한다.

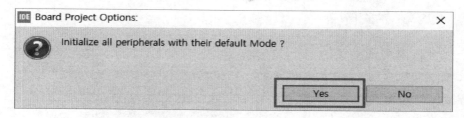

[그림 90] Board Project Options

Eclipse 기반의 STM32CubeIDE 통합 개발 환경에 CubeMX 레이아웃 뷰를 띄우기 위해 Yes 버튼을 클릭한다.

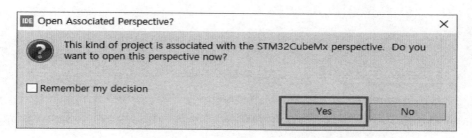

[그림 91] Open Associated Perspective

레퍼런스 보드에서 디폴트 모드로 설정되어 있는 입출력 핀들이 MCU 이미지를 통해서 보기 쉽게 정의되어 표시된다.

[그림 92]처럼 기본적으로 설정된 입출력 핀으로는 Serial Wire 3핀(SWO/TCK/TMS), USART2 2핀(RX/TX), Button(B1), LED(LD2)가 할당되어 있다.

HSE(RCC_OSC_IN/ RCC_OSC_OUT) 및 LSE(RCC_OSC32_IN/ RCC_OSC32_OUT) 부분은 실습에서 필요할 때 사용할 예정이며 그 전까지는 비활성화(Disable)로 설정하도록 하겠다. 참고로 NUCLEO-F103RB 보드에는 HSE 클럭용 크리스탈(X3)이 마운트되어 있지 않다.

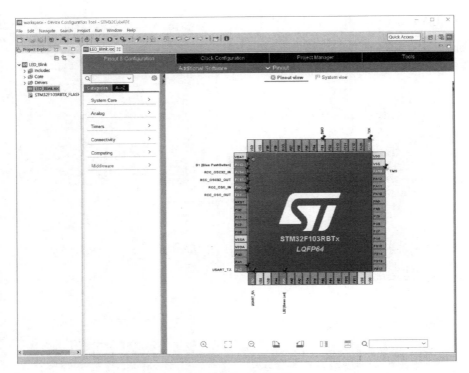

[그림 92] MCU 설정들

이번 단계에서는 LD2(Green LED)가 깜빡이도록 하는 간단한 예제를 만들어 볼 것이다. STM32CubeIDE 통합 개발 환경에서 빌드하여 타깃 보드에 프로그램을 다운로드하는 전반적인 절차를 실습해 보기를 바란다.

3.1.3. Pinout & Configuration 설정

① RCC 설정

[그림 93]처럼 System Core 카테고리 RCC를 선택하고, HSE 및 LSE를 Disable로 설정한다.

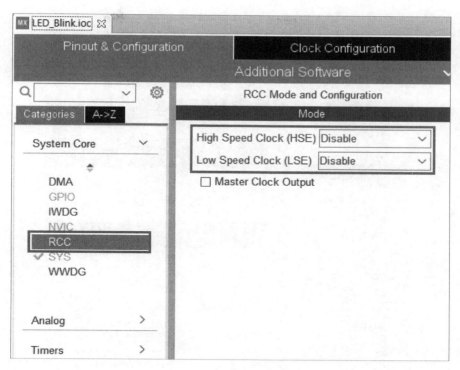

[그림 93] RCC Mode

① GPIO 설정

[그림 94]처럼 [System Core] 카테고리 [GPIO]를 선택하면 활성화되어 있는 GPIO peripheral 장치의 세부 설정을 확인할 수 있으며, 실습 보드의 디폴트 GPIO는 LD2 및 B1 2개의 핀만 설정된 것을 확인할 수 있다.

Configuration > GPIO에서 PA5를 선택하면 설정 세부 상태가 아래에 표시된다. PA5는 보드의 LD2(Green LED) 제어를 위해 출력으로 설정되어 있는 것을 확인할 수 있다.

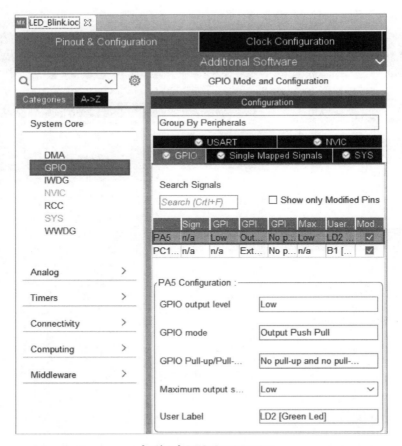

[그림 94] GPIO Configuration

3.1.4. Clock Configuration 설정

시스템 클럭 설정과 관련된 처리를 할 수 있으며, 보드에 맞게 내부 클럭 또는 외부 클럭을 사용하는 상태로 설정하면 된다.

앞서 RCC 설정에서 HSE를 비활성화하였기 때문에 **[그림 95]**처럼 System Clock Mux에서 PLLCLK를 선택하여 HCLK이 64㎒가 되도록 설정되었는지 확인한다. 참고로 STSM32F103 시리즈 최대 HCLK은 72㎒이지만 내부 클럭으로는 64㎒가 최대 설정 가능하다.

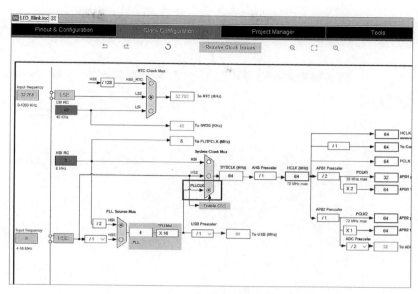

[그림 95] Clock Configuration

3.1.5. GENERATE CODE

앞서 설정한 상태에 맞게 코드를 생성하기 위하여 [그림 96]처럼 **[Project]**→ **[Generate Code]** 메뉴를 실행한다.

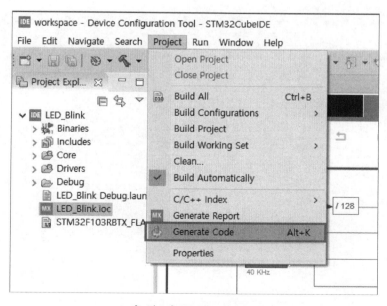

[그림 96] GENERATE CODE

버튼을 클릭하면 프로젝트 소스 코드가 자동 생성되는 과정이 진행된다.

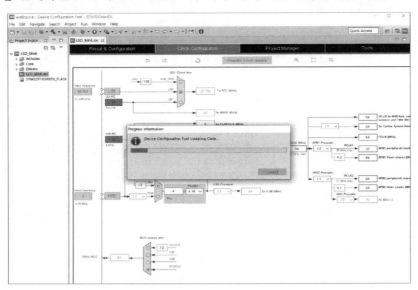

[그림 97] Code Generation Processing

프로젝트 소스 코드 생성이 완료된 후 **[그림 98]**처럼 왼쪽에 위치한 프로젝트 탐색기의 Core 폴더 내 Src 폴더의 main.c 파일을 열어 본다.

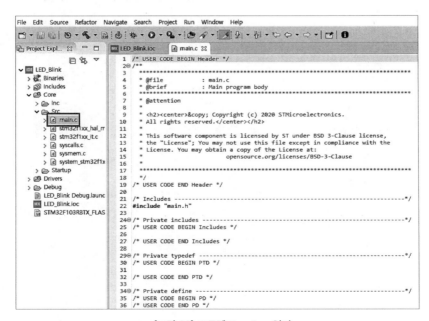

[그림 98] 프로젝트 main.c 열기

3.1.6. 프로젝트 빌드

기본적으로 생성된 프로젝트가 정상적으로 빌드되는지 확인해 보자.

[그림 99]처럼 **[Build]→[Build Project]** 메뉴를 실행한다.

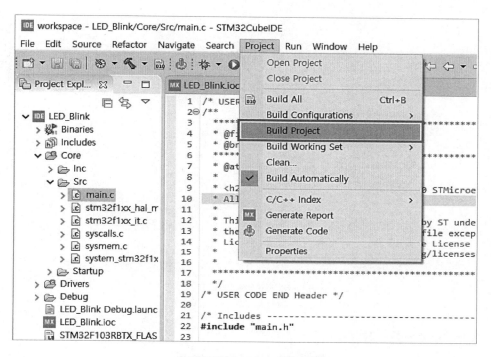

[그림 99] Build Project 메뉴 실행

[그림 100]처럼 프로젝트 빌드(컴파일 및 링크)가 진행되며, 에러나 경고 없이 정상적으로 빌드가 완료되었다.

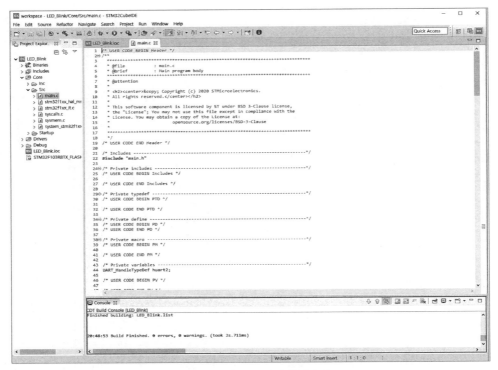

[그림 100] 프로젝트 빌드 진행 및 완료

3.1.7. 소스 코드 작성

CubeMX에서 자동으로 생성해 준 코드는 앞서 설정한 정보를 바탕으로 클럭 및 주변 장치를 초기화하는 코드로 구성되어 있다. 다음으로 NUCLEO 보드의 LED가 깜빡이도록 소스 코드를 작성해야 하는데, 우리는 STM32CubeIDE를 통해 다운로드한 HAL_Driver에서 제공되는 함수를 이용해서 진행해 보도록 하자.

[그림 101]에서 보듯 프로젝트 탐색기에서 "Drivers〉STM32F1xx_HAL_Driver 〉 Src" 폴더에 있는 stm32f1xx_hal_gpio.c 파일에 HAL_GPIO_TogglePin()과 stm-32f1xx_hal.c 파일에 HAL_Delay() 함수가 정의되어 있는 것을 확인할 수 있다.

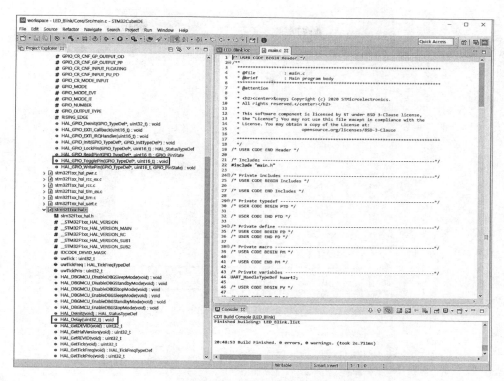

[그림 101] HAL_Driver 함수 확인

main.c 소스 파일에 **[그림 102-1]**처럼 코드를 입력한다.

참고로 LED 포트 및 핀 번호는 main.h 파일에 선언되어 있으며, HAL_GPIO_Tog-glePin() 함수는 해당 포트의 핀의 출력을 토글시켜 주는 함수이고, HAL_Delay() 함수는 ms 단위로 딜레이를 주는 함수이다.

```
76    HAL_Init();
77
78    /* USER CODE BEGIN Init */
79
80    /* USER CODE END Init */
81
82    /* Configure the system clock */
83    SystemClock_Config();
84
85    /* USER CODE BEGIN SysInit */
86
87    /* USER CODE END SysInit */
88
89    /* Initialize all configured peripherals */
90    MX_GPIO_Init();
91    MX_USART2_UART_Init();
92    /* USER CODE BEGIN 2 */
93
94    /* USER CODE END 2 */
95
96    /* Infinite loop */
97    /* USER CODE BEGIN WHILE */
98    while (1)
99    {
100       HAL_GPIO_TogglePin (LD2_GPIO_Port, LD2_Pin);
101       HAL_Delay (500);
102    /* USER CODE END WHILE */
```

[그림 102-1] 소스 코드 입력

```
60   /* Private defines ------------------------------ */
61   #define B1_Pin GPIO_PIN_13
62   #define B1_GPIO_Port GPIOC
63   #define B1_EXTI_IRQn EXTI15_10_IRQn
64   #define USART_TX_Pin GPIO_PIN_2
65   #define USART_TX_GPIO_Port GPIOA
66   #define USART_RX_Pin GPIO_PIN_3
67   #define USART_RX_GPIO_Port GPIOA
68   #define LD2_Pin GPIO_PIN_5
69   #define LD2_GPIO_Port GPIOA
70   #define TMS_Pin GPIO_PIN_13
71   #define TMS_GPIO_Port GPIOA
72   #define TCK_Pin GPIO_PIN_14
73   #define TCK_GPIO_Port GPIOA
74   #define SWO_Pin GPIO_PIN_3
75   #define SWO_GPIO_Port GPIOB
76   /* USER CODE BEGIN Private defines */
```

[그림 102-2] main.h 파일 내 선언된 LED 포트 및 핀 번호

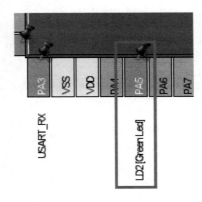

[그림 103] ioc 파일 내 Pinout 정의

참고로 사용자 코드를 입력할 때는 반드시 CubeMX에서 생성한 "USER CODE BEGIN"과 "USER CODE END" 주석 사이에 위치해야 GENERATE CODE를 다시 수행하여도 사용자 코드가 사라지지 않는다. 힘들게 작성한 코드가 없어지는 불상사가 발생하지 않도록 코딩 습관을 잘 갖추어 나가길 바란다.

앞선 절차와 마찬가지로 프로젝트 빌드 메뉴를 실행하면 [그림 104]처럼 성공적으로 빌드가 완료된 것을 확인할 수 있다.

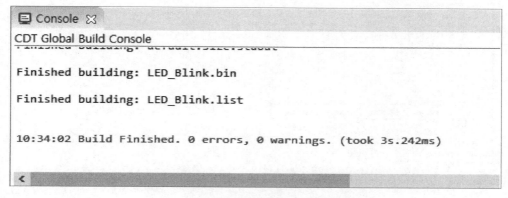

[그림 104] 프로젝트 빌드 결과 확인

3.1.8. 타깃 보드에 다운로드하여 실행

① NUCLEO 보드 준비

NUCLEO 보드는 ST-Link를 내장하여 별도의 개발 장비가 없어도 바이너리 파일을 다운로드하고 실행할 수 있다.

NUCLEO 보드와 PC를 연결하면 [그림 105]처럼 장치 관리자에서 ST-Link Debug 및 COM 포트가 인식된 것을 확인할 수 있다. COM 포트 번호는 개인의 컴퓨터 환경에 따라 다를 수 있다.

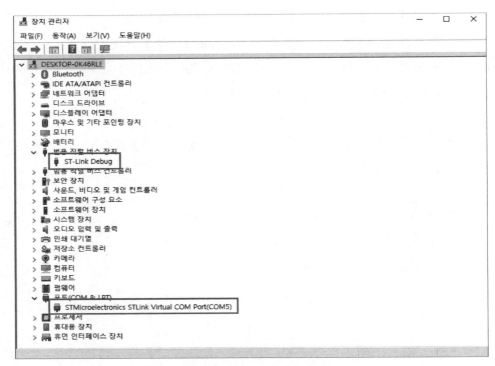

[그림 105] 장치 관리자 COM 포트 확인

② NUCLEO 보드에 다운로드하여 실행

[그림 106]처럼 [Run]→[Run] 메뉴 또는 Run(▶) 아이콘을 실행한다.

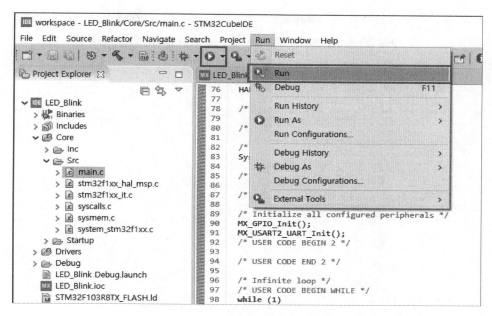

[그림 106] Run 메뉴 실행

실행 관련 설정 정보들을 변경 가능하며 기본값으로 실행하기 위해 $\boxed{\text{OK}}$ 버튼을 클릭한다. 혹시 윈도우 보안 경고가 뜨면 액세스 허용을 해 주면 된다.

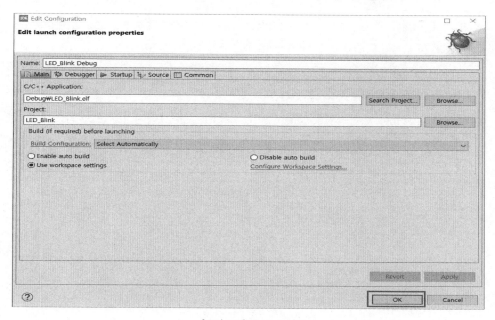

[그림 107] Launch 설정

IDE는 변경된 파일들을 자동으로 저장하며 빌드가 실행된다. 그리고 빌드가 정상적으로 완료되면 [그림 108]처럼 타깃 보드에 다운로드까지 한번에 처리되는 것을 확인할 수 있으며 NUCLEO 보드의 LED가 깜빡거리는 것을 확인할 수 있다.

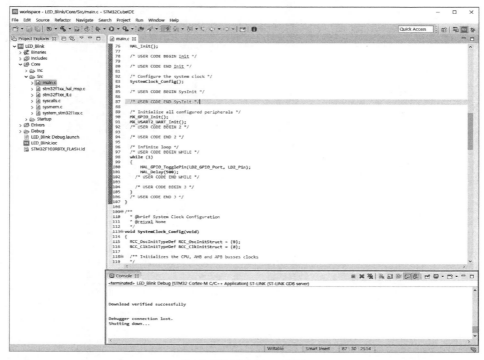

[그림 108] 타깃 보드 다운로드

3.1.9. 타깃 보드에 다운로드하여 디버깅

디버깅(Debugging) 또는 디버그(Debug)란 컴퓨터 프로그램이나 시스템의 정확성 또는 논리적인 오류나 결함(Bug)을 검출하여 제거하는 과정을 뜻한다. 문법, 변수 등의 오류는 컴파일러가 잡아 주는 경우(빌드 시 오류 메시지)도 있으나 컴파일러가 미처 잡아 주지 못하거나 논리적 오류는 디버깅을 통해 찾아내야 한다. STM32CubeIDE는 이러한 디버깅 기능을 제공하는데 간단한 디버깅 기능을 설명하겠다.

[그림 109]처럼 **[Run]→[Debug]** 메뉴 또는 Debug(✹)를 실행한다.

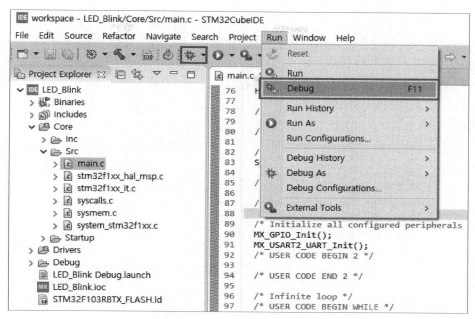

[그림 109] Debug 메뉴 실행

우리가 작성한 코드를 Debug 화면으로 전환을 위해 Switch 버튼을 클릭한다. 혹시 윈도우 보안 경고가 뜨면 액세스 허용을 해 주면 된다.

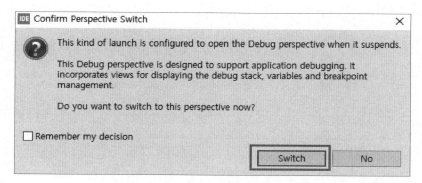

[그림 110] Confirm Perspective Switch

Run과 마찬가지로 파일의 변경 내용을 저장하고 자동 빌드가 실행된다. 그리고 빌드가 정상적으로 완료되면 타깃 보드에 다운로드까지 한번에 처리되며 Debug 화면으로 전환된 것을 확인할 수 있다.

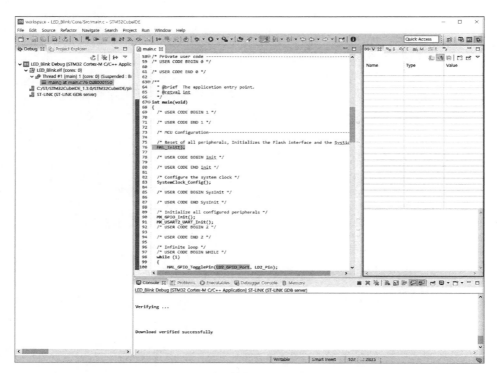

[그림 111] Debug 모드 화면

Debug 모드에서는 디버깅을 위한 여러 기능들이 제공되며 그 기능들은 상단의 아이콘 또는 **[Run]** 메뉴에서 확인할 수 있다.

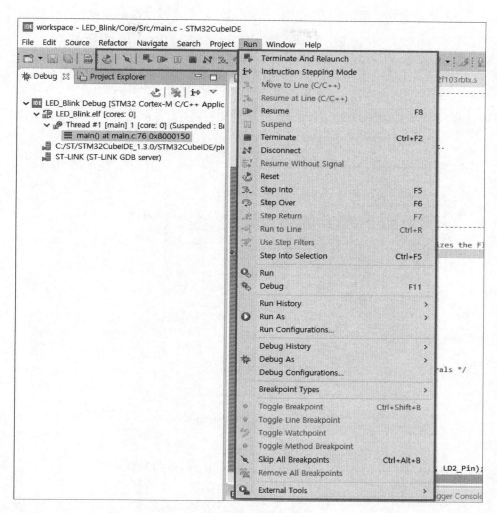

[그림 112] Debug 모드 기능들

- 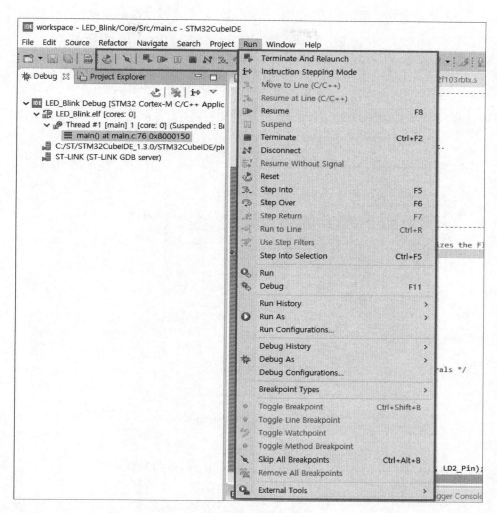 : Debug 모드 종료 후 다시 시작

- ▯▶ : 재개 버튼, Breakpoint까지 실행

- ▮ : Debug 모드 종료

- : 코드 시작 지점으로 이동

- : 코드 한 줄 실행(함수 있다면 함수 안으로 이동)

- : 코드 한 줄 실행(함수 있다면 건너뛰기)

- : 해당 함수 탈출

Debug 모드에서는 코드를 한 줄씩 실행해 볼 수 있으며, Breakpoint를 지정해 지정된 포인트에서만 정지하여 코드를 살펴볼 수도 있다. Breakpoint는 소스 코드의 Line을 표시하는 숫자에 마우스를 가져가 오른쪽 버튼을 클릭하면 팝업 메뉴가 뜨고, Toggle Breakpoint 또는 Add Breakpoint 메뉴를 통해 Breakpoint를 추가/삭제할 수 있다. 그리고 [그림 111]처럼 Debug 모드 화면의 우측 메뉴를 통해 변숫값, Breakpoint를 한눈에 관리할 수 있다.

HAL_GPIO_TogglePin() 함수가 실행되는 줄에 Breakpoint를 추가해 보자.

[그림 113] 소스 코드에 Breakpoint 추가

[그림 114]에서 보듯이 100 라인 옆에 Breakpoint 표시가 나타난다.

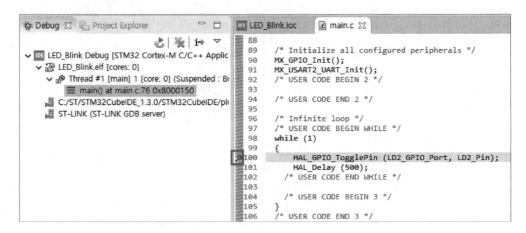

[그림 114] Breakpoint 설정

재개(▶) 아이콘을 클릭하면 커서가 Breakpoint 라인에 멈춰 있는 것을 확인할 수 있다. 이와 동시에 NUCLEO 보드의 LED가 재개(▶) 아이콘을 누를 때 마다 토글되는 것을 확인할 수 있다.

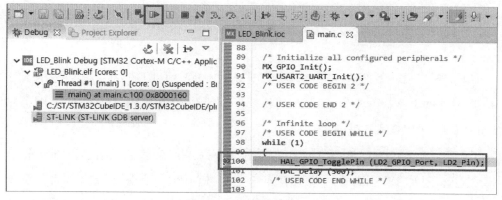

[그림 115] Breakpoint에서 정지

종료(■) 아이콘을 클릭하면 Debug 모드가 종료되며, NUCLEO 보드의 LED가 점멸하고 있는 것을 확인할 수 있다.

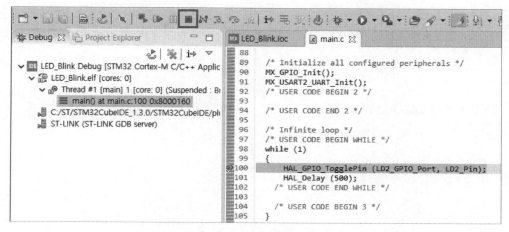

[그림 116] Debug 모드 종료

STM32CubeIDE에서 프로젝트를 생성하여 소스 빌드 및 실행, 디버깅을 하는 과정까지 단계별로 상세하게 설명을 하였다. 이후 실습부터는 새로운 내용에 대한 설명에 좀 더 집중하면서 STM32 MCU 기반 개발 과정을 한 단계씩 정복해 보도록 하겠다.

3.2. printf 시리얼 디버깅

개발 환경 구축 및 간단한 프로젝트를 생성하여 보드에서 LED가 깜빡이는 동작까지 확인하였다. 이번 과정은 가장 기본적인 디버깅 방법인 시리얼 통신을 이용한 printf 구현 방법을 설명한다.

STM32와 같은 임베디드 MCU들은 다양한 유무료 디버깅 툴과 방법들을 제공해 주고 있지만, 임베디드 시스템 개발 환경 구축에 있어 printf를 이용한 소스 디버깅은 절대적인 방법이라고 생각된다. 물론 디버깅과 릴리즈 과정에서 printf 코드가 영향을 미칠 수 있는 요소도 있지만, 가장 간단하면서도 소스 디버깅 관점에서는 임베디드 플랫폼에 독립적인(공통적인) 방법이다. 현업에 종사는 많은 개발자가 접근하는 디버깅 방법이니 앞서 실습했던 절차처럼 꼭 개발 과정에서 진행해야 하는 내용으로 인식해 주길 바란다.

이번 과정에서도 앞선 과정과 마찬가지로 한 단계씩 과정을 반복 실습해 보도록 하겠다.

3.2.1. STM32CubeIDE 실행

STM32CubeIDE 프로그램을 실행한다.

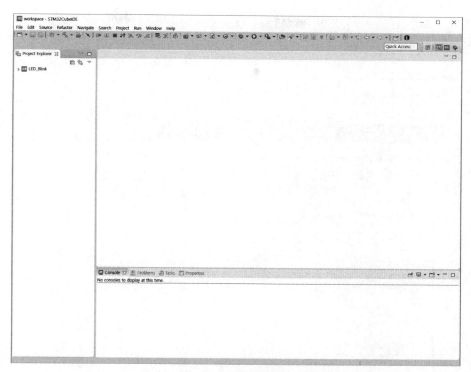

[그림 117] STM32CubeIDE 실행 초기 화면

3.2.2. 프로젝트 생성

STM32 계열 MCU가 사용된 NUCLEO 보드 프로젝트 생성을 위해 New(⬚) 아이콘 옆 드롭다운 메뉴 클릭 후 **[STM32 Project]** 메뉴를 실행한다.

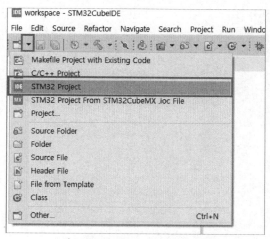

[그림 118] New Project 메뉴 실행

Target Selection 창이 뜨면 Board Selector 탭을 선택한다.

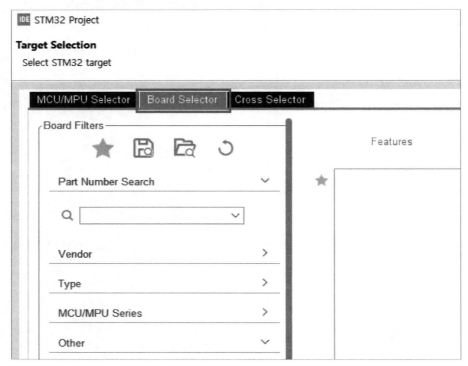

[그림 119] Board Selector 탭 선택

　　Board Filters의 Type 카테고리에서 Nucleo64를 선택하고, MCU Series 카테고리에서는 STM32F1을 선택하면 [그림 120]처럼 우측 아래 Board List에 실습에 사용하게 되는 NUCLEO-F103RB 보드 하나만 표시된다.

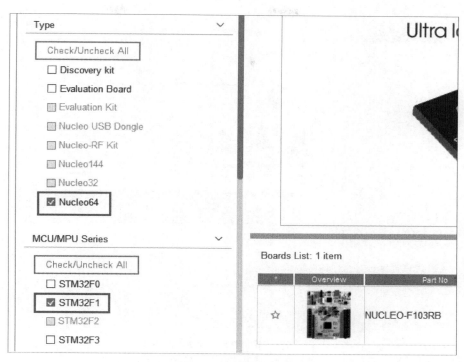

[그림 120] Board Filters 선택

Board List에 있는 NUCLEO 보드를 선택하면 상단에 보드에 관한 설명이 나오게
되며, 프로젝트를 생성하기 위하여 [그림 121]처럼 Next 버튼을 클릭한다.

[그림 121] Target Selection 완료

Project Name은 "USART_printf"를 입력한 후 **Finish** 버튼을 클릭한다.

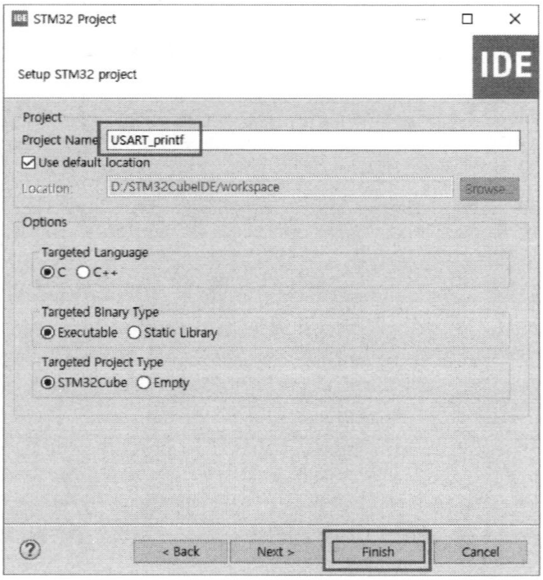

[그림 122] Setup STM32 project

NUCLEO-F103RB 보드의 기본 설정을 불러오기 위해 Yes 버튼을 클릭한다.

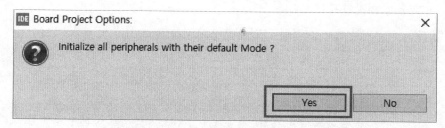

[그림 123] Board Project Options

Eclipse 기반의 STM32CubeIDE 통합 개발 환경에 CubeMX 레이아웃 뷰 창을 띄우기 위해 Yes 버튼을 클릭한다.

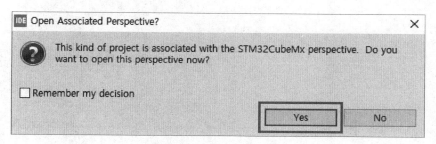

[그림 124] Open Associated Perspective

왼쪽에 프로젝트 탐색기에 USART_printf 프로젝트가 추가되어 있는 것을 확인할 수 있다.

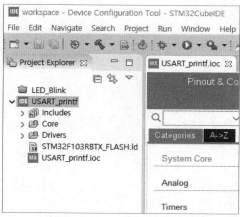

[그림 125] USART_printf 프로젝트

레퍼런스 보드에서 디폴트 모드로 설정되어 있는 입출력 핀들이 MCU 이미지를 통해서 보기 쉽게 정의되어 표시된다.

[그림 126]처럼 기본적으로 설정된 입출력 핀으로는 Serial Wire 3핀(SWO/TCK/TMS), USART2 2핀, Button(B1), LED(LD2)가 할당되어 있다.

[그림 126] 프로젝트 생성 완료

3.2.3. Pinout & Configuration 설정

① RCC 설정

[그림 127]처럼 System Core 카테고리 RCC를 선택하고, HSE 및 LSE를 Disable로 설정한다.

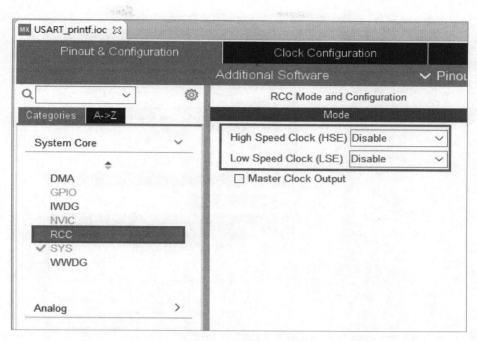

[그림 127] RCC Mode

② USART2 설정

[그림 128]처럼 Connectivity 카테고리 USART2를 선택하면, USART2 장치의
Mode 및 Configuration 설정 상태를 확인할 수 있다.

기본 설정으로 Asynchronous 115,200bps로 설정되어 있는데, 일반적으로 시리
얼 통신을 사용함에 있어 통신 속도가 얼마인지 하드웨어 흐름 제어를 사용하는
지 몇 가지 사항만 참고하면 쉽게 시리얼 통신을 사용할 수 있게 된다.

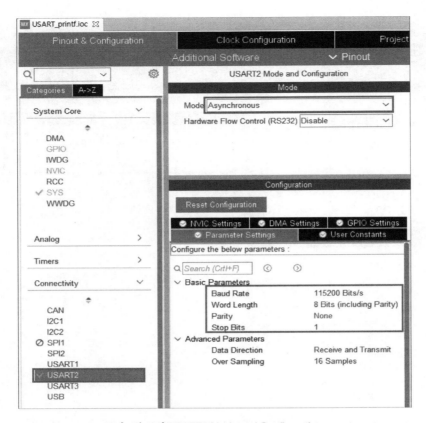

[그림 128] USART2 Mode and Configuration

3.2.4. Clock Configuration 설정

시스템 클럭 설정과 관련된 처리를 할 수 있으며, 보드에 맞게 기본적으로 내부 클럭을 사용하는 상태로 설정하면 된다.

앞서 RCC 설정에서 HSE를 비활성화 하였기 때문에 **[그림 129]**처럼 System Clock Mux에서 PLLCLK를 선택하여 HCLK이 64㎒가 되도록 설정되었는지 확인한다.

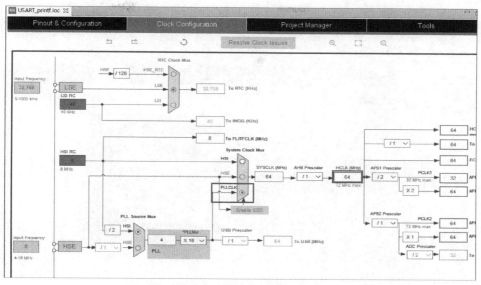

[그림 129] Clock Configuration

3.2.5. GENERATE CODE

앞서 설정한 상태에 맞게 코드를 생성하기 위하여 [그림 130]처럼 **[Project]**→ **[Generate Code]** 메뉴를 실행한다.

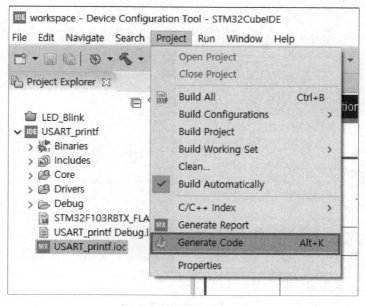

[그림 130] GENERATE CODE

버튼을 클릭하면 프로젝트 소스 코드가 자동 생성되는 과정이 진행된다.

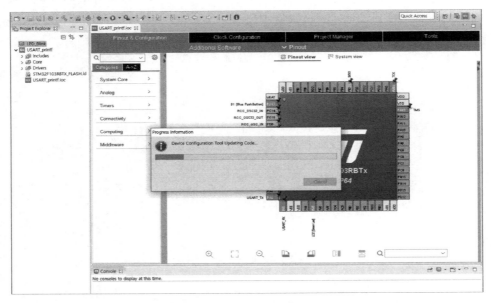

[그림 131] Code Generation Processing

프로젝트 소스 코드 생성이 완료된 후 [그림 132]처럼 왼쪽에 위치한 프로젝트 탐색기의 Core 폴더 내 Src 폴더의 main.c 파일을 열어 본다.

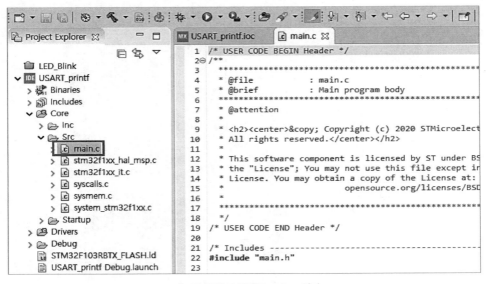

[그림 132] 프로젝트 main.c 열기

STM32CubeIDE를 이용한 STM32 따라하기

3.2.6. 프로젝트 빌드

기본적으로 생성된 프로젝트가 정상적으로 빌드되는지 확인해 보자.

[그림 133]처럼 **[Build]**→**[Build Project]** 메뉴를 실행한다.

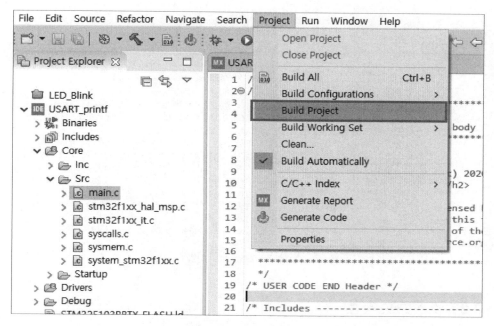

[그림 133] Build Project 메뉴 실행

프로젝트 빌드(컴파일 및 링크)가 진행되며 정상적으로 빌드가 완료되었다.

참고로 printf 함수를 처리하기 위해서는 syscalls.c 파일이 필요하다.

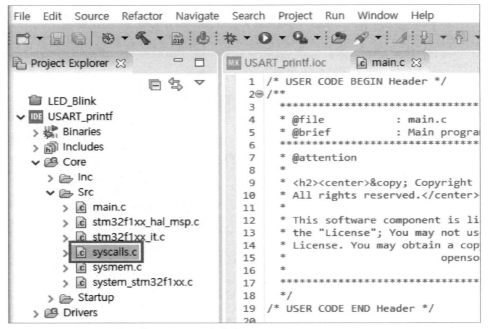

[그림 134] syscall.c 파일

3.2.7. 소스 코드 작성

앞서 프로젝트 생성 시 NUCLEO 보드는 USART2 peripheral를 통해서 시리얼 통신을 할 수 있다는 것을 알게 되었다. printf 함수의 디버깅 메시지 출력을 표준 장치에서 USART2로 출력이 되도록 소스를 포팅하는 것만으로 쉽게 터미널 디버깅 환경을 구축할 수 있는 것이다.

① stdio.h 헤더 파일 추가

printf 함수 사용을 위해 stdio.h 헤더 파일을 추가한다. 앞으로 실습에서 printf 사용을 위한 stdio.h 헤더 파일 추가는 따로 언급하지 않겠다.

```
21  /* Includes --------------------------------------------------------*/
22  #include "main.h"
23
24  /* Private includes ------------------------------------------------*/
25  /* USER CODE BEGIN Includes */
26  #include <stdio.h>
27  /* USER CODE END Includes */
```

[그림 135] stdio.h 헤더 파일 추가

② 표준 출력 장치를 USART2 장치로 포팅하는 코드 작성

[그림 136]처럼 포팅 코드를 추가한다. 포팅 코드에 대한 자세한 이해는 독자의 몫에 맡기도록 하겠다. 포팅 코드에서 초보자들에게 중요한 부분은 HAL_UART _Transmit 함수에서 내가 출력하려는 UART peripheral을 정확히 지정해 줘야 된다는 것을 명심하자.

```c
54  /* USER CODE BEGIN PFP */
55
56  /* USER CODE END PFP */
57
58  /* Private user code ----------------------------------------------------------*/
59  /* USER CODE BEGIN 0 */
60  #ifdef __GNUC__
61  /* With GCC, small printf (option LD Linker->Libraries->Small printf
62      set to 'Yes') calls __io_putchar() */
63  #define PUTCHAR_PROTOTYPE int __io_putchar(int ch)
64  #else
65  #define PUTCHAR_PROTOTYPE int fputc(int ch, FILE *f)
66  #endif /* __GNUC__ */
67
68  /**
69    * @brief  Retargets the C library printf function to the USART.
70    * @param  None
71    * @retval None
72    */
73  PUTCHAR_PROTOTYPE
74  {
75    /* Place your implementation of fputc here */
76    /* e.g. write a character to the USART1 and Loop until the end of transmission */
77    if (ch == '\n')
78      HAL_UART_Transmit (&huart2, (uint8_t*) "\r", 1, 0xFFFF);
79    HAL_UART_Transmit (&huart2, (uint8_t*) &ch, 1, 0xFFFF);
80
81    return ch;
82  }
83  /* USER CODE END 0 */
```

[그림 136] USART2로 printf 출력하는 소스 코드

앞으로 프로젝트를 만들 때 마다 습관적으로 /* USER CODE BEGIN 0 */와 /* USER CODE END 0 */ 사이에 아래 코드를 넣어 주도록 하자.

```c
#ifdef __GNUC__
/* With GCC, small printf (option LD Linker->Libraries->Small printf
   set to 'Yes') calls __io_putchar() */
#define PUTCHAR_PROTOTYPE int __io_putchar(int ch)
#else
#define PUTCHAR_PROTOTYPE int fputc(int ch, FILE *f)
#endif /* __GNUC__ */

/**
 * @brief  Retargets the C library printf function to the USART.
 * @param  None
 * @retval None
 */
PUTCHAR_PROTOTYPE
{
  /* Place your implementation of fputc here */
  /* e.g. write a character to the USART1 and Loop
     until the end of transmission */
  if(ch == '\n')
    HAL_UART_Transmit (&huart2, (uint8_t*) "\r", 1, 0xFFFF);
    HAL_UART_Transmit (&huart2, (uint8_t*) &ch, 1, 0xFFFF);

  return ch;
}
```

③ printf 함수를 통한 메시지 출력 코드 작성

우리가 C 언어를 처음 접할 때 가장 먼저 접하게 되는 "Hello World!"를 출력하는 코드를 작성해 보겠다. 그리고 반복 출력이 너무 빠르면 컴퓨터의 통신(터미널) 프로그램에 따라 먹통이 될 수 있으니 HAL_Delay() 함수를 이용하여 1초 지연을 추가하였다.

```
MX USART_printf.ioc    c *main.c ✕
112    MX_GPIO_Init();
113    MX_USART2_UART_Init();
114    /* USER CODE BEGIN 2 */
115
116    /* USER CODE END 2 */
117
118    /* Infinite loop */
119    /* USER CODE BEGIN WHILE */
120    while (1)
121    {
122        printf ("Hello World!\n");
123        HAL_Delay (1000);
124    /* USER CODE END WHILE */
125
126    /* USER CODE BEGIN 3 */
127    }
128    /* USER CODE END 3 */
129  }
```

[그림 137] 1초 간격으로 printf 출력하는 소스 코드

3.2.8. 프로젝트 빌드 및 보드에 다운로드

[그림 138]처럼 **[Run]→[Run]** 메뉴 또는 Run(▶)을 실행한다.

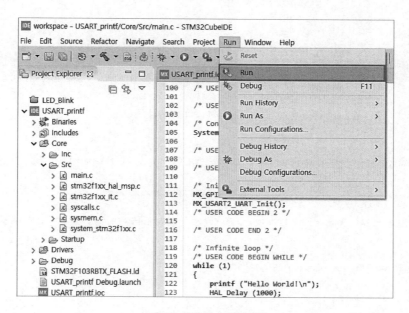

[그림 138] Run 메뉴 실행

실행 관련 설정 정보들을 변경 가능하며 기본값으로 실행하기 위해 OK 버튼을 클릭한다.

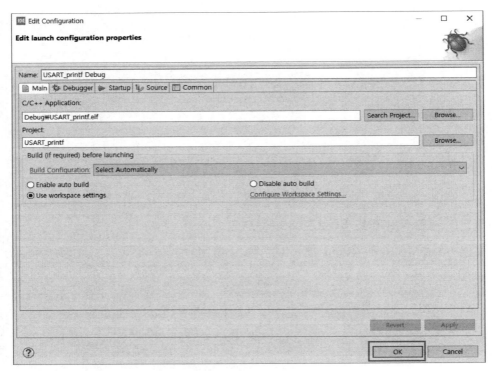

[그림 139] Launch 설정

빌드가 정상적으로 완료되면 타깃 보드에 다운로드까지 완료된다.

```
Console ⊠
<terminated> USART_printf Debug [STM32 Cortex-M C/C++ Application] ST-LINK (ST-LINK GDB server)


Download verified successfully

Debugger connection lost.
Shutting down...
```

[그림 140] Run 후 타깃 보드 다운 완료

3.2.9. 터미널 프로그램 확인

NUCLEO 보드를 연결하면 인식되는 COM 포트를 확인하고 독자들이 즐겨 사용하는 터미널 프로그램을 실행한다. 이때 통신 환경 설정은 CubeMX에서 USART2 디폴트로 설정한 값을 참고하면 된다.

[그림 141]과 같이 터미널 프로그램을 보면 printf 함수를 통해서 출력하려던 "Hello World!" 문자열이 1초 주기로 출력되는 것을 확인할 수 있다.

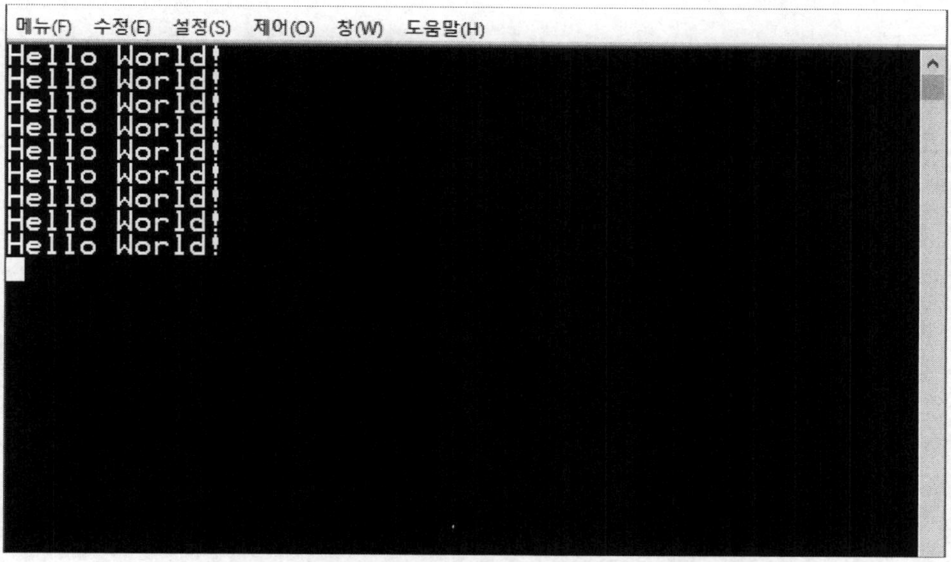

[그림 141] 시리얼 통신 터미널 프로그램

4.

PERIPHERAL 예제

이번 장에서는 NUCLEO 보드에서 다룰 수 있는 peripheral 예제를 통해 STM32 CubeIDE 프로젝트 생성 과정을 반복해 본다. 개발 환경에 친숙해지고 입문에서 초급으로 실력을 발전시킬 수 있는 과정이다.

EXTI

NUCLEO 보드의 USER B1(BLUE) 버튼을 누르면 외부 인터럽트(External Interrupt)가
발생하면서 LED(LD2)가 깜빡이도록 해 보겠다.

4.1.1. STM32CubeIDE 실행

STM32CubeIDE 프로그램을 실행한다.

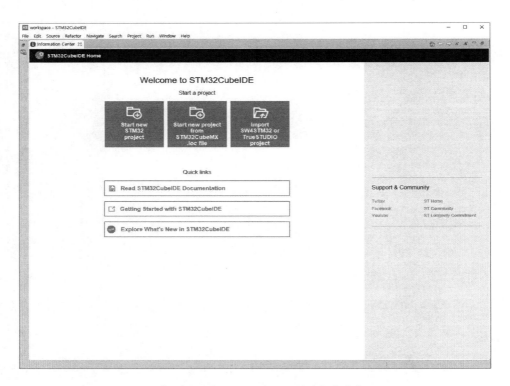

[그림 142-1] STM32CubeIDE 실행 초기 화면

4.1.2. 프로젝트 생성

STM32 계열 MCU가 사용된 NUCLEO 보드 프로젝트 생성을 위해 [File]→[New]→
[STM32 Project] 메뉴를 실행한다.

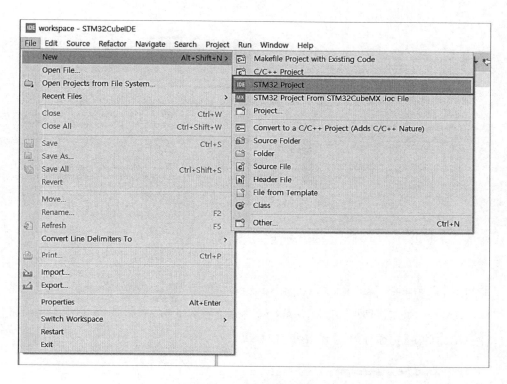

[그림 142-2] New Project 메뉴 실행

Target Selection 창이 뜨면 Board Selector 탭을 선택한다.

[그림 143] Board Selector 탭 선택

Board Filters의 Type 카테고리에서 Nucleo64를 선택하고, MCU Series 카테고리에
서는 STM32F1을 선택하면 [그림 144]처럼 우측 아래 Board List에 실습에 사용하게
되는 NUCLEO-F103RB 보드 하나만 표시된다.

[그림 144] Board Filters 선택

STM32CubeIDE를 이용한 STM32 따라하기

Board List에 있는 NUCLEO 보드를 선택하면 상단에 보드에 대한 설명이 나오며, 프로젝트를 생성하기 위하여 [그림 145]처럼 Next 버튼을 클릭한다.

[그림 145] Target Selection 완료

Project Name은 "EXTI"를 입력한 후 Finish 버튼을 클릭한다.

[그림 146] Setup STM32 project

NUCLEO-F103RB 보드의 기본 설정을 불러오기 위해 Yes 버튼을 클릭한다.

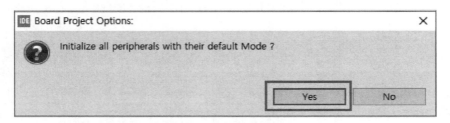

[그림 147] Board Project Options

Eclipse 기반의 STM32CubeIDE 통합 개발 환경에 CubeMX 레이아웃 뷰 창을 띄우기 위해 Yes 버튼을 클릭한다. 앞으로 이 메시지 창이 뜨지 않도록 하려면 Remember my decision 체크 박스를 체크하도록 하자.

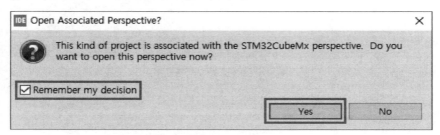

[그림 148] Open Associated Perspective

레퍼런스 보드에서 디폴트 모드로 설정되어 있는 입출력 핀들이 MCU 이미지를 통해서 보기 쉽게 정의되어 표시된다.

[그림 149]처럼 기본적으로 설정된 입출력 핀으로는 Serial Wire 3핀(SWO/TCK/TMS), USART2 2핀, Button(B1), LED(LD2)가 할당되어 있다.

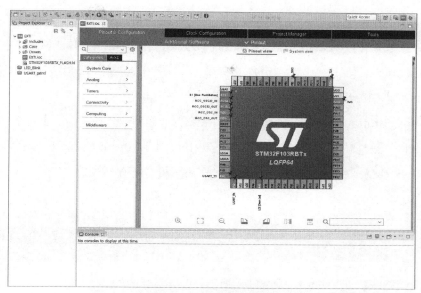

[그림 149] 프로젝트 생성 완료

4.1.3. Pinout & Configuration 설정

① RCC 설정

[그림 150]처럼 System Core 카테고리 RCC를 선택하고, HSE 및 LSE를 Disable 로 설정한다.

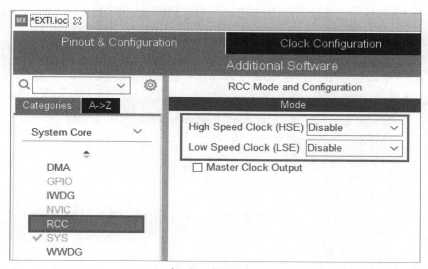

[그림 150] RCC Mode

② GPIO 설정

[그림 151]처럼 System Core 카테고리 GPIO를 선택하면 활성화되어 있는 GPIO peripheral 장치의 세부 설정을 확인할 수 있으며, 실습 보드의 디폴트 GPIO는 LD2 및 B1 2개의 핀만 설정된 것을 확인할 수 있다.

Configuration > GPIO에서 PC13-TAMPER-RTC를 선택하면 설정 세부 상태가 아래에 표시되는데, GPIO mode가 "External Interrupt Mode with Rising edge trigger detection"으로 되어 있는 것을 확인할 수 있다.

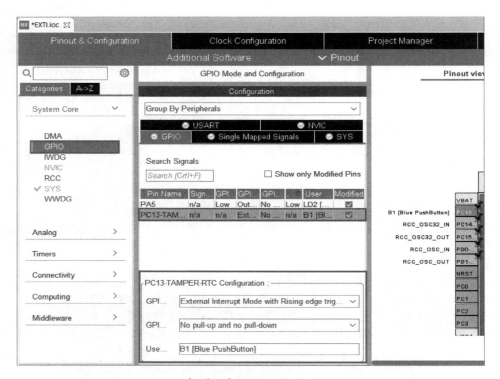

[그림 151] GPIO Configuration

[그림 152]의 B1 USER(Blue) 푸쉬 버튼 회로도를 보면 버튼을 눌렀을 때 신호가 High에서 Low로 바뀌도록 설계되어 있어 버튼을 누를 때 인터럽트가 발생하게 하려면 [그림 153]처럼 Falling edge로 모드를 변경해 주는 것이 더 적합하다.

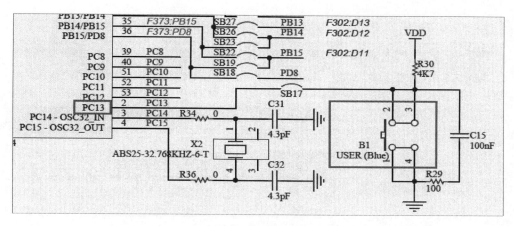

[그림 152] USER 버튼 회로도

PC13-TAMPER-RTC Configuration :

External Interrupt Mode with Falling edg... ∨

No pull-up and no pull-down ∨

B1 [Blue PushButton]

[그림 153] GPIO mode 변경

③ NVIC 설정

[그림 154]처럼 NVIC 탭을 누르면 EXTI line[15:10] interrupts 테이블이 활성화
되도록 체크되어 있는 것을 확인할 수 있다.

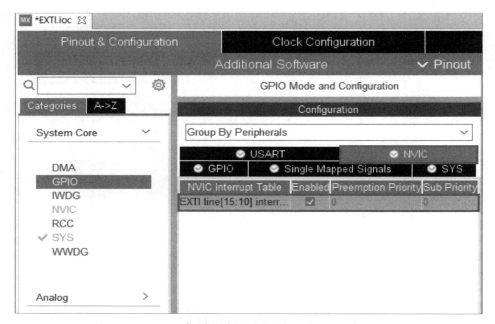

[그림 154] NVIC Configuration

NVIC는 인터럽트 처리와 관련된 설정을 하는 곳으로 [그림 155]처럼 System
Core 카테고리 NVIC를 선택하면 NVIC 탭에 인터럽트 관련 테이블이 나오며 여
기에서 시스템 관련 인터럽트를 활성화 및 비활성화를 시킬 수도 있으며, 인터럽
트 우선순위도 변경할 수 있다. 이번 실습에서는 인터럽트 우선순위를 바꾸지는
않겠다.

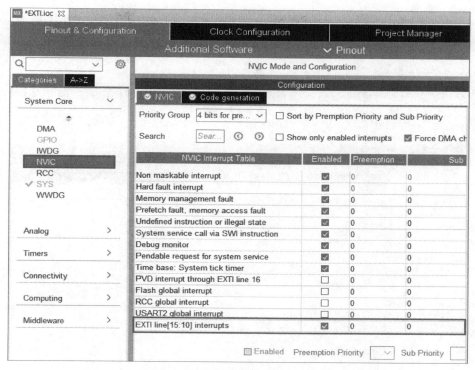

[그림 155] NVIC Interrupt Table

참고로 [그림 156]처럼 Code generation 탭에서는 인터럽트 코드에 대한 초기화 순서 및 인터럽트 서비스 루틴(IRQ) 생성 유무도 설정할 수 있다.

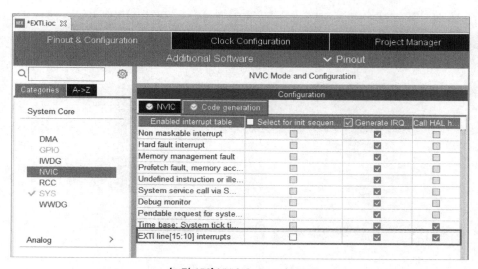

[그림 156] NVIC Code generation

4.1.4. Clock Configuration 설정

시스템 클럭 설정과 관련된 처리를 할 수 있으며, 보드에 맞게 기본적으로 내부 클럭을 사용하는 상태로 설정하면 된다.

앞서 RCC 설정에서 HSE를 비활성화하였기 때문에 [그림 157]처럼 HCLK이 64㎒가되어 있는지 확인한다. 한 번 더 말하자면 F103 시리즈 최대 HCLK은 72㎒이지만, 내부 클럭으로는 최대 64㎒가 가능하다.

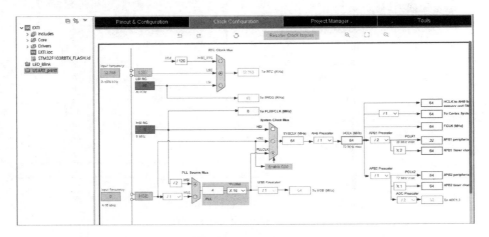

[그림 157] Clock Configuration

4.1.5. GENERATE CODE

앞서 설정한 상태에 맞게 코드를 생성하기 위하여 [그림 158]처럼 [Project]→ [Generate Code] 메뉴를 실행한다.

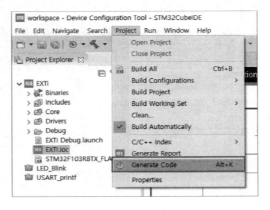

[그림 158] GENERATE CODE

버튼을 클릭하면 프로젝트 소스 코드가 자동 생성되는 과정이 진행된다.

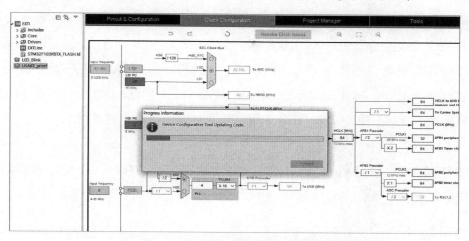

[그림 159] Code Generation Processing

프로젝트 소스 코드 생성이 완료된 후 왼쪽에 위치한 프로젝트 탐색기의 Core 폴더
내 Src 폴더의 main.c 파일을 열어 본다.

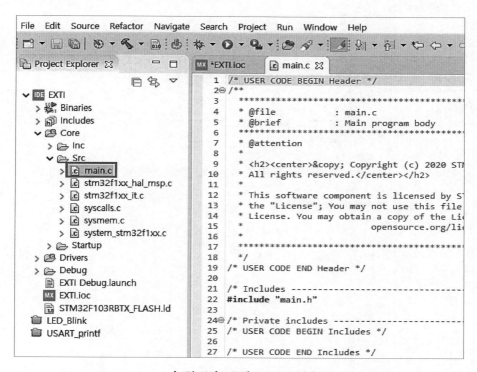

[그림 160] 프로젝트 main.c 열기

4.1.5. 소스 코드 작성

CubeMX에서 자동으로 생성해 준 인터럽트 관련 코드에 추가적으로 작성해야 하는 코드 부분은 인터럽트 발생 시 실행되어야 할 부분으로, 이번 실습에서는 LED가 토글되도록 간단하게 구현해 본다. 인터럽트가 발생하면 EXT15_10_IRQHandler() → HAL_GPIO_EXTI_IRQHandler() → HAL_GPIO_EXTI_Callback() 순서로 함수가 호출되는데, 사용자 코드는 콜백 함수에 실행될 코드를 구현해 주면 된다.

[그림 161]처럼 stm32f1xx_it.c 파일을 열어 보면 CubeMX에서 자동으로 생성해 준 인터럽트 서비스 루틴 코드를 볼 수 있다.

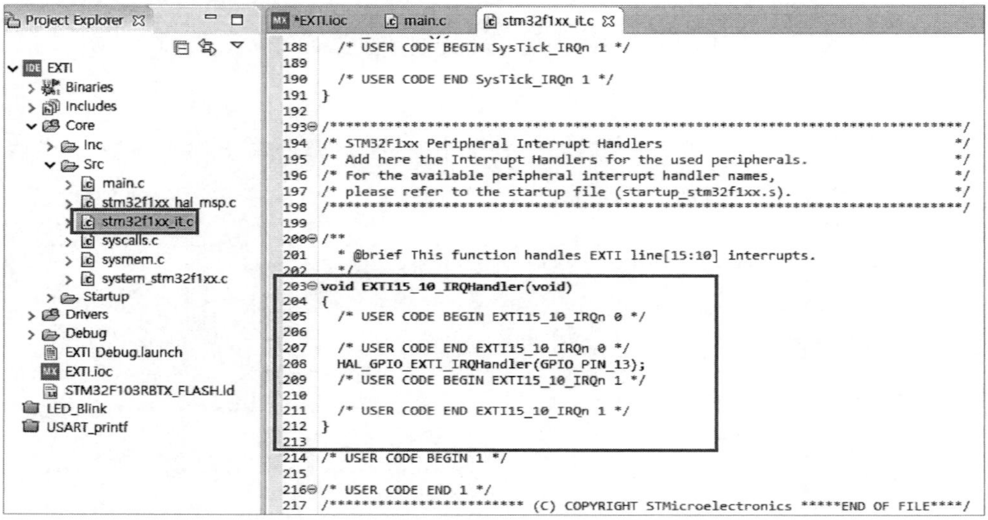

[그림 161] EXTI15_10_IRQHandler() 함수

[그림 162]에서 HAL_GPIO_EXTI_IRQHandler 함수명 위에서 마우스 오른쪽 버튼을 누른 후 팝업 메뉴에서 Open Declation 메뉴를 클릭하면 [그림 163]처럼 stm-32f1xx_hal_gpio.c 파일이 열리면서 HAL_GPIO_EXTI_IRQHandler() 함수를 확인할 수 있다.

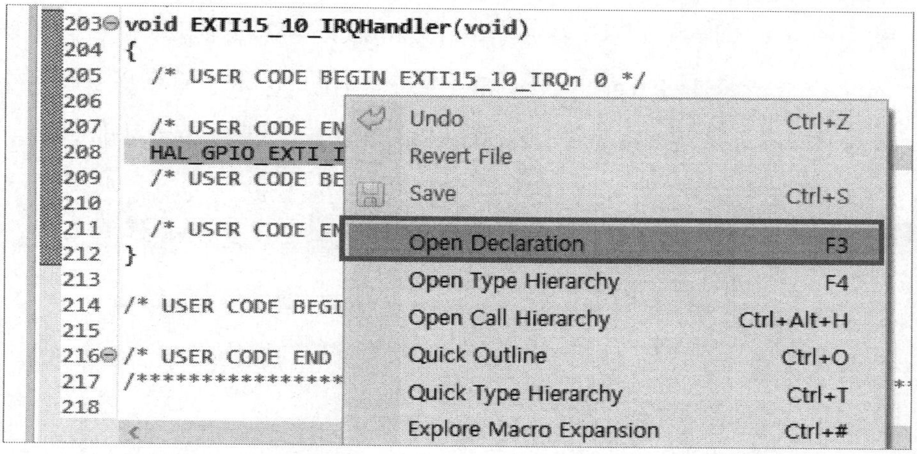

[그림 162] Open Declation 실행

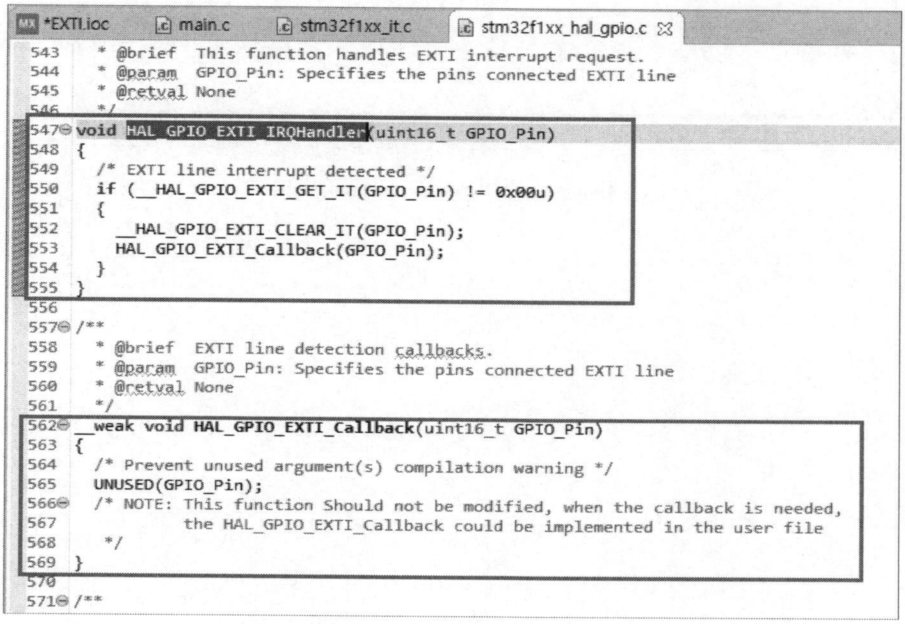

[그림 163] HAL_GPIO_EXTI_IRQHandler() 함수

사용자 코드는 HAL_GPIO_EXTI_Callback() 함수에 구현하면 되는데 우리는 콜백 함수를 main.c 파일에서 구현할 것이다. 입문자 수준을 넘어서는 __weak 심볼에 대하여 궁금한 독자는 개별적으로 검색해 보기를 바란다.

① 외부 인터럽트 콜백 함수 구현
버튼을 눌러 외부 인터럽트가 발생하면 Callback 함수가 실행되도록 [그림 164] 처럼 소스 코드를 추가한다. NUCLEO 보드의 B1 버튼을 클릭하면 콜백 함수가 호출되고 호출된 핀 번호가 B1_Pin(13)인지 확인하고 LED를 토글하게 된다.

```
MX EXTI.ioc      c *main.c ⊠    c stm32f1xx_it.c        c stm32f1xx_hal_gpio.c
212
213   /* USER CODE BEGIN 4 */
214⊖ void
215   HAL_GPIO_EXTI_Callback (uint16_t GPIO_Pin)
216   {
217     switch (GPIO_Pin)
218       {
219       case B1_Pin:
220         HAL_GPIO_TogglePin (LD2_GPIO_Port, LD2_Pin);
221         break;
222
223       default:
224         ;
225       }
226   }
227   /* USER CODE END 4 */
```

[그림 164] HAL_GPIO_EXTI_Callback() 함수 구현

② Project Build

[그림 165]처럼 프로젝트를 빌드한다.

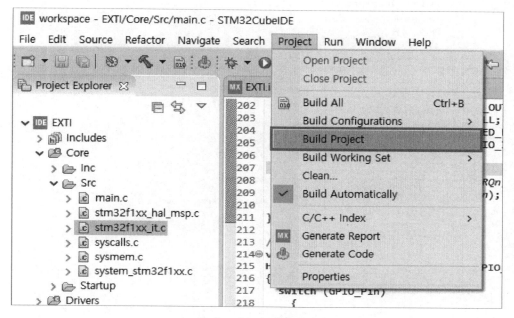

[그림 165] Build Project 실행

[그림 166]처럼 성공적으로 빌드가 완료된 것을 확인할 수 있다.

[그림 166] 프로젝트 빌드 성공

4.1.6. 빌드 및 실행

[그림 167]처럼 **[Run]→[Run]** 메뉴를 실행한다.

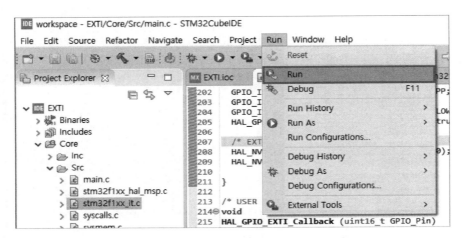

[그림 167] Run 실행

실행 관련 설정 정보들을 변경 가능하며 기본값으로 실행하기 위해 OK 버튼을 클릭한다.

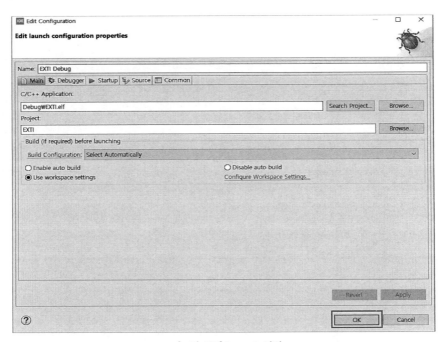

[그림 168] Launch 설정

그리고 파란색 버튼(B1)을 눌러 LED가 토글되는지 확인한다.

STM32CubeIDE에서 프로젝트를 생성하여 소스 빌드 및 디버깅을 하는 과정을 한 번 더 단계별로 상세히 설명했다. 이후 실습부터는 프로젝트 생성에서 실행까지의 과정 중에서 앞선 실습과 반복되는 내용은 생략하고 독자들이 변경해야 할 부분에 대해서만 언급하도록 하겠다.

4.2. TIM_TimeBase

NUCLEO 보드의 STM32F103 medium density 디바이스의 경우 advanced-control Timer, 3개의 general-purpose timers, 2개의 watchdog timers와 SysTick timer로 구성되어 있으며 <표 1>을 보고 기능을 비교해 보기 바란다.

Timer	Counter resolution	Counter type	Prescaler factor	DMA request generation	Capture/ compare channels	Complementary outputs
TIM1	16-bit	Up, down, up/down	Any integer between 1 and 65536	Yes	4	Yes
TIM2, TIM3, TIM4	16-bit	Up, down, up/down		Yes	4	No

〈표 1〉 타이머 기능 비교

이번 실습에서는 타이머3(TIM3)를 이용하여 1초 주기의 인터럽트가 발생하도록 하여 LED가 깜빡이게 해 보겠다. MCU 입문자들은 타이머를 다룰 때 어려움을 겪기도 하는데, 그 이유는 매뉴얼(datasheet)을 펼쳐 레지스터를 이해하고 사용하려는 경향 때문인데, 우리는 입문자답게 레지스터 설명은 미루고 타이머를 어떻게 설정해서 사용하는지 절차를 설명하는 데 중점을 두도록 하겠다. 프로그램(firmware)을 구현하다 보면 타이머를 잘 활용해야 유연하게 기능을 구현할 수 있다. 저자도 새로운 MCU를 접할 때면 시리얼 디버깅 다음으로 구현하는 드라이버가 타이머이기 때문이다.

4.2.1. 프로젝트 생성

앞선 실습 절차를 따라 STM32CubeIDE를 실행하고 NUCLEO 보드를 선택하여 프로젝트를 생성한다. Project Name은 "TIM_TimeBase"로 생성한다.

| STM32CubeIDE를 이용한 STM32 따라하기

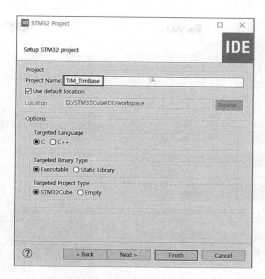

[그림 169] Setup STM32 Project

4.2.2. Pinout & Configuration 설정

① RCC 설정

[그림 170]처럼 System Core 카테고리 RCC를 선택하고, HSE 및 LSE를 Disable 로 설정한다.

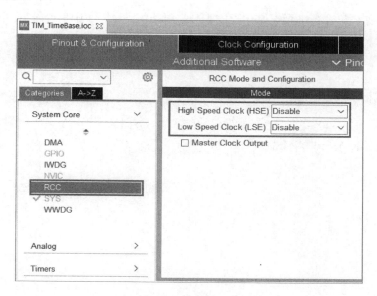

[그림 170] RCC Mode

② GPIO 설정

프로젝트 생성 시 NUCLEO 보드에 맞춰 초기화를 진행하였기 때문에 별도의 설정을 할 필요는 없다. 다만 앞선 실습처럼 설정이 잘 되어 있는지 확인한다.

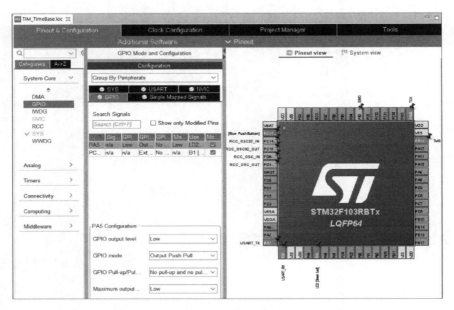

[그림 171] GPIO 설정

타이머는 클럭 설정에 영향을 받기 때문에 타이머 설정 이전에 클럭 설정이 우선되어야 한다.

4.2.3. Clock Configuration 설정

보드에 맞게 기본적으로 내부 클럭을 사용하는 상태로 최대 클럭인 64㎒로 동작되도록 설정되어 있는지 확인한다.

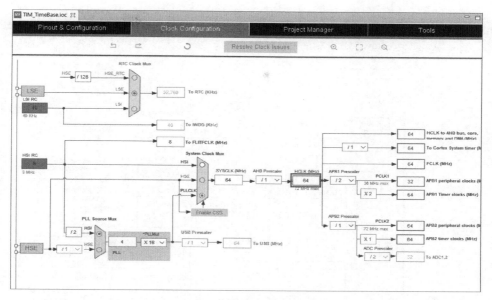

[그림 172] Clock Configuration

4.2.4. 타이머 설정

클럭 설정을 완료하였기에 Pinout & Configuration 탭으로 돌아와 Timers 카테고리
TIM3를 선택하면 **[그림 173]**처럼 TIM3 Mode and Configuration 화면을 볼 수 있다.

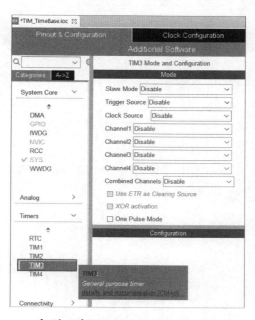

[그림 173] TIM3 Mode and Configuration

[그림 174] 데이터 시트의 클럭과 관련된 내용을 참고하면 TIM3 클럭은 APB1 프리스케일러를 통과한 클럭을 소스로 사용하게 된다는 것을 알 수 있다.

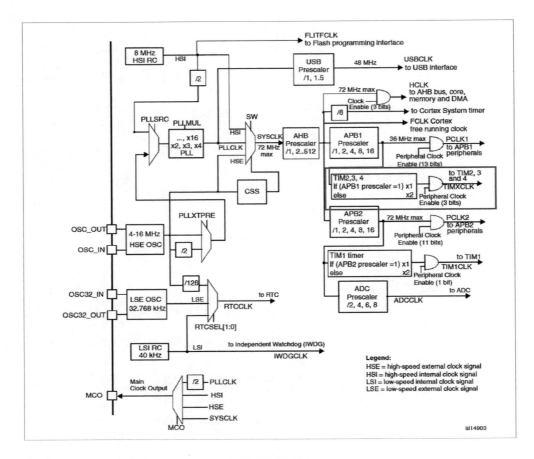

[그림 174] Clock tree

앞선 Clock Configuration에서 설정한 타이머 클럭을 보면 64㎒ 타이머 클럭으로 설정된 것을 확인할 수 있다.

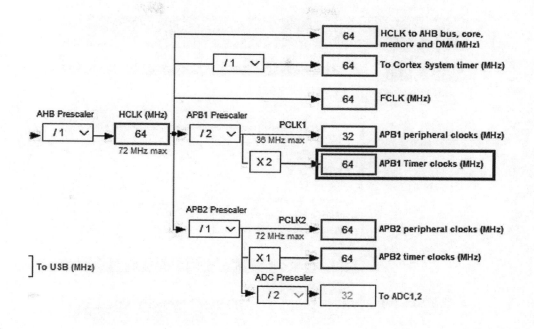

[그림 175] TIM3 타이머 클럭

타이머 관련 기능은 매우 다양하여 타이머 기능만을 열거하여 실습하더라도 책 한 권 분량은 충분하지만, 입문자답게 기본에 충실한 부분만을 언급하겠다.

① Parameter Settings

TIM3 Clock Source를 Internal Clock으로 설정하면 **[그림 176]**처럼 Parameter Settings 화면을 볼 수 있다.

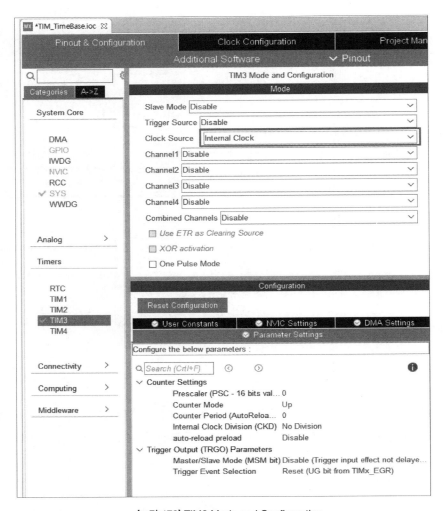

[그림 176] TIM3 Mode and Configuration

64MHz라는 클럭은 매우 빠르기 때문에 Prescaler를 통해서 TIM3 클럭 소스를 분주해 주고, Counter Period를 통해서 주기적인 인터럽트가 발생하도록 시간을 조정할 수 있다. 인터럽트 주기를 설정하는 공식은 다음과 같다.

$$\frac{1}{f_{\mathrm{CLK}}} \times prescaler \ \times period \ = \ \frac{1}{64\mathrm{MHz}} \times 64 \times 1000 = 1msec$$

1msec 주기로 인터럽트가 발생하도록 TIM3 Parameter를 설정하면 **[그림 177]**과 같다.

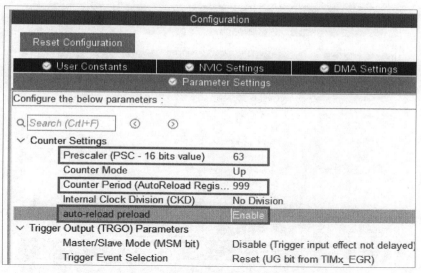

[그림 177] Parameter Settings

그런데 위 계산식과 달리 Prescaler 및 Counter Period 설정 항목에 입력한 값은 1 작은 값을 넣었다. 이는 데이터 시트의 타이밍 도를 보고 설명을 할 수 있는 내용이다. 입문 단계에서는 어려운 부분이니 건너뛰고 공식처럼 활용하기를 권한다.

또한, 반복적인 인터럽트가 발생하도록 하기 위해 auto-reload preload를 Enable로 설정하였다.

② NVIC Settings

타이머 카운터가 Counter Period 값과 일치하면 인터럽트가 발생하도록 [그림 178]처럼 TIM3 인터럽트 Enable을 체크해 준다. 이때, 우선순위를 변경하고 싶다면 System Core 카테고리의 NVIC 항목에서 변경할 수 있다.

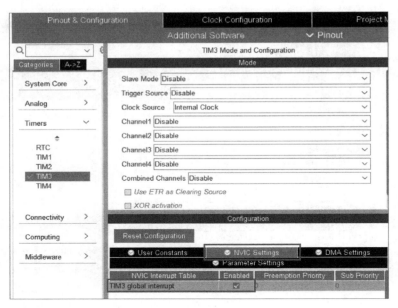

[그림 178] NVIC Settings

4.2.5. GENERATE CODE

앞서 설정한 상태에 맞게 코드를 생성하기 위하여 [그림 179]처럼 **[Project]→ [Generate Code]** 메뉴를 실행한다.

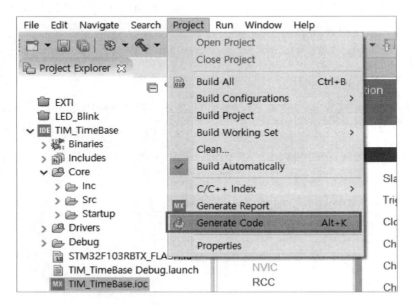

[그림 179] GENERATE CODE

4.2.6. 소스 코드 작성

CubeMX에서 자동으로 생성된 TIM3 초기화 코드는 [그림 180]과 같다.

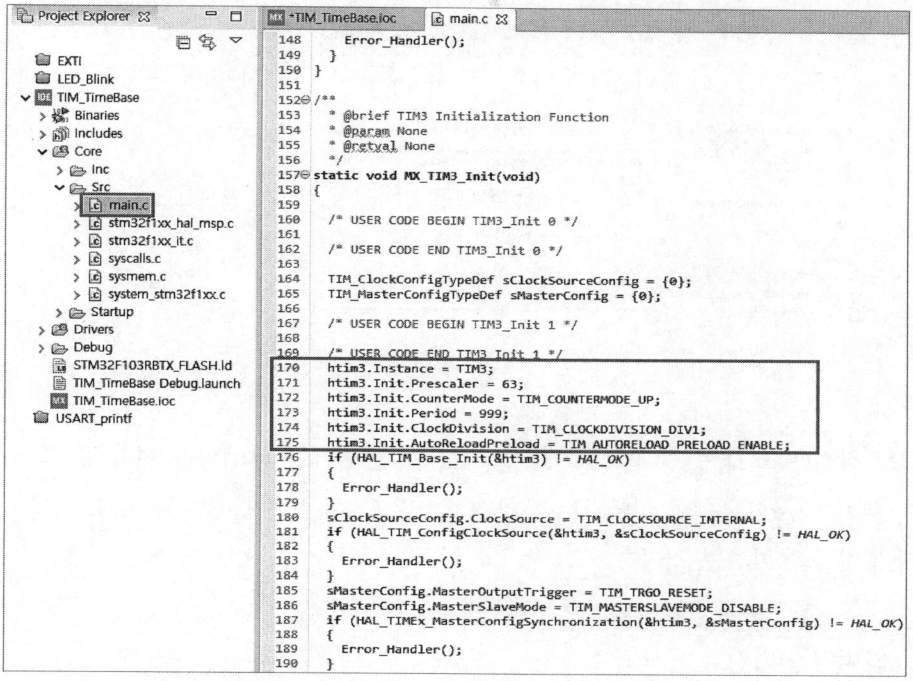

[그림 180] TIM3 초기화 코드

여기서 우리가 작성하는 코드는 타이머가 시작되도록 하고, 인터럽트가 발생하면 처리해야 할 동작을 구현해 주면 된다.

인터럽트가 발생하면 TIM3_IRQHandler() → HAL_TIM_IRQHandler() → HAL_TIM_PeriodElapsedCallback() 순서로 호출된다. 사용자 코드는 콜백 함수에 구현을 하면 된다.

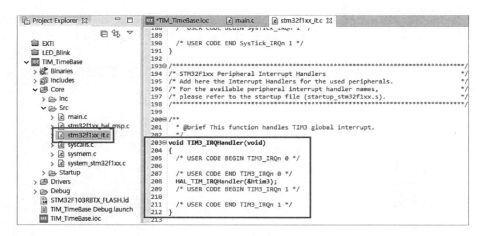

[그림 181] TIM3_IRQHandler() 함수

코드 작성은 크게 두 부분으로 나눌 수 있다. 첫 번째는 타이머가 시작되도록 하고, 두 번째는 1msec 주기의 인터럽트 루틴(콜백 함수)을 이용하여 1초 주기로 LED가 깜빡이게 로직을 구현하는 것이다.

① 타이머 인터럽트 시작 구현

타이머가 시작되도록 [그림 182]와 같이 HAL 드라이버에서 제공되는 함수를 코드에 추가한다. 참고로 다시 한번 강조하지만 사용자 코드를 입력할 때는 CubeMX에서 생성한 "USER CODE BEGIN"과 "USER CODE END" 주석 사이에 사용자 코드가 위치해야 CubeMX에서 GENERATE CODE를 다시 수행하여도 사용자 코드가 사라지지 않는다. 힘들게 작성한 코드가 없어지는 불상사가 발생하지 않도록 코딩 습관을 잘 갖추어 나가길 바란다.

[그림 182] Timer 관련 HAL 드라이버 제공 함수들

[그림 183]처럼 타이머 인터럽트 시작 함수를 호출한다.

```
MX TIM_TimeBase.ioc    .c *main.c ☒    .c stm32f1xx_it.c    .c stm32f1xx_hal_tim.c
84
85    /* Configure the system clock */
86    SystemClock_Config();
87
88    /* USER CODE BEGIN SysInit */
89
90    /* USER CODE END SysInit */
91
92    /* Initialize all configured peripherals */
93    MX_GPIO_Init();
94    MX_USART2_UART_Init();
95    MX_TIM3_Init();
96    /* USER CODE BEGIN 2 */
97    if (HAL_TIM_Base_Start_IT (&htim3) != HAL_OK)
98      {
99        /* Starting Error */
100       Error_Handler ();
101     }
102
```

[그림 183] 타이머 시작 함수 호출 구현

② 타이머 인터럽트 콜백 함수 구현

1msec 주기로 인터럽트가 발생할 때, 변숫값이 1씩 증가되도록 하여 1000까지 증가하면 LED가 토글되도록 코드를 작성한다.

```
MX TIM_TimeBase.ioc    .c *main.c ☒    .c stm32f1xx_it.c    .c stm32f1xx_hal_tim.c
48   /* USER CODE BEGIN PV */
49   volatile int gTimerCnt;
50   /* USER CODE END PV */
51
52   /* Private function prototypes -----------------------------------*/
53   void SystemClock_Config(void);
54   static void MX_GPIO_Init(void);
55   static void MX_USART2_UART_Init(void);
56   static void MX_TIM3_Init(void);
57   /* USER CODE BEGIN PFP */
58
59   /* USER CODE END PFP */
60
61⊖  /* Private user code ---------------------------------------------*/
62   /* USER CODE BEGIN 0 */
63
64   /* USER CODE END 0 */
65
66⊖  /**
67    * @brief  The application entry point.
68    * @rstval int
69    */
70⊖ int main(void)□
115
117⊖  * @brief System Clock Configuration□
120⊖ void SystemClock_Config(void)□
151
153⊖  * @brief TIM3 Initialization Function□
157⊖ static void MX_TIM3_Init(void)□
196
198⊖  * @brief USART2 Initialization Function□
202⊖ static void MX_USART2_UART_Init(void)□
229
231⊖  * @brief GPIO Initialization Function□
235⊖ static void MX_GPIO_Init(void)□
266
267  /* USER CODE BEGIN 4 */
268⊖ void
269  HAL_TIM_PeriodElapsedCallback (TIM_HandleTypeDef *htim)
270  {
271    gTimerCnt++;
272    if (gTimerCnt == 1000)
273      {
274        gTimerCnt = 0;
275        HAL_GPIO_TogglePin (LD2_GPIO_Port, LD2_Pin);
276      }
277  }
278  /* USER CODE END 4 */
```

[그림 184] HAL_TIM_PeriodElapsedCallback() 구현

참고로 인터럽트 루틴에서 처리되는 전역 변수는 꼭 volatile 변수로 선언하여 사용하길 바란다. volatile로 선언한 변수는 사용할 때 항상 메모리에 접근하게 된다. 즉, 이 변수는 언제든지 값이 바뀔 수 있으니 항상 메모리에 접근하라고 컴파일러에게 알려 주는 것이다. 그렇지 않으면 컴파일러는 상황에 따라 최적화 과정을 통해서 개발자의 의도와 다른 처리를 할 수 있기 때문이다.

4.2.7. 빌드 및 실행

① 프로젝트 빌드

[그림 185]처럼 프로젝트를 빌드한다.

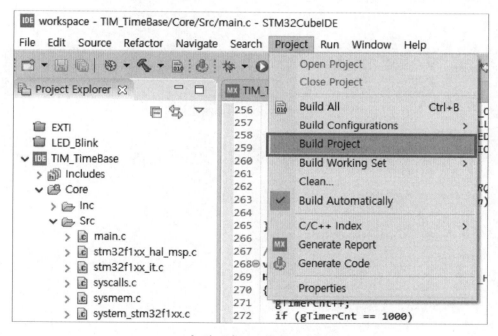

[그림 185] Build Project 실행

② 실행

[그림 186]처럼 **[Run]→[Run]** 메뉴를 실행한다. 그 후 LED가 1초 간격으로 토글되는 것을 확인할 수 있다.

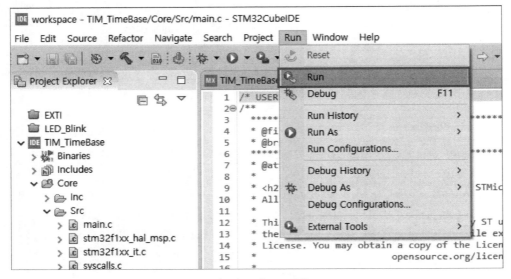

[그림 186] Run 실행

4.3. ADC

NUCLEO 보드 디바이스의 경우 2개의 12비트 Analog-to-Digital Converter(ADC)가 내장되어 있다. STM32 ADC는 다양하고 복잡한 기능을 제공하기 때문에 사용자 요구에 맞는 최선의 방법을 선택하기 위해서는 ADC의 모드와 특성에 대한 이해를 필요로 한다. 이번 실습에서는 디바이스 내부에 있는 온도 센서를 이용해 보도록 하겠다.

4.3.1. 프로젝트 생성

STM32CubeIDE를 실행하고 NUCLEO 보드를 선택하여 프로젝트를 생성한다.

Project Name은 "ADC_TemperatureSensor"로 생성한다.

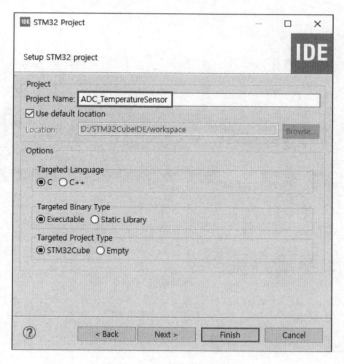

[그림 187] Setup STM32 Project

4.3.2. Pinout & Configuration 설정

① RCC 설정

앞선 실습과 마찬가지로 [**그림** 188]처럼 설정한다.

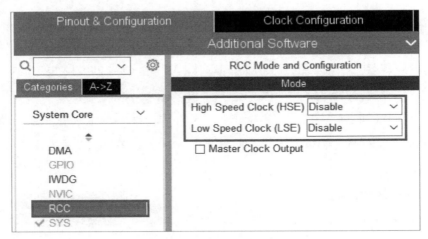

[그림 188] RCC Configuration

② ADC1 설정

Analog 카테고리의 ADC1를 선택하고 [**그림** 189]처럼 Temperature Sensor
Channel을 체크한다.

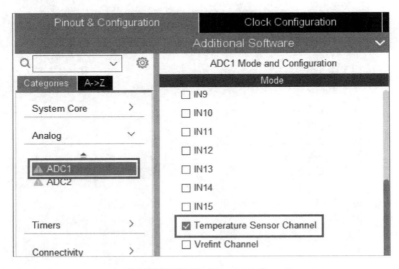

[그림 189] ADC1 Mode and Configuration

③ Parameter Settings

[그림 190]처럼 연속으로 AD 변환이 동작되도록 ADC_Settings 하위의 Continuous Conversion Mode를 Enable로 설정한다.

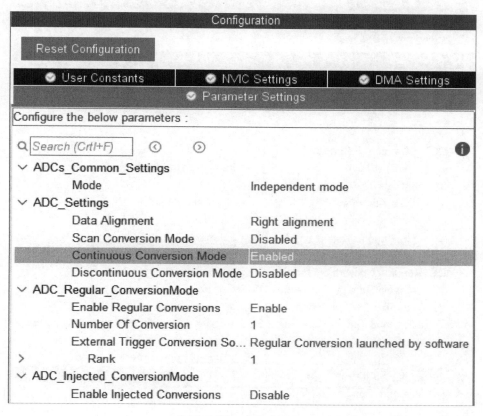

[그림 190] Parameter Settings

[그림 191]처럼 ADC_Regular_ConversionMode > Rank를 펼쳐 Sampling Time 항목을 13.5 Cycles로 변경한다.

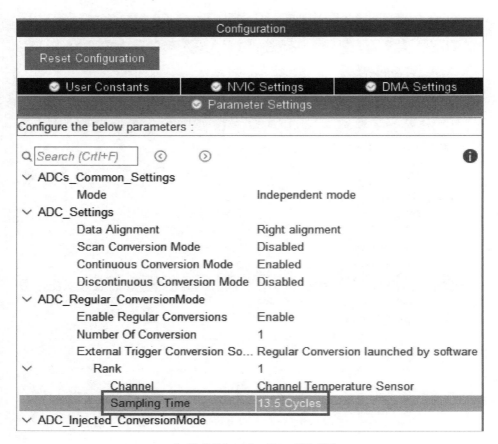

[그림 191] Sampling Time 항목 설정

4.3.3. Clock Configuration 설정

Clock Configuration 탭을 선택하면 **[그림 192]**처럼 클럭 설정에 문제가 있으면 팝업 창이 나타나면서 클럭 설정을 자동으로 해결할 것인지 물어보는데, **Yes** 버튼을 클릭하여 클럭 설정이 자동으로 해결되도록 한다.

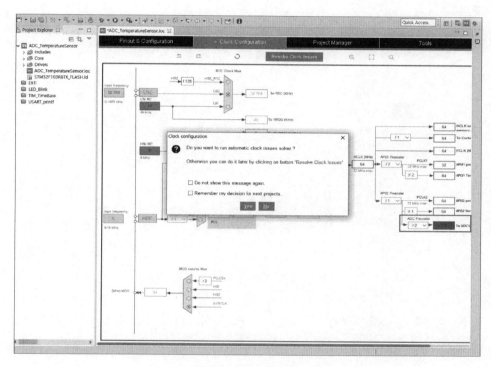

[그림 192] Clock Configuration 이슈

하지만 [그림 193]에서 보듯 HCLK 값이 최대로 설정되지 않았음을 알 수 있다.

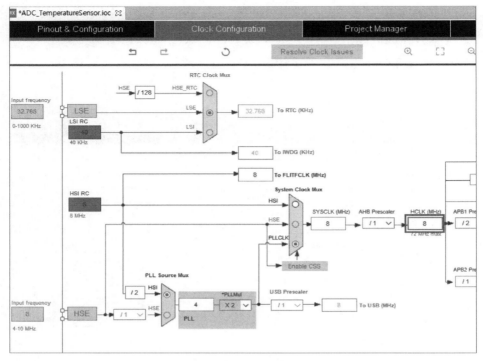

[그림 193] Clock Configuration 자동 해결

앞선 실습과 동일하게 최대 클럭으로 동작되도록 PLLMul 값을 16으로, ADC Pre-scaler 값을 8로 변경한다.

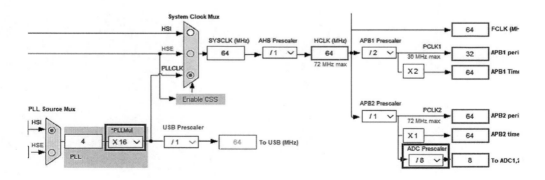

[그림 194] ADC1 Clock 설정

4.3.4. GENERATE CODE

앞서 설정한 상태에 맞게 코드를 생성하기 위하여 [그림 195]처럼 **[Project]→ [Generate Code]** 메뉴를 실행한다.

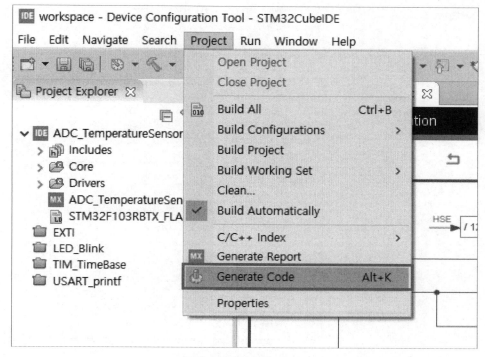

[그림 195] GENERATE CODE

4.3.5. 소스 코드 작성

CubeMX에서 자동으로 생성한 ADC 초기화 코드는 [그림 196]과 같다.

```c
154 /**
155  * @brief ADC1 Initialization Function
156  * @param None
157  * @retval None
158  */
159 static void MX_ADC1_Init(void)
160 {
161
162   /* USER CODE BEGIN ADC1_Init 0 */
163
164   /* USER CODE END ADC1_Init 0 */
165
166   ADC_ChannelConfTypeDef sConfig = {0};
167
168   /* USER CODE BEGIN ADC1_Init 1 */
169
170   /* USER CODE END ADC1_Init 1 */
171   /** Common config
172   */
173   hadc1.Instance = ADC1;
174   hadc1.Init.ScanConvMode = ADC_SCAN_DISABLE;
175   hadc1.Init.ContinuousConvMode = ENABLE;
176   hadc1.Init.DiscontinuousConvMode = DISABLE;
177   hadc1.Init.ExternalTrigConv = ADC_SOFTWARE_START;
178   hadc1.Init.DataAlign = ADC_DATAALIGN_RIGHT;
179   hadc1.Init.NbrOfConversion = 1;
180   if (HAL_ADC_Init(&hadc1) != HAL_OK)
181   {
182     Error_Handler();
183   }
184   /** Configure Regular Channel
185   */
186   sConfig.Channel = ADC_CHANNEL_TEMPSENSOR;
187   sConfig.Rank = ADC_REGULAR_RANK_1;
188   sConfig.SamplingTime = ADC_SAMPLETIME_13CYCLES_5;
189   if (HAL_ADC_ConfigChannel(&hadc1, &sConfig) != HAL_OK)
190   {
191     Error_Handler();
192   }
193   /* USER CODE BEGIN ADC1_Init 2 */
```

[그림 196] ADC1 초기화 코드

디바이스 내부의 온도 센서를 가장 기본적인 ADC polling 방식으로 구현하기 위해 CubeMX의 ioc 파일을 통해 설정하였다. 이제 ADC 동작이 수행되도록 어떻게 코드를 작성해야 하는지 알아보겠다.

① 시리얼 디버깅 구현

3장 STM32CubeIDE 프로젝트 시작하기에서 다루었던 printf 시리얼 디버깅 기능을 이용하여 ADC 결과를 터미널을 통해서 볼 수 있도록 구현해 보자.

printf 함수를 이용하여 huart2가 표준 출력 장치가 되도록 코드를 복사해서 붙여 넣는다. 물론 직접 코드를 입력해도 상관없겠지만 무의미한 코드 작성에 시간을 낭비하지 않았으면 한다.

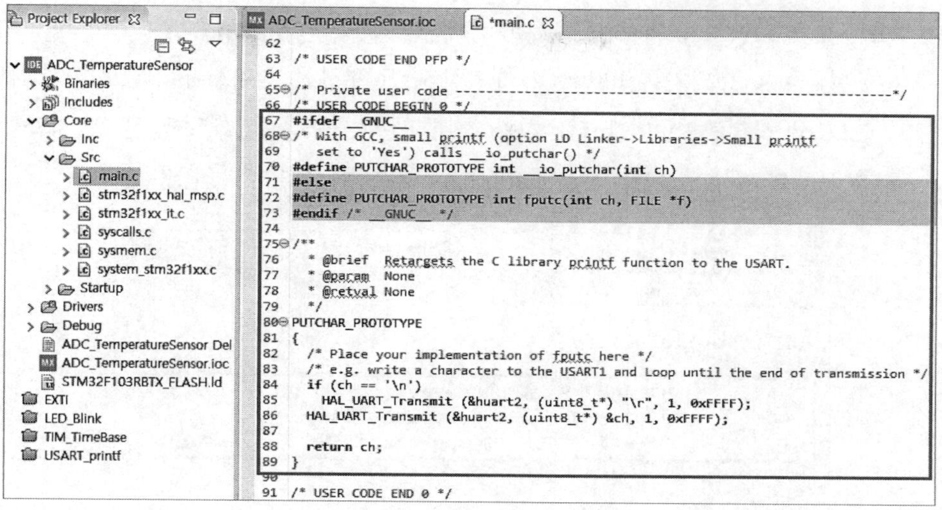

[그림 197] printf 포팅 코드 붙여넣기

② ADC Calibration 및 시작

STM32 일부 디바이스는 전원 인가 또는 리셋 후 ADC Self Calibration을 해 줘
야 정상적인 ADC 결괏값을 읽을 수 있다. 그러므로 항상 ADC를 사용하는 프로
그램에서는 초기 Self Calibration을 수행할 수 있도록 [그림 198]처럼 코드를 추
가하고 ADC를 시작해야 한다.

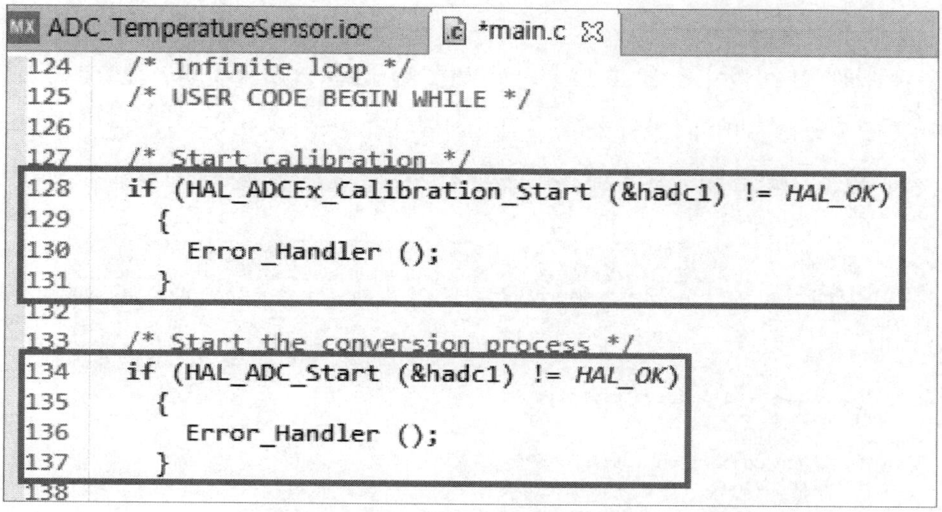

[그림 198] ADC 시작 코드 구현

③ ADC 결과 읽어서 출력

AD 변환이 완료되기를 100msec 대기한 후 결괏값을 읽어서 시리얼로 출력되도록 코드를 작성하였다. 참고로 너무 빠른 반복 출력은 호스트 통신 프로그램에 따라 문제의 발생 소지가 있기에 100msec 지연 함수를 추가하였다.

```c
139    uint16_t adc1;
140
141    while (1)
142    {
143        HAL_ADC_PollForConversion (&hadc1, 100);
144        adc1 = HAL_ADC_GetValue (&hadc1);
145        printf ("ADC1_temperature: %d \n", adc1);
146        /* USER CODE END WHILE */
147
148        /* USER CODE BEGIN 3 */
149        HAL_Delay (100);
150
151    }
```

[그림 199] ADC 결과 출력

4.3.6. 빌드 및 실행

① 빌드 및 실행

프로젝트를 빌드하고 Run 메뉴를 통해서 프로그램을 실행한다. Launch 설정은 기본값으로 한다.

특별한 실수 없이 소스 코드를 작성하였으면 [그림 200]처럼 성공적으로 빌드가 완료되었을 것이다. 만약 에러가 발생하였다면 에러를 고치는 능력을 향상시킬 수 있는 기회로 생각하고 에러를 해결해 보도록 한다.

```
Console 🔲
<terminated> ADC_TemperatureSensor Debug [STM32 Cortex-M C/C++ Application] ST-LINK


Download verified successfully


Debugger connection lost.
Shutting down...
```

[그림 200] 프로젝트 빌드 및 실행 완료

② 터미널 프로그램을 통한 결과 확인

NUCLEO 보드를 연결하면 인식되는 COM 포트를 확인하고 터미널 프로그램을 실행한다.

통신 속도는 CubeMX 프로젝트 생성 시 기본으로 설정되는 115,200bps로 설정하면 된다.

[그림 201]처럼 터미널 프로그램에 AD 변환된 결괏값을 확인할 수 있다.

[그림 201] 시리얼 통신 터미널 프로그램

4.3.7. 소스 코드 보완

단순히 ADC 결괏값만을 출력해서 보니 어떻게 디바이스 내부 온도를 계산해야 할지 궁금한 독자들을 위해 간단하게 데이터 시트 내용을 참고하여 소스 코드를 보완해 보도록 하겠다.

① 온도 센서 읽는 공식

RM0008 Reference manual("en.CD00171190.pdf" 파일) 데이터 시트를 보면 **[그림**

202]처럼 온돗값을 계산하는 공식이 나와 있다.

Reading the temperature

To use the sensor:

1. Select the ADCx_IN16 input channel.
2. Select a sample time of 17.1 μs
3. Set the TSVREFE bit in the *ADC control register 2 (ADC_CR2)* to wake up the temperature sensor from power down mode.
4. Start the ADC conversion by setting the ADON bit (or by external trigger).
5. Read the resulting V_{SENSE} data in the ADC data register
6. Obtain the temperature using the following formula:

   Temperature (in °C) = {(V_{25} - V_{SENSE}) / Avg_Slope} + 25.

   Where,

   V_{25} = V_{SENSE} value for 25° C and

   Avg_Slope = Average Slope for curve between Temperature vs. V_{SENSE} (given in mV/° C or μV/ °C).

   Refer to the Electrical characteristics section for the actual values of V_{25} and Avg_Slope.

Note: *The sensor has a startup time after waking from power down mode before it can output V_{SENSE} at the correct level. The ADC also has a startup time after power-on, so to minimize the delay, the ADON and TSVREFE bits should be set at the same time.*

[그림 202] 온돗값 구하는 공식

② Temperature sensor characteristics

NUCLEO 보드에서 사용되는 MCU 특성("en.CD00161566.pdf" 파일) 데이터 시트를 참고하면 [그림 203]과 같은 표를 볼 수 있다. MCU 내부 온도 센서는 25℃에서 1.43V 전압이 출력된다는 것을 알 수 있으며, 이를 기준으로 온도 변화에 따른 전압 변화율을 Average slope 파라미터로 정의하고 있다.

5.3.19   Temperature sensor characteristics

Table 50. TS characteristics

Symbol	Parameter	Min	Typ	Max	Unit
T_L[1]	V_{SENSE} linearity with temperature	-	±1	±2	°C
Avg_Slope[1]	Average slope	4.0	4.3	4.6	mV/°C
V_{25}[1]	Voltage at 25 °C	1.34	1.43	1.52	V
t_{START}[2]	Startup time	4	-	10	μs
T_{S_temp}[3][2]	ADC sampling time when reading the temperature	-	-	17.1	μs

1. Guaranteed based on test during characterization.
2. Guaranteed by design.
3. Shortest sampling time can be determined in the application by multiple iterations.

[그림 203] TS characteristics

③ 온도 계산 공식 구현

2개의 데이터 시트 정보를 이용하여 온도 계산 공식에 필요한 상숫값을 정의하면 [그림 204]과 같게 된다.

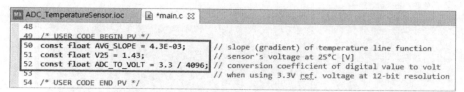

```
   ADC_TemperatureSensor.ioc        *main.c
48
49  /* USER CODE BEGIN PV */
50  const float AVG_SLOPE = 4.3E-03;    // slope (gradient) of temperature line function
51  const float V25 = 1.43;             // sensor's voltage at 25°C [V]
52  const float ADC_TO_VOLT = 3.3 / 4096; // conversion coefficient of digital value to volt
53                                      // when using 3.3V ref. voltage at 12-bit resolution
54  /* USER CODE END PV */
```

[그림 204] 온도 계산식 상숫값 선언

온도 계산 공식을 구현하고 온돗값을 출력하는 코드는 [그림 205]와 같이 구현하였다.

```
   ADC_TemperatureSensor.ioc        *main.c
142     uint16_t adc1;
143
144     float vSense; // sensor's output voltage [V]
145     float temp;   // sensor's temperature [°C]
146
147     while (1)
148     {
149         HAL_ADC_PollForConversion (&hadc1, 100);
150         adc1 = HAL_ADC_GetValue (&hadc1);
151         //printf ("ADC1_temperature: %d \n", adc1);
152
153         /*
154          * Reference Manual & Datasheet
155          *
156          * Temperature (in °C) = {(V25 - VSENSE) / Avg_Slope} + 25.
157          * Where,
158          * V25 = VSENSE value for 25°C and
159          * Avg_Slope = Average Slope for curve between Temperature vs. VSENSE
160          * (given in mV/°C or uV/°C)
161          */
162         vSense = adc1 * ADC_TO_VOLT;
163         temp = (V25 - vSense) / AVG_SLOPE + 25.0;
164         printf ("temperature: %d, %f \n", adc1, temp);
165     /* USER CODE END WHILE */
166
167     /* USER CODE BEGIN 3 */
168     HAL_Delay (100);
169
```

[그림 205] 온도 계산식 코드 구현

④ 리빌드 및 실행

리빌드하여 에러가 발생하지 않고 실행되면 터미널 프로그램의 출력을 **[그림 206]** 처럼 확인할 수 있다.

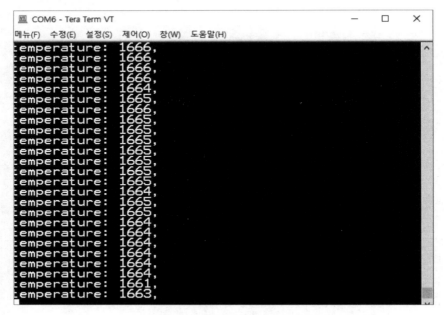

[그림 206] 시리얼 디버깅 터미널 화면

그런데 이상하다. 콤마(,) 뒤에 온돗값이 표시되지 않는다. 이유는 아쉽게도 printf를 이용하여 실수 출력이 되지 않고 있기 때문이다. 그렇기 때문에 printf에서 실수 출력이 되도록 옵션을 추가해야 한다는 사실을 꼭 기억해 두도록 한다.

4.3.8. printf에서 실수 출력하기

[그림 207]처럼 printf() 함수에 마우스를 올려 보면 디버거가 warning 메시지를 띄워 주고 있다. 메시지에서 안내하는 방법대로 프로젝트 특성을 수정해 보자.

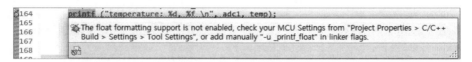

[그림 207] 디버거 warning 메시지

[그림 208]처럼 **[Project]→[Properties]** 특성 메뉴를 실행한다.

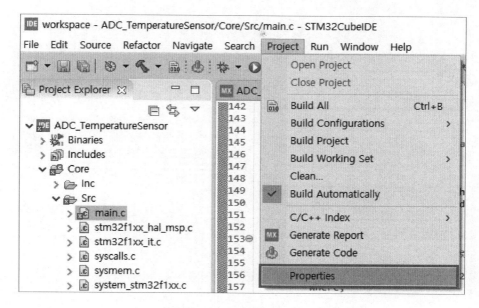

[그림 208] 프로젝트 Properties 실행

[그림 209]처럼 "Properties" 창이 표시되면 드롭다운 목록에서 C/C++ Build > Settings > Tool Settings > MCU Settings를 선택한 다음 "Use float with printf from newlib-nano (-u _printf_float)" 항목을 체크하고 Apply and Close 버튼을 누른다.

[그림 209] Build Tool Settings

프로젝트를 리빌드 및 실행 후 터미널 프로그램의 출력을 확인하면 [그림 210]과 같이 온돗값이 표시되는 것을 알 수 있다. 정말 온돗값이 맞는지 의문이 들 수 있는데, 여러 가지 요인이 존재할 수 있기에 이번 실습에서는 이렇게 MCU 내부의 온도를 ADC 기능을 이용하여 측정할 수 있었다는 것으로 마무리하겠다.

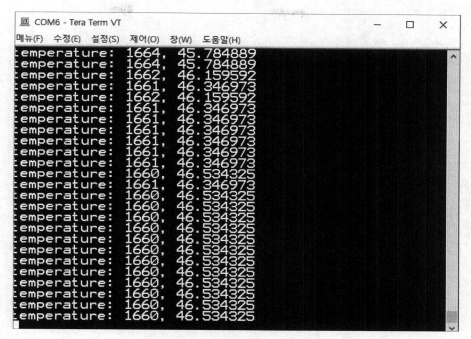

[그림 210] 시리얼 디버깅 터미널 화면

만약, 여전히 실숫값이 출력되지 않는다면 [**그림 211**]처럼 C/C++ Build > Settings > Tool Settings > MCU GCC Linker > Miscellaneous를 선택한 다음 Add(□) 버튼을 눌러 수동으로 "-u _printf_float" 플래그를 작성한다. 그 다음 OK 버튼 클릭 후 Apply and Close 버튼을 클릭하여 특성을 추가한다.

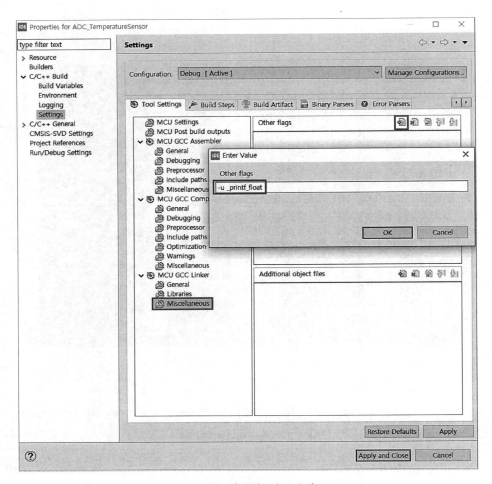

[그림 211] 플래그 수동 추가

WWDG

 원도우 와치독(WWDG)은 일반적으로 응용 프로그램이 정상적인 순서를 벗어나게 하는 외부 간섭이나 예기치 않은 논리 조건으로 인해 생성되는 소프트웨어 오류의 발생을 감지하는 데 사용된다. 프로그램이 WWDG 다운 카운터의 값을 새로 갱신하지 않는 한, 프로그래밍된 시간이 만료되면 MCU를 리셋하게 된다. 이렇듯 프로그램 개발자는 MCU가 리셋되지 않도록 일정한 주기로 WWDG 다운 카운터를 갱신해 줌으로써 일시적인 결함이 발생하더라도 시스템의 정상적인 수행이 지속되거나, 주어진 시간 이내에 정상적인 수행이 가능한 상태로 복구되는 시스템을 적용해야 된다. 이러한 시스템 복구를 위해 사용되는 기능은 최근 다양한 IoT 제품에 적용되고 있으며 STM32 시리즈의 MCU는 시간 정밀도와 결합 복원도에서 서로 다른 특성을 갖는 두 개의 IWDG(Independent WDG)와 WWDG(Window WDG)를 내장하고 있다. 이번 실습에서는 WWDG를 이용하여 프로그램이 무한 루프에 빠졌을 경우를 가정하여 MCU가 리셋되어 시스템이 복원되도록 해 보겠다.

4.4.1. 프로젝트 생성

STM32CubeIDE를 실행하고 NUCLEO 보드를 선택하여 프로젝트를 생성한다.
Project Name은 "WWDG"로 생성한다.

[그림 212] Setup STM32 Project

4.4.2. Pinout & Configuration 설정

① RCC 설정

앞선 실습과 마찬가지로 **[그림 213]**처럼 설정한다.

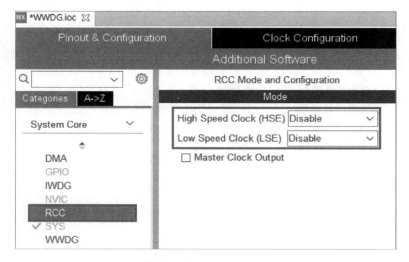

[그림 213] RCC Configuration

② WWDG 설정

System Core 카테고리의 WWDG를 선택하고 [그림 214]처럼 Activated를 체크
한다.

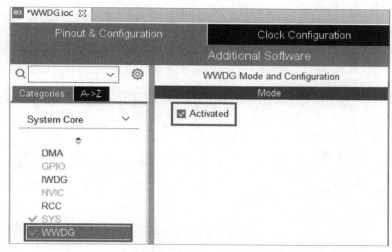

[그림 214] WWDG and Configuration

③ Parameter Settings

[그림 215]처럼 Configuration > Parameter Settings > Watchdog Clocking의
항목의 값을 설정한다.

각 항목 설정값에 따른 와치독 시간 계산은 뒤에서 언급하겠다.

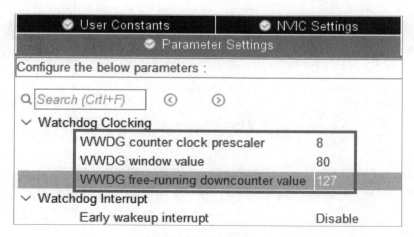

[그림 215] Parameter Settings

4.4.3. Clock Configuration 설정

Clock Configuration 탭을 선택하면 [그림 216]처럼 클럭 설정이 최적의 상태로 설정되어 있는 것을 확인할 수 있다. WWDG 클럭과 연관된 PCLK1 값이 32㎒로 설정되어 있는 것을 알 수 있다.

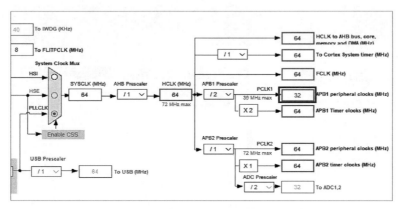

[그림 216] Clock Configuration

4.4.4. GENERATE CODE

앞서 설정한 상태에 맞게 코드를 생성하기 위하여 [그림 217]처럼 [Project]→ [Generate Code] 메뉴를 실행한다.

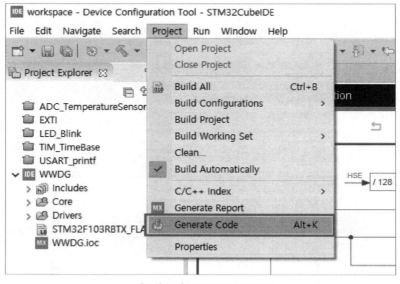

[그림 217] GENERATE CODE

4.4.5. 소스 코드 작성

CubeMX에서 자동으로 생성한 WWDG 초기화 코드는 [그림 218]과 같다.

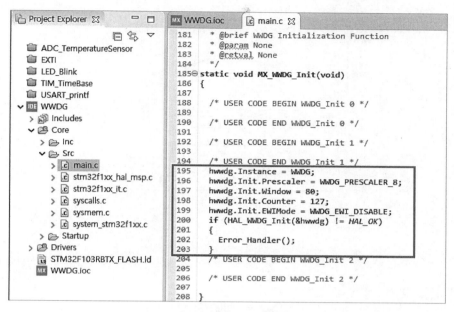

[그림 218] WWDG 초기화 코드

이번 실습 테스트 시나리오는 정상적인 동작 상태에서는 LED가 1초 주기로 깜빡거리고 있다. USER 버튼을 눌렀을 때 외부 인터럽트 콜백 함수가 호출되어 무한 루프에 진입되도록 코드를 구현하고, 이에 따라 MCU가 리셋되어 프로그램이 자동으로 복구되는지를 확인해 보도록 하겠다.

① WWDG 시간 계산

입문자들에게 1,000페이지가 넘는 데이터 시트를 권하고 싶지는 않지만 내가 구현하고자 하는 기능과 연관된 부분의 자료는 대충이라도 읽어 보라고 권하고 싶다. 처음에는 무슨 말인지 도대체 알 수 없는 영문 매뉴얼이지만, 조금씩 친숙해지면 데이터 시트를 검토하며 개발하는 자신을 보게 될 것이다.

데이터 시트의 "20장 WWDG" 부분을 보면 [그림 219]와 같은 타이밍 다이어그램과 함께 와치독 시간을 계산하는 공식이 나와 있다. 일단 공식에만 집중하도록 하자.

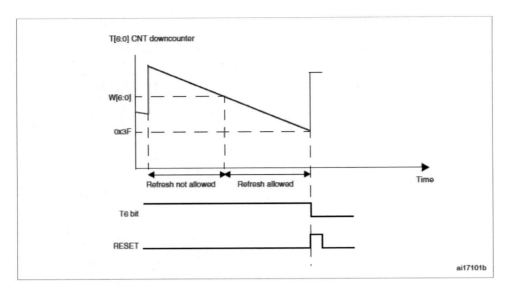

[그림 219] WWDG 타이밍 다이어그램

와치독 시간은 아래 공식으로 구해진다.

$$t_{\mathrm{WWDG}} = t_{\mathrm{PCLK1}} \times 4096 \times 2^{\mathrm{WDGTB}} \times (t[5:0]+1) \quad (ms)$$

- t_{PCLK1}: PCLK1 clock time(본 실습에서는 PCLK1=32㎒이므로 31.25ns)

- 2^{WDGTB}: WWDG counter clock prescaler

- W[6:0]: WWDG window value, 63(0x3F)보다 커야 함.

- T[6:0]: WWDG free-running downcounter value

- t[5:0]: T[6:0]~W[6:0]

본 실습에서 적용되는 값들을 넣어서 계산해 보면 아래와 같으며

$$t_{\mathrm{WWDG}} = 31.25 \times 10^{-9} \times 4096 \times 8 \times (127-80+1) = 49.152 \ ms$$

와치독 카운터를 갱신하려면 49.152~66.56㎳(0x3F time) 구간(Window)에서 갱신
(Refresh)를 해야 한다. 너무 빠르거나 늦으면 MCU가 리셋된다.

② LED 토글 및 와치독 갱신

와치독 갱신 가능 구간을 49.152~66.56msec가 되도록 설정하였기 때문에 딜레이 루프를 짧게 또는 길게 지연시키면 와치독에 의해서 MCU가 리셋되어 버린다. 그런데 LED 토글 주기를 1초로 구현하기 위해 20번의 와치독 갱신이 실행된 후 LED가 토글되도록 코드를 작성하였다.

```
MX WWDG.ioc       *main.c

100    /* Infinite loop */
101    /* USER CODE BEGIN WHILE */
102    uint8_t i = 0;
103
104    while (1)
105    {
106        if (i == 20)
107        {
108            i = 0;
109            HAL_GPIO_TogglePin (LD2_GPIO_Port, LD2_Pin);
110        }
111
112        HAL_Delay (50);
113        i++;
114
115        /* Refresh WWDG */
116        if (HAL_WWDG_Refresh (&hwwdg) != HAL_OK)
117        {
118            Error_Handler ();
119        }
120    /* USER CODE END WHILE */
121
```

[그림 220] LED 토글 및 WWDG Refresh

여기서 중요한 것은 와치독 구간에서 HAL_WWDG_Refresh() 함수를 호출하여 WWDG free-running downcounter value를 갱신해 주는 것인데, 만약 프로그램이 동작 중 오류로 인해 갱신 주기가 틀어지면 MCU가 리셋되는 것이다. 참고로 인터럽트 콜백 함수를 이용한 방법도 있는데 추후에 다루도록 하겠다.

4.4.6. 빌드 및 실행

① 빌드 및 실행

프로젝트를 빌드하고 Run 메뉴(▶)를 통해서 프로그램을 실행하면 1초 주기로 LED가 토글되는 것을 확인할 수 있을 것이다.

4.4.7. 소스 코드 보완

와치독 타이머를 주기적으로 갱신함으로써 LED 토글이 잘 동작되는 것을 확인하였다. 이번에는 USER 버튼을 누르면 외부 인터럽트가 발생하여 무한 루프에 빠지도록 만들고, MCU가 리셋되어 실행될 때 와치독 리셋 유무에 대한 상태를 알아볼 수 있도록 소스 코드를 보완해 보도록 하겠다.

① USER 버튼 외부 인터럽트 콜백 함수 구현

CubeMX에서 WWDG 프로젝트 생성 시 NUCLEO 보드 디폴트 상태로 만들었기 때문에 stm32f1xx_it.c 파일을 열어 보면 EXTI15_10_IRQHandler() 인터럽트 서비스 루틴 코드가 이미 만들어져 있다. **[그림 221]**처럼 콜백 함수를 만들어 무한 루프에 빠지도록 해 보자.

```
262
263  /* USER CODE BEGIN 4 */
264  void
265  HAL_GPIO_EXTI_Callback (uint16_t GPIO_Pin)
266  {
267    while (1)
268      ;
269  }
270  /* USER CODE END 4 */
```

[그림 221] HAL_GPIO_EXTI_Callback() 함수 구현

② 와치독에 의한 MCU 리셋 확인 구현

[그림 222]처럼 MCU 부팅 시 __HAL_RCC_GET_FLAG(RCC_FLAG_WWDGRST) 값을 읽으면 와치독 리셋에 의한 부팅 유무를 확인할 수 있다.

그런데 앞서 소스 코드를 추가할 때 USER CODE BEGIN과 USER CODE END

사이에 작성하는 습관을 들이라고 말했다. 하지만 이번 실습을 설명하기 위하여 가장 간단한 테스트 방법을 찾다 보니 예외 상황이 발생하였다. 부연 설명을 하자면 LED를 4초 동안 ON시키기 위해서는 MX_GPIO_Init() 이후에 MX_WWDG_Init() 사이에 코드를 구현해야 한다.

```
83    /* USER CODE END Init */
84
85    /* Configure the system clock */
86    SystemClock_Config();
87
88    /* USER CODE BEGIN SysInit */
89
90    /* USER CODE END SysInit */
91
92    /* Initialize all configured peripherals */
93    MX_GPIO_Init();
94    MX_USART2_UART_Init();
95    if (__HAL_RCC_GET_FLAG(RCC_FLAG_WWDGRST) != RESET)
96      {
97        /* WWDGRST flag set: Turn LED2 on */
98        HAL_GPIO_WritePin (LD2_GPIO_Port, LD2_Pin, GPIO_PIN_SET);
99
100       /* Insert 4s delay */
101       HAL_Delay (4000);
102
103       /* Clear reset flags */
104       __HAL_RCC_CLEAR_RESET_FLAGS();
105     }
106   else
107     {
108       /* WWDGRST flag is not set: Turn LED2 off */
109       HAL_GPIO_WritePin (LD2_GPIO_Port, LD2_Pin, GPIO_PIN_RESET);
110     }
111   MX_WWDG_Init();
```

[그림 222] WWDG에 의한 MCU 리셋 확인 구현

③ 리빌드 및 실행

리빌드하여 에러가 발생하지 않았다면 프로그램을 실행해 보자. 1초 주기로 LED가 토글되며, USER 버튼을 누르면 while(1) 무한 루프로 인해 MCU가 리셋되고, 와치독 리셋 플래그가 SET되어 있으면 LED를 4초간 ON시킨 후 프로그램이 정상 실행되는 것을 확인할 수 있다.

4.5. USART

앞서 printf() 터미널 디버깅 방법을 다룰 때 USART를 사용하였다. 하지만 Tx 출력 기능만을 이용하였기에 Polling 방식을 이용하더라도 큰 문제없이 USART 디버깅 출력이 가능하였다. 하지만 통신으로 Rx 입력을 받게 된다면 Polling 방식으로는 수신 데이터 유실 및 프로그램 구현에 불편함이 많다. 특히 최근 IoT 디바이스를 인터페이스할 때 USART 통신을 이용한 시스템 구성이 많아져서 USART를 이용한 통신 프로토콜 구현 사례가 많아지고 있다.

이번 장에서는 USART 수신 인터럽트를 이용하여 수신 데이터를 링 버퍼(ring buffer)에 저장하고 링 버퍼 데이터를 읽어 송신하는 Echo 예제를 실습해 보도록 하자.

4.5.1. 프로젝트 생성

STM32CubeIDE를 실행하고 NUCLEO 보드를 선택하여 프로젝트를 생성한다.

Project Name은 "USART_rb"로 생성한다.

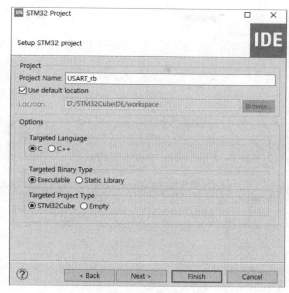

[그림 223] Setup STM32 Project

4.5.2. Pinout & Configuration 설정

① RCC 설정

앞선 실습과 마찬가지로 **[그림 224]**처럼 설정한다.

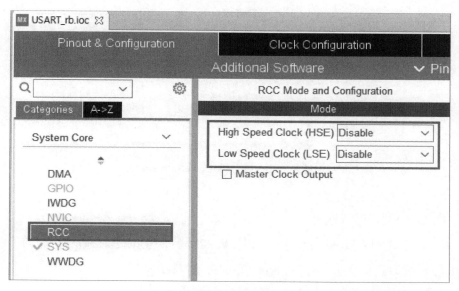

[그림 224] RCC Configuration

② USART2 설정

Connectivity 카테고리의 USART2를 선택하면 **[그림 225]**처럼 Mode 및 Configuration Parameter Settings 항목을 볼 수 있으며 통신 속도는 115,200bps 설정되어 있음을 알 수 있다.

[그림 225] USART2 Mode and Configuration

③ USART2 인터럽트 설정

USART 인터럽트 설정을 위하여 **[그림 226]**처럼 Configuration > NVIC Settings에 USART2 global interrupt Enable을 체크한다.

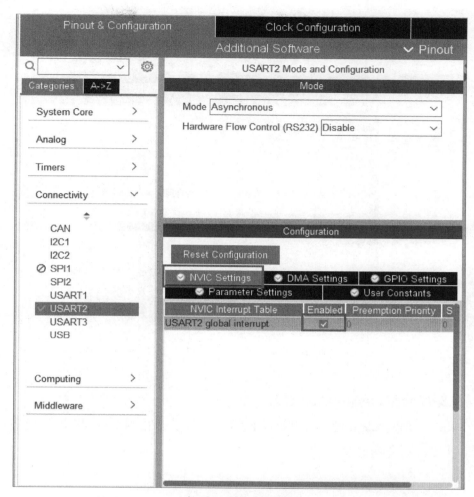

[그림 226] NVIC Settings

④ USART2 인터럽트 Code generation 설정

USART2 IRQHandler()에 HAL_UART_IRQHandler() 함수 호출 코드 생성을 없애기 위하여 System Core > NVIC 카테고리를 선택하고 Code generation 탭을 선택하여 [그림 227]처럼 USART2 global interrupt의 Call HAL handler 체크를 해제해 준다.

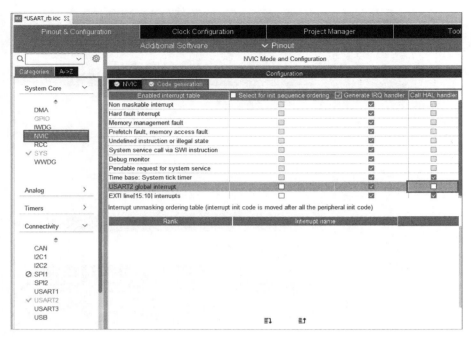

[그림 227] NVIC Code generation 설정

4.5.3. Clock Configuration 설정

Clock Configuration 탭을 선택하면 [그림 228]처럼 클럭 설정이 최적의 상태로 설정되어 있는 것을 확인할 수 있다.

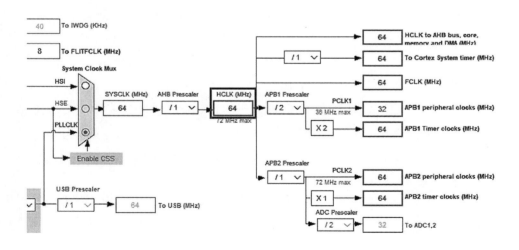

[그림 228] Clock Configuration

4.5.4. GENERATE CODE

앞서 설정한 상태에 맞게 코드를 생성하기 위하여 [그림 229]처럼 **[Project]**→ **[Generate Code]** 메뉴를 실행한다.

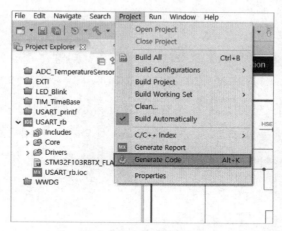

[그림 229] GENERATE CODE

4.5.5. 소스 코드 작성

CubeMX에서 자동으로 생성한 USART2_IRQHandler() 초기화 코드는 [그림 230]과 같다.

USART2 인터럽트 Code generation 설정 단계에서 체크를 해제하지 않았다면 어떻게 초기화 코드가 생성되는지 확인해 보기를 권한다.

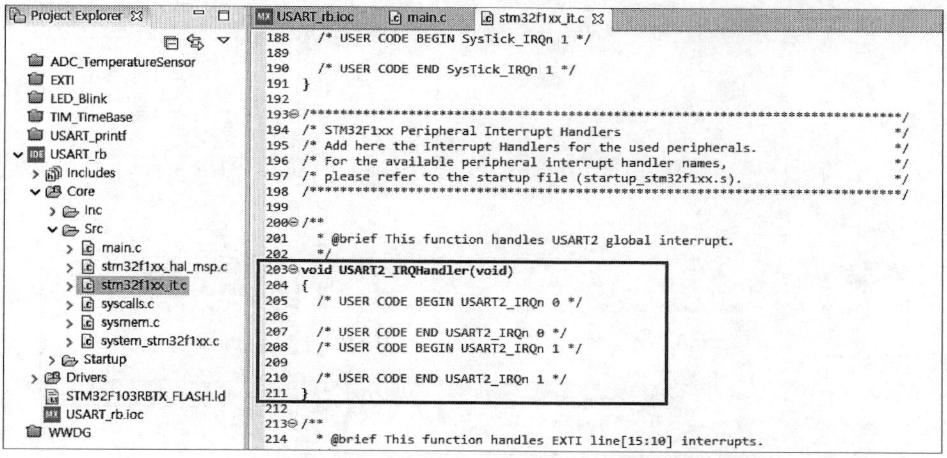

[그림 230] USART2_IRQHandler() 함수

이번 실습 테스트 시나리오는 PC 터미널 프로그램에서 문자열을 전송하면 MCU가 수신한데이터를 재전송하는 echo 기능을 구현하고, 간단한 프로토콜을 정의하여 프레임을 수신하는 방법에 대하여 설명하도록 하겠다.

① 링 버퍼 라이브러리 프로젝트에 추가

구글에서 "ring buffer source"라고 검색해 보면 다양한 설명 및 소스 코드를 접해 볼 수 있다. 저자는 간단한 링 버퍼 구현이 필요할 경우 사용하고 있는 라이브러리로 예전에 구글링하여 찾은 코드를 CubeMX 프로젝트 자동 생성 코드에 맞도록 최적화해 놓은 것이다. 하지만 여기서 사용되는 링 버퍼 라이브러리는 오버헤드(지연)가 많아 고속 시리얼 통신에서 사용하기에는 부적합하다는 것을 일러둔다.

카페에서 제공하는 라이브러리 파일을 다운로드하고 rb.c 파일을 복사한 후, "workspace\USART_rb\Core\Src" 폴더 내에 [그림 231]처럼 붙여넣기 한다.

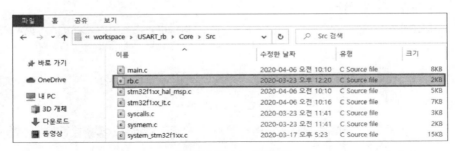

[그림 231] rb.c 파일 복사

rb.h 파일 또한 복사한 후 "workspace\USART_rb\Core\Inc" 폴더 내에 [그림 232]처럼 붙여넣기 한다.

[그림 232] rb.h 파일 복사

[그림 233]처럼 STM32CubeIDE의 프로젝트 탐색기 내 USART_rb 프로젝트에
마우스 오른쪽 버튼을 클릭하여 Refresh를 선택한다.

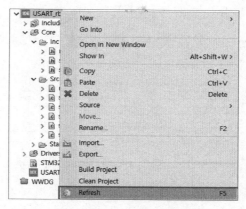

[그림 233] 프로젝트 Refresh 메뉴

[그림 234]처럼 프로젝트의 Src 폴더 및 Inc 폴더에 rb.c 파일과 rb.h 파일이 추가
된 것을 확인할 수 있다.

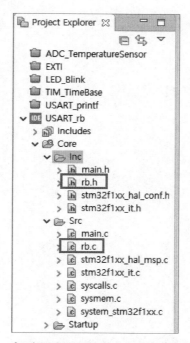

[그림 234] 프로젝트에 추가된 파일 확인

② USART2_IRQHandler() 함수 구현

Stm32f1xx_it.c 파일에 USART2 수신 인터럽트 발생 시 콜백 함수를 호출하고 플래그를 클리어해 주는 코드를 작성하고 저장한다.

```
200  /**
201   * @brief This function handles USART2 global interrupt.
202   */
203  void USART2_IRQHandler(void)
204  {
205    /* USER CODE BEGIN USART2_IRQn 0 */
206    if ((__HAL_UART_GET_FLAG(&huart2, UART_FLAG_RXNE) != RESET) && (__HAL_UART_GET_IT_SOURCE(&huart2, UART_IT_RXNE) != RESET))
207    {
208      HAL_UART_RxCpltCallback (&huart2);
209      __HAL_UART_CLEAR_PEFLAG(&huart2);
210    }
211    /* USER CODE END USART2_IRQn 0 */
212    /* USER CODE BEGIN USART2_IRQn 1 */
213
```

[그림 235] USART2_IRQHandler() 함수 구현

```
if ((__HAL_UART_GET_FLAG(&huart2, UART_FLAG_RXNE) != RESET)
    && (__HAL_UART_GET_IT_SOURCE(&huart2, UART_IT_RXNE) != RESET))
  {
    HAL_UART_RxCpltCallback (&huart2);
    __HAL_UART_CLEAR_PEFLAG(&huart2);
  }
```

③ 링 버퍼 정의

main.c 파일에 [그림 236]처럼 "rb.h" 파일을 include 하고 링 버퍼 변수를 정의한다.

```
 * the "License"; You may not use this file except in compliance with the
 * License. You may obtain a copy of the License at:
 *                        opensource.org/licenses/BSD-3-Clause
 *
 ******************************************************************************
 */
/* USER CODE END Header */

/* Includes ------------------------------------------------------------------*/
#include "main.h"

/* Private includes ----------------------------------------------------------*/
/* USER CODE BEGIN Includes */
#include "rb.h"
/* USER CODE END Includes */

/* Private typedef -----------------------------------------------------------*/
/* USER CODE BEGIN PTD */

/* USER CODE END PTD */

/* Private define ------------------------------------------------------------*/
/* USER CODE BEGIN PD */
/* USER CODE END PD */

/* Private macro -------------------------------------------------------------*/
/* USER CODE BEGIN PM */

/* USER CODE END PM */

/* Private variables ---------------------------------------------------------*/
UART_HandleTypeDef huart2;

/* USER CODE BEGIN PV */
RingFifo_t gtUart2Fifo;
/* USER CODE END PV */
```

[그림 236] 링 버퍼 변수 정의

④ HAL_UART_RxCpltCallback() 함수 구현

[그림 237]처럼 main.c 파일에 HAL_UART_RxCpltCallback() 함수를 추가하고 관련 코드를 구현한다.

```

/* USER CODE BEGIN 4 */
void
HAL_UART_RxCpltCallback (UART_HandleTypeDef *UartHandle)
{
  uint8_t rx;

  if (UartHandle->Instance == USART2)
    {
      rx = (uint8_t) (UartHandle->Instance->DR & (uint8_t) 0x00FF);
      RB_write (&gtUart2Fifo, rx);
    }
}
/* USER CODE END 4 */
```

[그림 237] HAL_UART_RxCpltCallback() 함수 구현

USART2 수신 완료 인터럽트 발생시 호출되는 콜백 함수에서 수신된 데이터를 읽어 링 버퍼에 저장하는 루틴으로 콜백 함수를 사용하지 않고 USART2_ IRQHandler() 함수에 직접 구현해도 되지만, 콜백 함수를 사용하는 이유는 프로그래밍의 단순화된 대체 수법으로 코드를 재사용을 할 때 유용하기 때문이다. STM32CubeIDE를 이용한 개발 환경에 익숙해지려면 이렇게 콜백 함수의 유용함을 잘 활용해야 된다.

⑤ USART2 수신 인터럽트 활성화 및 링 버퍼 초기화
　　__HAL_UART_ENABLE_IT() 함수를 통해 수신 인터럽트를 활성화하고, RB_ init() 함수로 링 버퍼 크기를 정해 주고 링 버퍼을 초기화해 준다. [그림 238]에서는 링 버퍼 크기를 16바이트로 설정하였다.

```
MX USART_rb.ioc    .c *main.c ✕    .c *stm32f1xx_it.c    .h rb.h

83        SystemClock_Config();
84
85        /* USER CODE BEGIN SysInit */
86
87        /* USER CODE END SysInit */
88
89        /* Initialize all configured peripherals */
90        MX_GPIO_Init();
91        MX_USART2_UART_Init();
92        /* USER CODE BEGIN 2 */
93        __HAL_UART_ENABLE_IT(&huart2, UART_IT_RXNE);
94        if (RB_init (&gtUart2Fifo, 16)) // buffer size is power of 2
95          {
96            //assert(0);
97          }
98        /* USER CODE END 2 */
```

[그림 238] 링 버퍼 초기화

실전에 활용할 때 중요한 이슈 2가지가 있는데, 첫째는 링 버퍼의 크기는 2의 지수승 크기로 정의하고 통신 프로토콜에 맞춰 넉넉하게, 둘째는 링 버퍼 메모리를 할당할 때 malloc 함수를 사용하기 때문에 CSTACK 사이즈를 고려해야 한다는 것이다.

⑥ 데이터 수신 여부 체크 및 데이터를 읽어서 전송
　　RB_isempty() 함수는 링 버퍼에 데이터가 비어 있는지 확인하는 함수이며 만약

데이터가 수신되어 있다면 링 버퍼가 비어 있지 않기 때문에 '0'을 반환한다. 이때 RB_read() 함수로 링 버퍼의 데이터를 읽어 HAL_UART_Transmit() 함수를 이용해서 읽은 데이터를 송신하게 되는 코드이다.

```
 98    /* USER CODE END 2 */
 99
100    /* Infinite loop */
101    /* USER CODE BEGIN WHILE */
102    uint8_t ch;
103
104    while (1)
105    {
106        if (!RB_isempty (&gtUart2Fifo))
107        {
108            ch = RB_read (&gtUart2Fifo);
109            HAL_UART_Transmit (&huart2, &ch, 1, 0xFF);
110        }
111    /* USER CODE END WHILE */
112
113    /* USER CODE BEGIN 3 */
114    }
115    /* USER CODE END 3 */
```

[그림 239] 링 버퍼 데이터 수신 체크 구현

4.5.6. 빌드 및 실행

① 빌드 및 실행

프로젝트를 빌드하고 Run 메뉴를 통해서 프로그램을 실행한다. Launch 설정은 기본값으로 한다.

② 터미널 프로그램을 통한 결과 확인

NUCLEO 보드를 연결하면 인식되는 COM 포트를 확인하고 터미널 통신 프로그램을 실행한다. 혹시 터미널 통신 프로그램이 설치되어 있지 않은 독자는 2장을 참고하여 프로그램을 설치한다. 프로그램 설치 및 환경 설정을 정상적으로 하였다면 [그림 240]처럼 터미널 창이 나타나며 통신 준비 상태가 되며, 이 상태에서 키보드 입력을 해 보면 전송된 데이터가 에코되어 출력되는 것을 확인할 수 있다.

[그림 240] 시리얼디버깅 터미널 화면

키보드 입력을 통해서 전송하는 데이터는 속도가 느려 MCU가 놓치질 않는다. 그러므로 문자열을 한꺼번에 전송하는 테스트를 통해서 링 버퍼의 필요성을 확인해 보도록 하겠다.

[그림 241]처럼 **[제어(O)]→[명령전송(B)]** 메뉴를 실행한다.

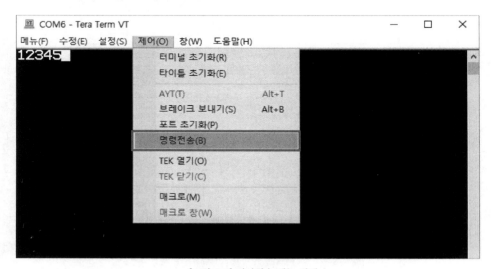

[그림 241] 명령전송 메뉴 실행

명령전송 창에서 [그림 242]처럼 실시간 모드 와 Enter 키 체크 박스 해제 후 이 프로세스에만 보내기 체크 박스를 선택한다. 그 다음, 보내고 싶은 문자를 입력하고 제출 버튼을 클릭하면 터미널 창에 에코되어 표시되는 것을 알 수 있다. 아무리 열심히 눌러도 에코되는 데이터의 소실이 없는 것을 확인할 수 있을 것이다.

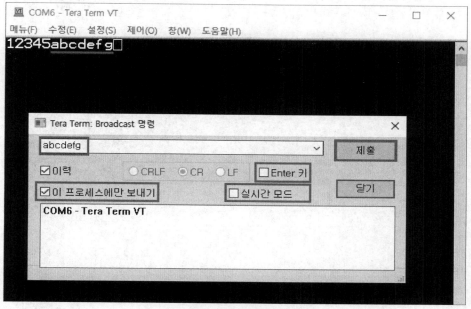

[그림 242] 명령전송 창

전송하는 문자열을 MCU가 놓칠 수 있는 상황을 만들기 위해서 [그림 243]처럼 링 버퍼 초기화 함수인 RB_init() 함수에서 링 버퍼 크기를 4로 바꾸고, 빌드 후 실행한다.

```
86
87      /* USER CODE END SysInit */
88
89      /* Initialize all configured peripherals */
90      MX_GPIO_Init();
91      MX_USART2_UART_Init();
92      /* USER CODE BEGIN 2 */
93        _HAL_UART_ENABLE_IT(&huart2, UART_IT_RXNE);
94      if (RB_init (&gtUart2Fifo, 4)) // buffer size is power of 2
95      {
96          //assert(0);
97      }
98      /* USER CODE END 2 */
```

[그림 243] 링 버퍼 사이즈 변경

이번에는 전송하는 문자열을 좀 더 길게 입력하여 전송하게 되면 [그림 244]에서 보듯이 전송된 데이터가 일부 누락되어 에코되는 것을 확인할 수 있다. 최근 임베디드 프로젝트를 수행하면 외부 장치와 통신을 하지 않는 경우가 없을 정도로 통신의 중요성은 크다. 하지만 이번 예제를 통해서 구현한 링 버퍼 방식은 속도가 느려 실무에 적용하기에는 무리가 있다. 나중에는 좀 더 효율적인 통신 프로토콜 라이브러리를 구현하여 사용하기를 기대한다.

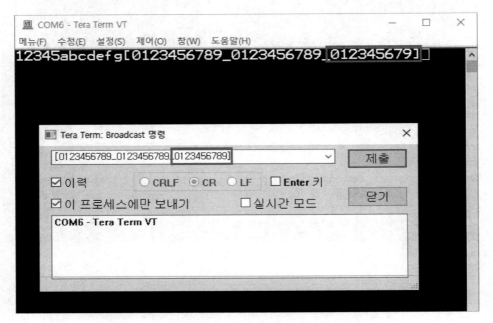

[그림 244] 통신 데이터 누락 발생

앞서 TIM_TimeBase 실습에서 언급하였듯이 타이머 기능은 워낙 다양하게 사용되기 때문에 다루어야 할 내용이 많지만, 이번 실습에서는 타이머1(TIM1)을 이용하여 PWM(Pulse Width Modulation)을 출력하는 실습을 통해서 타이머 기능 한 가지를 더 쉽게 설정해 보도록 하겠다. 참고로 PWM이 뭔지 잘 모르는 독자가 있다면 꼭 인터넷 검색을 통해서 기본 지식을 학습하기 바란다. PWM 개념은 어렵지 않으니까.

4.6.1. 프로젝트 생성

STM32CubeIDE를 실행하고 NUCLEO 보드를 선택하여 프로젝트를 생성한다.
Project Name은 "TIM_PWM"로 생성한다.

[그림 245] Setup STM32 Project

4.6.2. Pinout & Configuration 설정

① RCC 설정

[그림 246]처럼 System Core 카테고리 RCC를 선택하고, HSE 및 LSE를 Disable 로 설정한다.

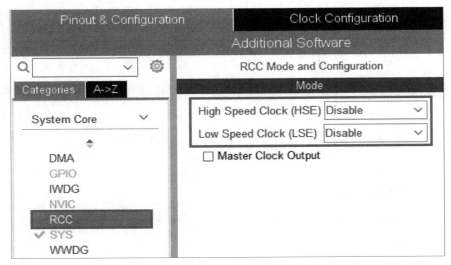

[그림 246] RCC Configuration

4.6.3. Clock Configuration 설정

보드에 맞도록 64㎒ 최대 클럭으로 동작되도록 설정되어 있는지 확인한다.

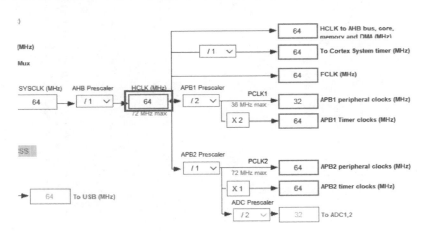

[그림 247] Clock Configuration

4.6.4. 타이머 설정

클럭 설정을 완료하였기에 Pinout & Configuration 탭으로 돌아와 Timers 카테고리 TIM1를 선택하면 [그림 248]처럼 TIM1 Mode and Configuration 화면을 볼 수 있다.

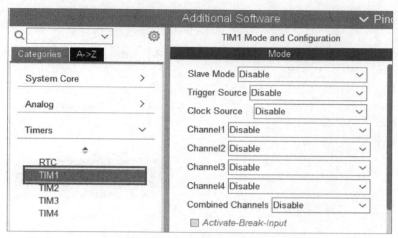

[그림 248] TIM1 Mode and Configuration

데이터 시트의 클럭과 관련된 내용을 참고하면 TIM1 클럭은 APB2 프리스케일러를 통과한 클럭을 소스로 사용하게 된다는 것을 알 수 있다.

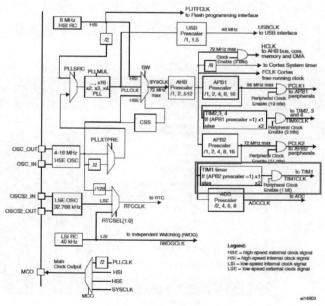

[그림 249] Clock tree

앞선 Clock Configuration에서 설정한 타이머 클럭을 보면 64㎒ 타이머 클럭으로
설정된 것을 확인할 수 있다.

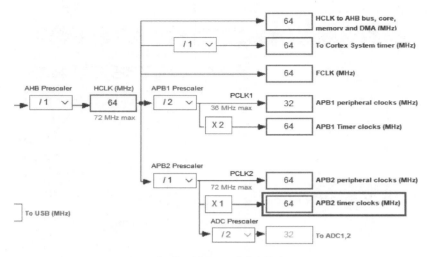

[그림 250] TIM1 타이머 클럭

① TIM1 Mode 설정

TIM1의 채널1을 PWM 출력 모드로 설정하기 위하여 **[그림 251]**처럼 TIM1 Clock
Source를 Internal Clock으로 설정하고 Channel1을 PWM Generation CH1으로
설정하면 Pinout view에서 PA8 핀이 TIM1_CH1으로 설정 표시됨을 알 수 있다.

[그림 251] TIM1 Mode 설정

② Parameter Settings

Prescaler를 통해서 TIM1 클럭 소스를 분주하고, Counter Period를 통해서 PWM 주기를 조정할 수 있는데, PWM 주기(period) 및 듀티비(duty ratio)를 설정하는 공식은 아래와 같으며, 예시로 1㎑ 주기의 50% 듀티비를 계산해 보았다.

$$Prescaler = \frac{APB2\ timer\ clock}{Timer\ Counter\ Clock} - 1 = \frac{64MHz}{1MHz} - 1 = 63$$

$$Counter\ Period = \frac{Timer\ Counter\ Clock}{Output\ Clock} - 1 = \frac{1MHz}{1KHz} - 1 = 1000 - 1 = 999$$

$$Pulse = (Counter\ Period + 1) \times \frac{duty\ ratio}{100} = 500$$

위 예시로 계산된 값을 TIM1 Parameter에 설정하면 [그림 252]과 같다.

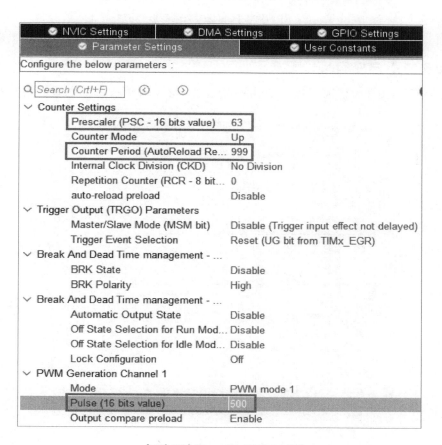

[그림 252] Parameter Settings 설정

4.6.5. GENERATE CODE

앞서 설정한 상태에 맞게 코드를 생성하기 위하여 **[그림 253]**처럼 Generate Code 아이콘( )을 클릭한다.

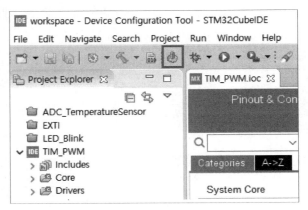

[그림 253] GENERATE CODE

4.6.6. 소스 코드 작성

STM32CubeIDE에서 자동으로 생성해 TIM1 PWM 초기화 코드는 **[그림 254]**와 같다.

```
152  static void MX_TIM1_Init(void)
153  {
154
155      /* USER CODE BEGIN TIM1_Init 0 */
156
157      /* USER CODE END TIM1_Init 0 */
158
159      TIM_ClockConfigTypeDef sClockSourceConfig = {0};
160      TIM_MasterConfigTypeDef sMasterConfig = {0};
161      TIM_OC_InitTypeDef sConfigOC = {0};
162      TIM_BreakDeadTimeConfigTypeDef sBreakDeadTimeConfig = {0};
163
164      /* USER CODE BEGIN TIM1_Init 1 */
165
166      /* USER CODE END TIM1_Init 1 */
167      htim1.Instance = TIM1;
168      htim1.Init.Prescaler = 63;
169      htim1.Init.CounterMode = TIM_COUNTERMODE_UP;
170      htim1.Init.Period = 999;
171      htim1.Init.ClockDivision = TIM_CLOCKDIVISION_DIV1;
172      htim1.Init.RepetitionCounter = 0;
173      htim1.Init.AutoReloadPreload = TIM_AUTORELOAD_PRELOAD_DISABLE;
174      if (HAL_TIM_Base_Init(&htim1) != HAL_OK)
175      {
176          Error_Handler();
177      }
178      sClockSourceConfig.ClockSource = TIM_CLOCKSOURCE_INTERNAL;
179      if (HAL_TIM_ConfigClockSource(&htim1, &sClockSourceConfig) != HAL_OK)
180      {
181          Error_Handler();
182      }
183      if (HAL_TIM_PWM_Init(&htim1) != HAL_OK)
184      {
185          Error_Handler();
186      }
187      sMasterConfig.MasterOutputTrigger = TIM_TRGO_RESET;
188      sMasterConfig.MasterSlaveMode = TIM_MASTERSLAVEMODE_DISABLE;
189      if (HAL_TIMEx_MasterConfigSynchronization(&htim1, &sMasterConfig) != HAL_OK)
190      {
191          Error_Handler();
192      }
193      sConfigOC.OCMode = TIM_OCMODE_PWM1;
194      sConfigOC.Pulse = 500;
```

[그림 254] TIM1 초기화 코드

① PWM 시작 구현

PWM 출력이 시작되도록 [그림 255]과 같이 HAL_TIM_PWM_Start() 함수를 코드에 추가한다.

```
MX TIM_PWM.ioc      *main.c ⊠
90     /* USER CODE END SysInit */
91
92     /* Initialize all configured peripherals */
93     MX_GPIO_Init();
94     MX_USART2_UART_Init();
95     MX_TIM1_Init();
96     /* USER CODE BEGIN 2 */
97     /*##-3- Start PWM signals generation ################################*/
98     /* Start channel 1 */
99     if (HAL_TIM_PWM_Start (&htim1, TIM_CHANNEL_1) != HAL_OK)
100    {
101        /* PWM Generation Error*/
102        Error_Handler ();
103    }
104    /* USER CODE END 2 */
```

[그림 255] PWM 시작 함수 호출

4.6.7. 빌드 및 실행

① 빌드 및 실행

프로젝트를 빌드하고 Run 메뉴를 통해서 프로그램을 실행한다. Launch 설정은 기본값으로 한다.

② 하드웨어 동작 확인

PWM 출력을 확인하기 위하여 오실로스코프를 이용하여 PA8 핀을 측정한다.

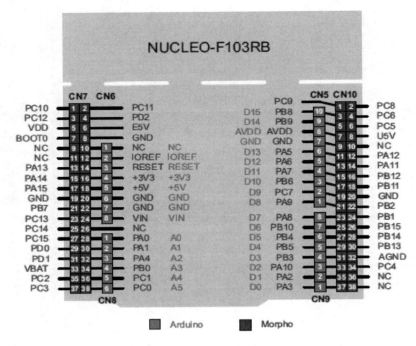

[그림 256] NUCLEO-F103RB 핀 맵

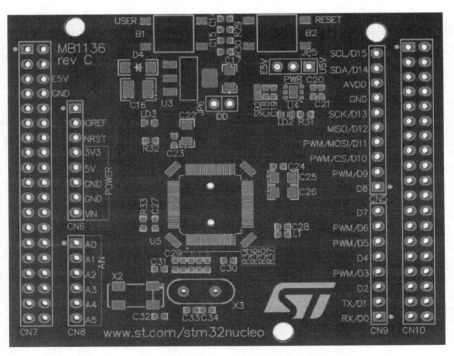

[그림 257] NUCLEO-F103RB PCB 핀 맵

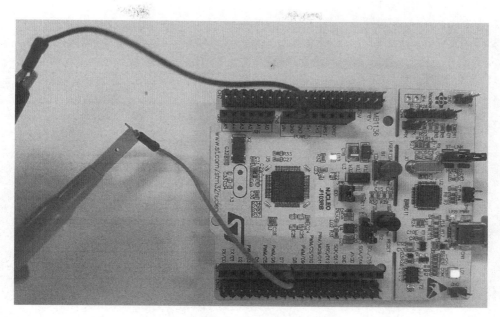

[그림 258] NUCLEO 보드 PWM 측정

[그림 259]처럼 오실로스코프 파형을 확인할 수 있으며, 오실로스코프로 측정을 못하는 독자는 이후 NUCLEOEVB를 활용한 다양한 실습을 통해서 PWM 동작을 확인할 수 있다.

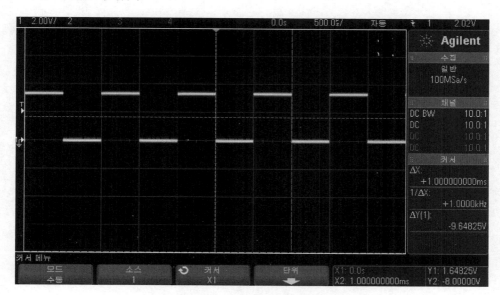

[그림 259] 오실로스코프 PWM 출력 파형

5.

NUCLEOEVB 보드를 이용한 실습

NUCLEOEVB 보드의 외부 장치를 제어함으로써 앞선 실습과는 달리 cortex peripheral 기능을 좀 더 다양하게 설정하여 실무에서 바로 적용할 수 있는 실습 사례들을 다루어 보기 위해 트레이닝 보드를 사용할 것이다.

① NUCLEOEVB 보드 사용 설정
NUCLEOEVB 보드에선 외부 장치를 위해 별도의 외부 전원(9V 800㎃ 아댑터)을 사용한다. 따라서 NUCLEO 보드 또한 외부 전원 사용을 위해 전원 설정을 바꿔줘야 할 필요가 있다.

Input power name	Connectors pins	Voltage range	Max current	Limitation
VIN	CN6 pin 8 CN7 pin 24	7 V to 12 V	800 mA	From 7 V to 12 V only and input current capability is linked to input voltage: 800 mA input current when Vin=7 V 450 mA input current when 7 V<Vin (< or =) 9 V 250 mA input current when 9 V<Vin (< or =) 12 V
E5V	CN7 pin 6	4.75 V to 5.25 V	500 mA	-

[그림 260] NUCLEO 보드 외부 전원 사용

NUCLEOEVB 보드 사용 시 외부 전원을 사용하여 NUCLEO 보드에 전원을 공급하므로 NUCLEO 보드에 외부 전원 설정 점퍼 핀(JP5)을 **[그림 261]**처럼 설정한다.

Jumper	Description
JP5	U5V (ST-LINK VBUS) is used as power source when JP5 is set as shown below (Default setting) VIN or E5V is used as power source when JP5 is set as shown below.

[그림 261] 외부 전원 사용 시 JP5 설정

[그림 262] NUCLEO 보드 JP5 점퍼 핀

NUCLEOEVB 보드 사용을 위한 전원 설정이 완료되면 NUCLEO 보드와 NUCLEOEVB 보드를 연결하는데, [그림 263]을 참고하여 NUCLEOEVB 보드의 CN1 과 NUCLEO 보드의 CN7 커넥터 위치를 잘 맞춰서 꽂는다.

[그림 263] NUCLEO 보드와 NUCLEOEVB 보드 커넥터 연결 주의

이제부터는 앞서 반복 실습하던 프로젝트 생성 절차는 생략하고 STM32Cube
IDE에서 설정이 필요한 부분만을 언급하도록 하겠다.

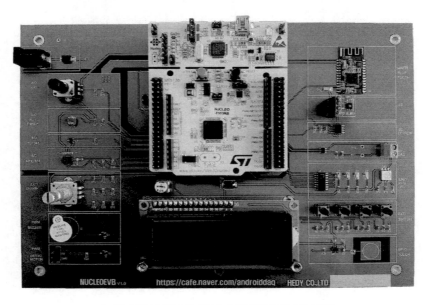

[그림 264] NUCLEO 보드와 NUCLEOEVB 보드 결합

첫 번째 실습 프로그램은 버튼 입력 핀 값을 읽어 LED 출력 핀으로 출력함으로써 GPIO 입출력을 실습해 보도록 하겠다.

지금까지는 NUCLEO 보드만 사용하였기 때문에 프로젝트 생성 시 NUCLEO 보드를 선택하고 Default Mode로 Pinout 설정을 불러왔다. 이번 실습부터는 상용 보드를 위한 프로젝트뿐만 아니라 사용자 설계에 맞춘 MCU 선정 및 기능을 선택해 프로젝트를 만드는 과정으로 진행하겠다.

5.1.1. STM32CubeIDE 프로젝트 생성

STM32CubeIDE를 실행하고 프로젝트 생성을 위해 **[File]→[New]→[STM32 Project]** 메뉴를 실행한다.

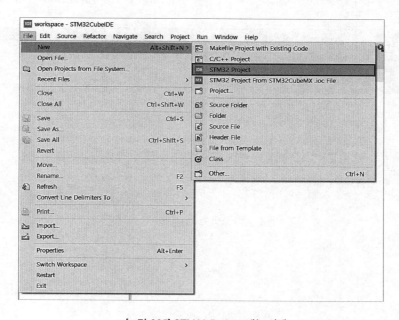

[그림 265] STM32 Project 메뉴 실행

NUCLEO 보드의 MCU는 STM32F103RB이며 패키지는 LQFP64이므로 MCU/MPU Filters Series의 Series 카테고리에서 STM32F1, Line 카테고리에서 STM32F103, Package 카테고리에서 LQFP64를 선택한다.

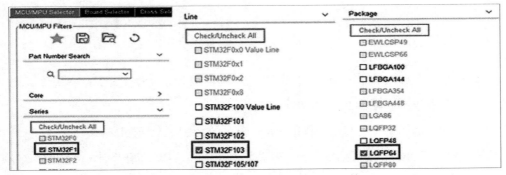

[그림 266] MCU/MPU Filters 선택

MCU/MPU List에 있는 STM32F103RB를 선택하면 상단에 MCU에 대한 설명이 나오며, 프로젝트를 생성하기 위해 Next 버튼을 클릭한다.

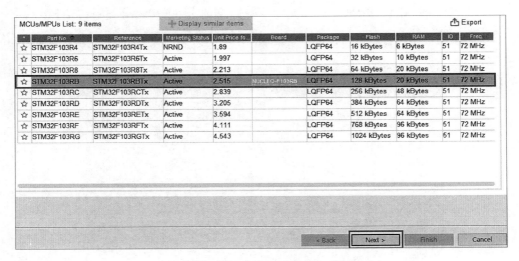

*	Part No	Reference	Marketing Status	Unit Price fo...	Board	Package	Flash	RAM	IO	Freq.
☆	STM32F103R4	STM32F103R4Tx	NRND	1.89		LQFP64	16 kBytes	6 kBytes	51	72 MHz
☆	STM32F103R6	STM32F103R6Tx	Active	1.997		LQFP64	32 kBytes	10 kBytes	51	72 MHz
☆	STM32F103R8	STM32F103R8Tx	Active	2.213		LQFP64	64 kBytes	20 kBytes	51	72 MHz
☆	STM32F103RB	STM32F103RBTx	Active	2.515	NUCLEO-F103RB	LQFP64	128 kBytes	20 kBytes	51	72 MHz
☆	STM32F103RC	STM32F103RCTx	Active	2.839		LQFP64	256 kBytes	48 kBytes	51	72 MHz
☆	STM32F103RD	STM32F103RDTx	Active	3.205		LQFP64	384 kBytes	64 kBytes	51	72 MHz
☆	STM32F103RE	STM32F103RETx	Active	3.594		LQFP64	512 kBytes	64 kBytes	51	72 MHz
☆	STM32F103RF	STM32F103RFTx	Active	4.111		LQFP64	768 kBytes	96 kBytes	51	72 MHz
☆	STM32F103RG	STM32F103RGTx	Active	4.543		LQFP64	1024 kBytes	96 kBytes	51	72 MHz

[그림 267] MCU/MPU Selection 완료

Project Name은 "GPIO"를 입력한 후 Finish 버튼을 클릭한다.

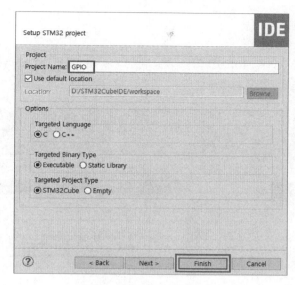

[그림 268] Setup STM32 project

[그림 269]처럼 CubeMX 퍼스펙티브가 뜨면서 프로젝트가 생성된다.

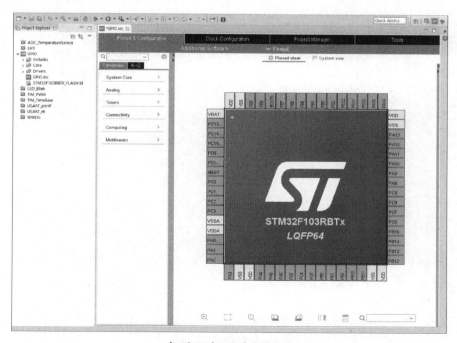

[그림 269] 프로젝트 생성 완료

5.1.2. Pinout & Configuration 설정

① SYS 설정

ST-Link를 통한 Debug 및 프로그램 다운로드를 위해 SYS Mode의 Debug 항목을 Serial Wire로 선택한다.

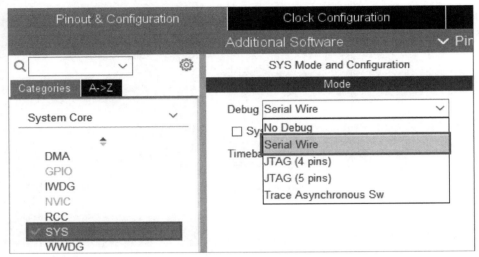

[그림 270] SYS 설정

② USART 설정

printf 시리얼 디버깅을 위해 USART2의 Mode를 Asynchronous로 변경한 후 Configuration의 Parameter Settings의 기본 설정값을 확인한다.

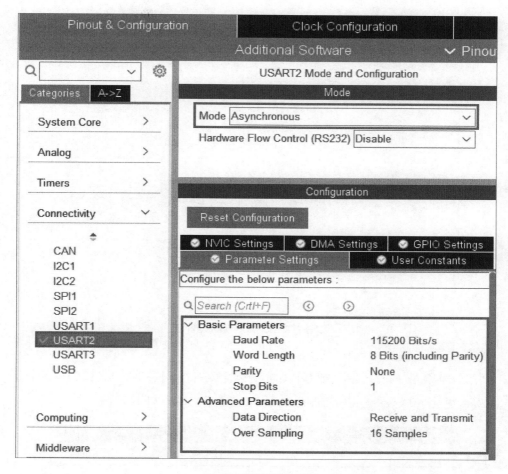

[그림 271] USART2 설정

5.1.3. Clock Configuration 설정

시스템 클럭 설정과 관련된 처리를 할 수 있으며 기본 설정으로 [그림 272]처럼 내부
클럭을 사용하며 HCLK 8㎒가 설정되어 있다.

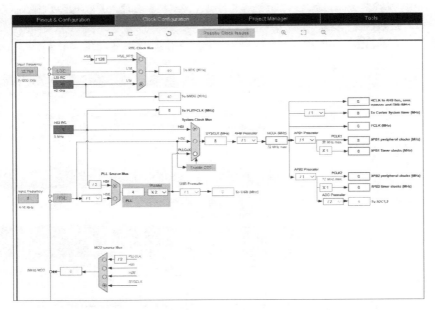

[그림 272] Clock Configuration 탭

PLL 클럭을 분주시켜 내부 클럭의 최대 클럭인 64㎒를 사용하기 위해 PLLMul 값을 16으로 변경하고 System Clock Mux에서 PLLCLK을 선택한다.

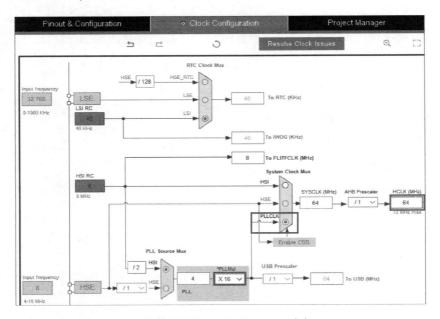

[그림 273] Clock Configuration 설정

[그림 274]처럼 클럭 설정에 문제가 있는 부분이 분홍색으로 표시되는데, APB1 peripheral clocks 최댓값인 36㎒를 넘어서기 때문이다.

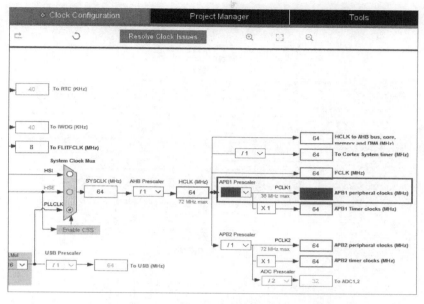

[그림 274] Clock Configuration 설정 에러

클럭 설정 문제를 해결하기 위하여 [그림 275]처럼 APB1 Prescaler 값을 2로 변경해 준다.

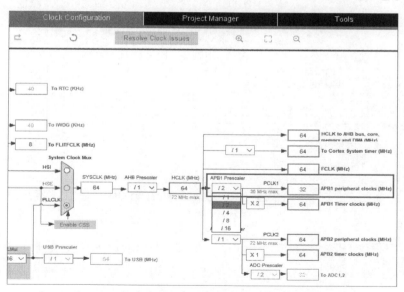

[그림 275] Clock Configuration 설정 완료

5.1.4. LED Output 설정

[그림 276]을 보면 NUCLEO-F103 커넥터와 연결된 LED 회로는 [그림 277]처럼 설계
되어 있다.

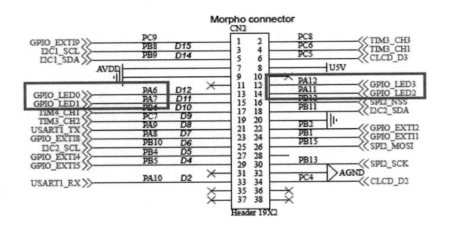

[그림 276] NUCLEOEVB 보드 LED 관련 커넥터 회로

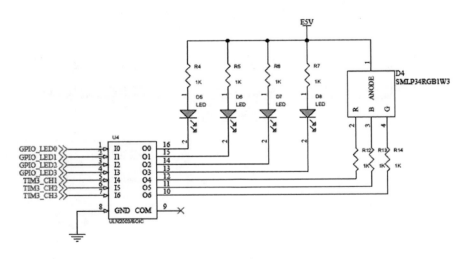

[그림 277] NUCLEOEVB 보드 LED 회로

[그림 278]처럼 Pinout & Configuration 탭의 Pinout view 화면에서 PA6, PA7,
PA11, PA12 핀 위에 커서를 가져가 마우스 왼쪽 버튼을 누르면 선택된 핀의 GPIO를
설정할 수 있는데, 여기서 GPIO_Output 속성을 선택한다.

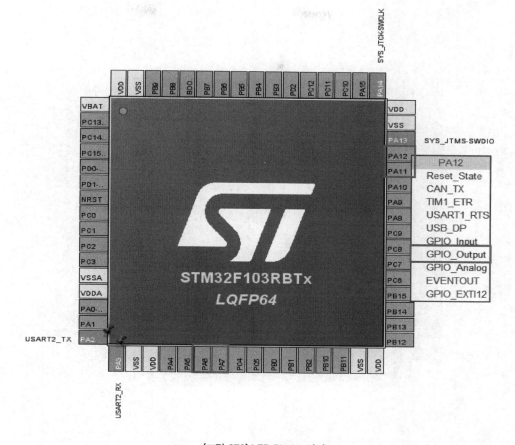

[그림 278] LED Pinout 변경

다시 각각의 핀에서 마우스 오른쪽 버튼을 누르면 Enter User Label 입력 창이 뜬다.
그리고 [그림 279]처럼 입력 창에서 PA6 핀은 "LED0", PA7 핀은 "LED1", PA11 핀은
"LED2", PA12 핀은 "LED3"으로 라벨을 입력한다.

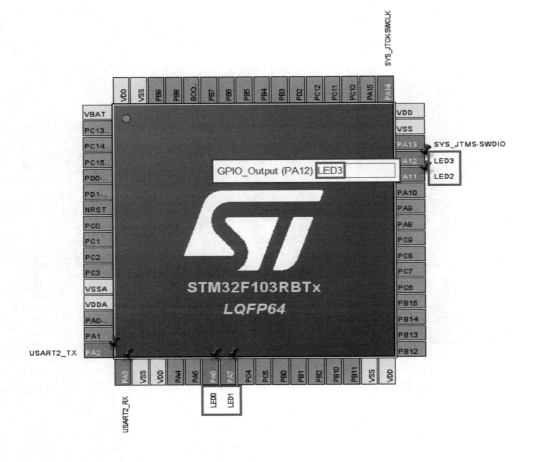

[그림 279] LED Pinout Label 변경

5.1.5. 버튼 Input 설정

[그림 280]을 보면 NUCLEO-F103 커넥터와 연결된 버튼 회로는 [그림 281]처럼 설계
되어 있다.

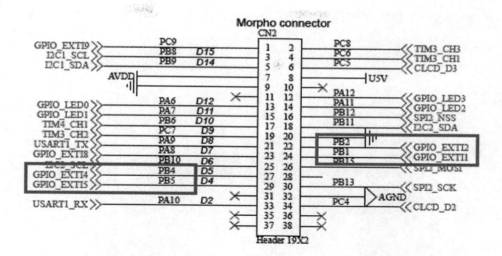

[그림 280] NUCLEOEVB 보드 EXTI 관련 커넥터 회로

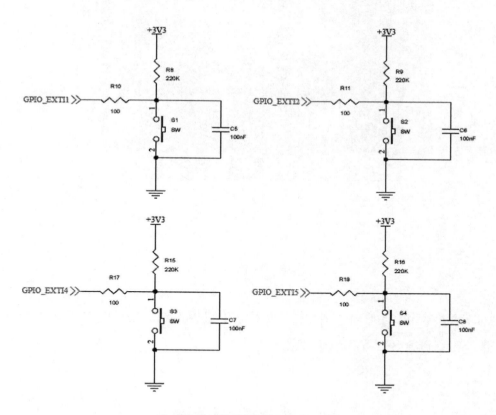

[그림 281] NUCLEOEVB 보드 EXTI 회로

[그림 282]처럼 PB1, PB2, PB4, PB5 각 핀에서 마우스 왼쪽 버튼을 눌러 GPIO_
Input 속성으로 설정한다.

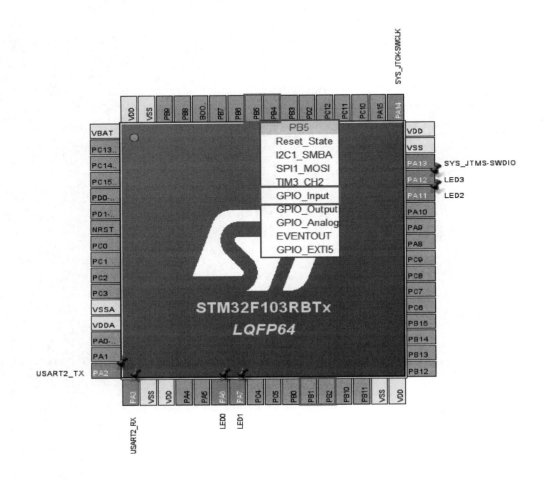

[그림 282] SW Pinout 변경

[그림 283]처럼 라벨 입력 기능을 통해서 PB1 핀은 "SW1", PB2 핀은 "SW2", PB4 핀
은 "SW3", PB5 핀은 "SW4"로 라벨을 입력한다.

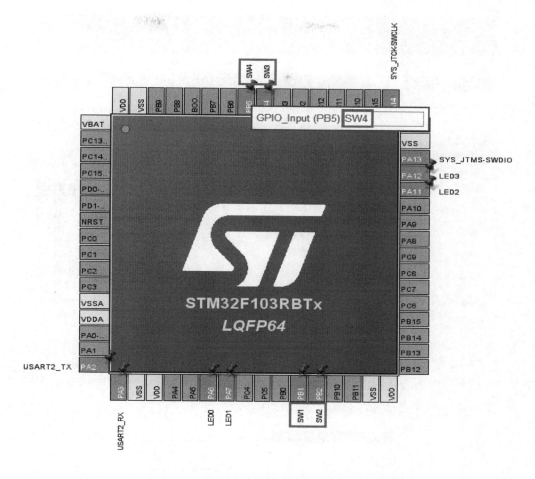

[그림 283] SW Pinout Label 변경

Pinout & Configuration 탭의 GPIO Categories를 선택하고 GPIO Configuration 영역을 보게 되면 [그림 284]처럼 Pinout view에서 우리가 설정했던 각 핀의 속성이 표시된다.

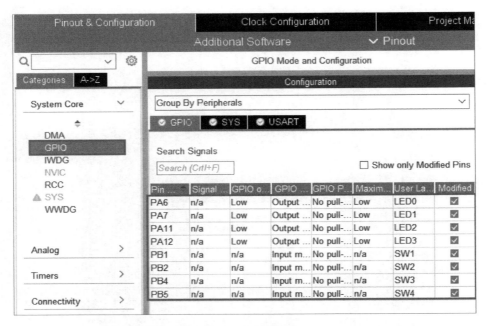

[그림 284] GPIO Configuration

각 핀에 대한 세부 설정을 바꾸고 싶다면 [그림 285]에 보듯 Pin Configuration 항목
에서 선택된 핀의 세부 설정을 변경할 수 있다.

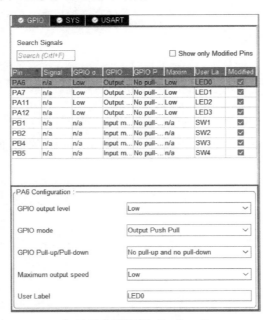

[그림 285] GPIO Pin Configuration

STM32CubeIDE를 이용한 STM32 따라하기

[그림 277]의 회로도에서 LED 동작은 ULN2003 IC 특성으로 인해 MCU 핀 출력이 High일 때 LED가 켜지기 때문에, 초기에 LED가 켜지도록 [그림 286]처럼 GPIO output level을 모두 High로 수정한다.

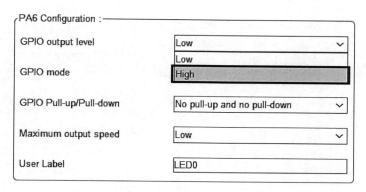

[그림 286] LED output level 변경

또한, User Label도 변경할 수 있는데, 앞서 설정한 LED 라벨과 SW 라벨 시작 번호가 맞지 않아서 [그림 287]처럼 스위치 라벨 번호를 0~3으로 변경해 준다.

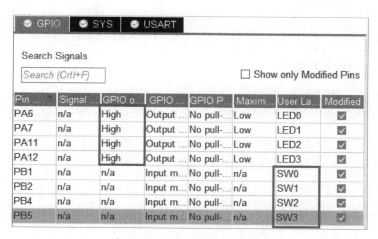

[그림 287] GPIO Configuration 변경

5.1.6. GENERATE CODE

앞서 설정한 상태에 맞게 코드를 생성하기 위하여 **[Project]→[Generate Code]** 메뉴 (⚙)를 실행한다.

5.1.7. 빌드 및 실행

[그림 288]처럼 프로젝트를 빌드 및 실행해 보면 LED에 불이 들어오는 것을 확인할
수 있다.

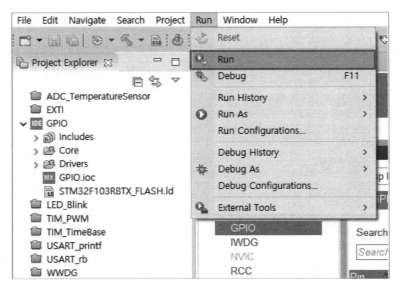

[그림 288] Run 실행

5.1.8. 소스 코드 작성

[그림 289]처럼 main.c 파일에 소스 코드를 작성한다.

98 라인은 LED를 모두 OFF시키기 위하여 핀 출력을 LOW로 설정하였으며, while()
루프에서는 버튼 4개를 순차적으로 읽어 들이는 Polling 방식으로 SW 버튼을 누르면
핀 입력값이 Low가 되어 LED 출력 핀을 High(GPIO_PIN_SET)로 변경하여 LED에 불
이 켜지도록 하였다. 참고로 CubeMX에서 입출력 핀마다 라벨을 붙였는데, main.h 파
일에 define되어 있는 것을 확인하기 바란다.

```
 97    /* USER CODE BEGIN WHILE */
 98    HAL_GPIO_WritePin (GPIOA, LED0_Pin | LED1_Pin | LED2_Pin | LED3_Pin, GPIO_PIN_RESET);
 99
100    while (1)
101    {
102        if (HAL_GPIO_ReadPin (SW0_GPIO_Port, SW0_Pin))
103            HAL_GPIO_WritePin (LED0_GPIO_Port, LED0_Pin, GPIO_PIN_RESET);
104        else
105            HAL_GPIO_WritePin (LED0_GPIO_Port, LED0_Pin, GPIO_PIN_SET);
106
107        if (HAL_GPIO_ReadPin (SW1_GPIO_Port, SW1_Pin))
108            HAL_GPIO_WritePin (LED1_GPIO_Port, LED1_Pin, GPIO_PIN_RESET);
109        else
110            HAL_GPIO_WritePin (LED1_GPIO_Port, LED1_Pin, GPIO_PIN_SET);
111
112        if (HAL_GPIO_ReadPin (SW2_GPIO_Port, SW2_Pin))
113            HAL_GPIO_WritePin (LED2_GPIO_Port, LED2_Pin, GPIO_PIN_RESET);
114        else
115            HAL_GPIO_WritePin (LED2_GPIO_Port, LED2_Pin, GPIO_PIN_SET);
116
117        if (HAL_GPIO_ReadPin (SW3_GPIO_Port, SW3_Pin))
118            HAL_GPIO_WritePin (LED3_GPIO_Port, LED3_Pin, GPIO_PIN_RESET);
119        else
120            HAL_GPIO_WritePin (LED3_GPIO_Port, LED3_Pin, GPIO_PIN_SET);
121
122    /* USER CODE END WHILE */
123
```

[그림 289] Polling 방식의 GPIO 제어 구현

소스 코드를 작성한 후 다시 빌드 및 실행하게 되면, 버튼을 누르고 있는 동안 LED
가 켜지는 것을 확인할 수 있다. 당연히 이런 polling 방식은 권하지 않는다. 하지만
HAL_GPIO_ReadPin() 함수와 같은 HAL 드라이버를 사용하여 레지스터를 직접 다
루지 않더라도 쉽게 입출력 제어가 가능하다는 것을 명심해 두기 바란다.

5.2.1. EXTI PushButton

앞선 실습 프로그램은 버튼 입력 핀 값을 읽어 LED 출력 핀으로 출력하는 프로그램을 polling 방식으로 구현하였다. 이번 실습에서는 기존 CubeMX 프로젝트 파일인 ioc 파일을 수정하여 앞선 프로그램을 interrupt 방식으로 변경 구현해 보도록 하겠다.

5.2.1.1. STM32CubeIED 프로젝트 생성

앞선 실습에서 생성한 GPIO.ioc 파일로부터 새 프로젝트 생성을 위해 [그림 290]처럼 [File]→[New]→[STM32 Project From STM32CubeMX .ioc File] 메뉴를 실행한다.

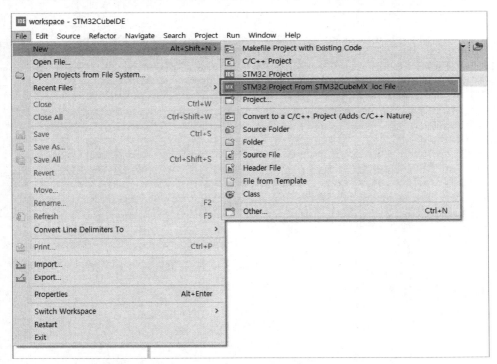

[그림 290] STM32 Project From STM32CubeMX .ioc File 메뉴 실행

프로젝트 생성하기 위한 ioc 파일을 찾기 위해 Browse 버튼을 클릭한다.

[그림 291] STM32CubeMX .ioc File Browse

기존에 생성한 GPIO 프로젝트 폴더 내 GPIO.ioc 파일을 선택한 뒤 열기 버튼을 클릭한다.

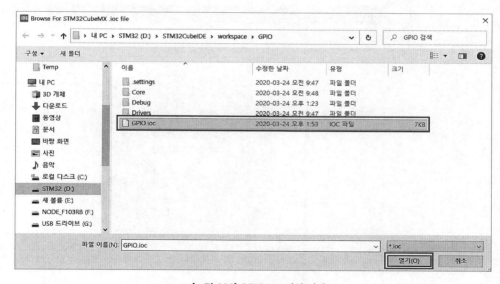

[그림 292] GPIO.ioc 파일 선택

ioc 파일이 올바르게 선택되었는지 확인 후 Project Name은 "EXTI_PushButton"을 입력한 후 Finish 버튼을 클릭한다.

[그림 293] Project Name 설정

[그림 294]처럼 기존의 GPIO 설정을 기반으로 "EXTI_PushButton" 프로젝트가 생성된 것을 확인할 수 있다.

[그림 294] 프로젝트 생성 완료

5.2.1.2. Pinout & Configuration 설정

[그림 295] 및 [그림 296]처럼 GPIO.ioc 파일로부터 Pinout 설정이 제대로 불려 왔는지 한번 확인해 보기 바란다.

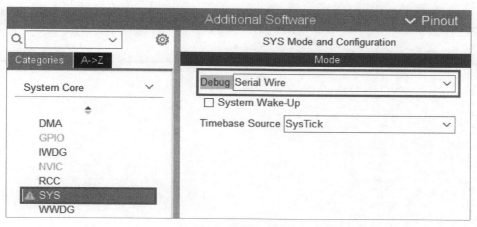

[그림 295] SYS 설정

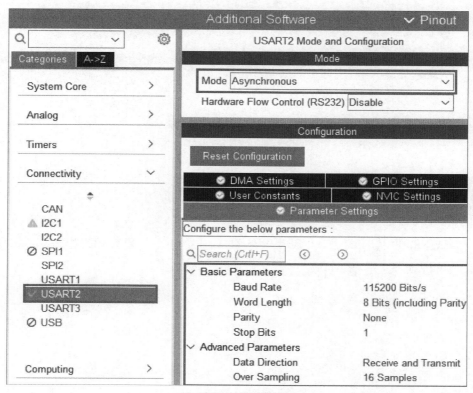

[그림 296] USART2 설정

5.2.1.3. Clock Configuration 설정

클럭 설정 또한 [그림 297]처럼 기존에 설정한 최대 클럭으로 설정된 것을 확인할 수 있다.

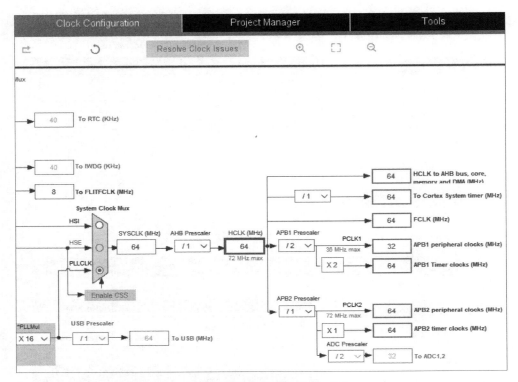

[그림 297] Clock Configuration 설정

5.2.1.4. 버튼 Input 설정

① Pinout 설정

[그림 298]처럼 PB1, PB2, PB4, PB5 각 핀에서 마우스 왼쪽 버튼을 눌러 GPIO_EXTI 속성으로 변경한다.

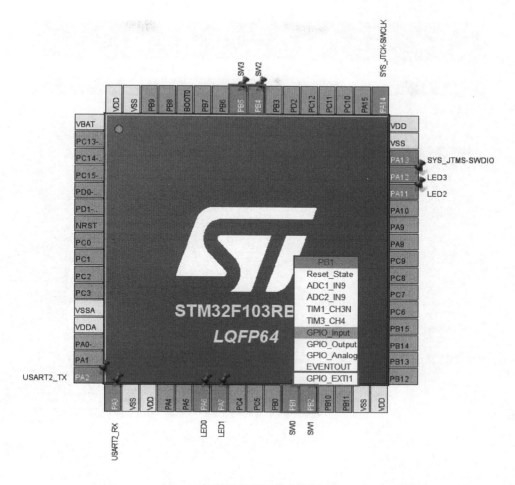

[그림 298] SW Pinout 변경

② GPIO Configuration 설정

Pinout & Configuration 탭의 GPIO Categories를 선택하고 GPIO Mode and Configuration에서 초기에 LED가 꺼지도록 **[그림 299]**처럼 GPIO output level 을 Low로 변경하고, 입력 핀의 User Label을 SW0~SW4로 변경한다. 또한, Push-Button을 누르면 입력 신호가 High에서 Low로 변경되고, Push-Button을 놓으면 Low에서 High로 변경되는 인터럽트를 인식해야 하기에 GPIO 모드를 "External Interrupt Mode with Rising/Falling edge trigger detection"으로 설 정한다.

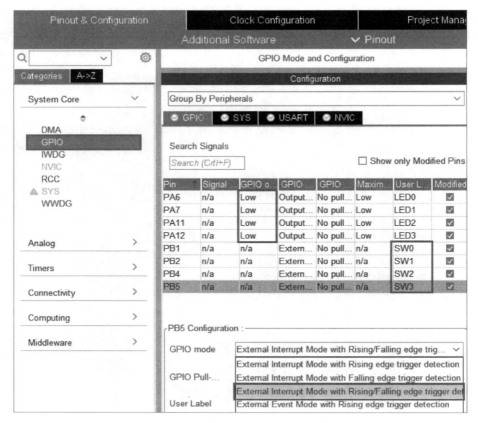

[그림 299] GPIO Configuration 변경

EXTI 인터럽트를 등록하기 위해 Configuration의 NVIC 탭을 선택하고 Enabled
열의 체크 박스를 [그림 300]처럼 활성화한다.

참고로 기존에 4.1 EXTI에서 봤던 EXTI line[15:10] interrupts가 없는 이유는
Default Mode로 생성 시 사용 가능했던 USER 버튼(PC13)의 GPIO 설정을 하지
않았기 때문이다.

NVIC Interrupt Table	Enabled	Preemption Priority	Sub Priority
EXTI line1 interrupt	☑	0	0
EXTI line2 interrupt	☑	0	0
EXTI line4 interrupt	☑	0	0
EXTI line[9:5] interrupts	☑	0	0

[그림 300] NVIC Interrupt Enabled

5.2.1.5. GENERATE CODE

앞서 설정한 상태에 올바르게 코드를 생성하기 위하여 **[Project]→[Generate Code]** 메뉴( )를 실행한다.

[그림 301]에서 MX_GPIO_Init() 함수를 보면 자동 생성된 EXTI 초기화 코드를 확인할 수 있다.

```
     EXTI_PushButton.ioc        main.c

177      * @brief GPIO Initialization Function
178      * @param None
179      * @retval None
180      */
181    static void MX_GPIO_Init(void)
182    {
183        GPIO_InitTypeDef GPIO_InitStruct = {0};
184
185        /* GPIO Ports Clock Enable */
186        __HAL_RCC_GPIOA_CLK_ENABLE();
187        __HAL_RCC_GPIOB_CLK_ENABLE();
188
189        /*Configure GPIO pin Output Level */
190        HAL_GPIO_WritePin(GPIOA, LED0_Pin|LED1_Pin|LED2_Pin|LED3_Pin, GPIO_PIN_RESET);
191
192        /*Configure GPIO pins : LED0_Pin LED1_Pin LED2_Pin LED3_Pin */
193        GPIO_InitStruct.Pin = LED0_Pin|LED1_Pin|LED2_Pin|LED3_Pin;
194        GPIO_InitStruct.Mode = GPIO_MODE_OUTPUT_PP;
195        GPIO_InitStruct.Pull = GPIO_NOPULL;
196        GPIO_InitStruct.Speed = GPIO_SPEED_FREQ_LOW;
197        HAL_GPIO_Init(GPIOA, &GPIO_InitStruct);
198
199        /*Configure GPIO pins : SW0_Pin SW1_Pin SW2_Pin SW3_Pin */
200        GPIO_InitStruct.Pin = SW0_Pin|SW1_Pin|SW2_Pin|SW3_Pin;
201        GPIO_InitStruct.Mode = GPIO_MODE_IT_RISING_FALLING;
202        GPIO_InitStruct.Pull = GPIO_NOPULL;
203        HAL_GPIO_Init(GPIOB, &GPIO_InitStruct);
204
205        /* EXTI interrupt init*/
206        HAL_NVIC_SetPriority(EXTI1_IRQn, 0, 0);
207        HAL_NVIC_EnableIRQ(EXTI1_IRQn);
208
209        HAL_NVIC_SetPriority(EXTI2_IRQn, 0, 0);
210        HAL_NVIC_EnableIRQ(EXTI2_IRQn);
211
212        HAL_NVIC_SetPriority(EXTI4_IRQn, 0, 0);
213        HAL_NVIC_EnableIRQ(EXTI4_IRQn);
214
215        HAL_NVIC_SetPriority(EXTI9_5_IRQn, 0, 0);
216        HAL_NVIC_EnableIRQ(EXTI9_5_IRQn);
217
```

[그림 301] 자동 생성된 EXTI 초기화 코드

또한, stm32f1xx_it.c 파일을 열어 보면 **[그림 302]**처럼 인터럽트 서비스 루틴이 생성되어 있음을 확인할 수 있다.

```
183  {
184     /* USER CODE BEGIN SysTick_IRQn 0 */
185
186     /* USER CODE END SysTick_IRQn 0 */
187     HAL_IncTick();
188     /* USER CODE BEGIN SysTick_IRQn 1 */
189
190     /* USER CODE END SysTick_IRQn 1 */
191  }
192
193⊖ /******************************************************************************/
194  /* STM32F1xx Peripheral Interrupt Handlers                                    */
195  /* Add here the Interrupt Handlers for the used peripherals.                  */
196  /* For the available peripheral interrupt handler names,                      */
197  /* please refer to the startup file (startup_stm32f1xx.s).                    */
198  /******************************************************************************/
199
200⊖ /**
201     * @brief This function handles EXTI line1 interrupt.
202     */
203⊕ void EXTI1_IRQHandler(void)▯
213
214⊖ /**
215     * @brief This function handles EXTI line2 interrupt.
216     */
217⊕ void EXTI2_IRQHandler(void)▯
227
228⊖ /**
229     * @brief This function handles EXTI line4 interrupt.
230     */
231⊕ void EXTI4_IRQHandler(void)▯
241
242⊖ /**
243     * @brief This function handles EXTI line[9:5] interrupts.
244     */
245⊕ void EXTI9_5_IRQHandler(void)▯
255
```

[그림 302] 자동 생성된 IRQHandler 코드

5.2.1.6. 소스 코드 작성

앞선 EXTI 인터럽트 실습에서 언급했듯, 인터럽트가 발생하면 HAL_GPIO_EXTI_
IRQHandler() → HAL_GPIO_EXTI_Callback() 함수 순서로 호출되어 사용자는 콜
백 함수에 실행될 코드를 구현해 주면 된다. 이에 콜백 함수를 [그림 303]과 같이 추가
하고 어떤 번호의 인터럽트가 발생했는지 구분하기 위한 소스 코드를 작성한다.

```c
/* USER CODE BEGIN 4 */
void
HAL_GPIO_EXTI_Callback (uint16_t GPIO_Pin)
{
  switch (GPIO_Pin)
    {
    case GPIO_PIN_1:

      break;

    case GPIO_PIN_2:

      break;

    case GPIO_PIN_4:

      break;

    case GPIO_PIN_5:

      break;

    default:
      ;
    }
}
/* USER CODE END 4 */
```

[그림 303] 인터럽트 Callback함수 구현 코드 골격

여기에서 스위치를 누르거나(Falling edge) 뗄(Rising edge) 때 모두 인터럽트가 발생하기 때문에 스위치가 눌렸는지 아닌지를 구분하기 위하여 핀의 현재 상태를 체크해 주어야 한다.

```c
/* USER CODE BEGIN 4 */
void
HAL_GPIO_EXTI_Callback (uint16_t GPIO_Pin)
{
  switch (GPIO_Pin)
    {
    case GPIO_PIN_1:
      if (HAL_GPIO_ReadPin (SW0_GPIO_Port, SW0_Pin))
        HAL_GPIO_WritePin (LED0_GPIO_Port, LED0_Pin, GPIO_PIN_RESET);
      else
        HAL_GPIO_WritePin (LED0_GPIO_Port, LED0_Pin, GPIO_PIN_SET);
      break;

    case GPIO_PIN_2:
      if (HAL_GPIO_ReadPin (SW1_GPIO_Port, SW1_Pin))
        HAL_GPIO_WritePin (LED1_GPIO_Port, LED1_Pin, GPIO_PIN_RESET);
      else
        HAL_GPIO_WritePin (LED1_GPIO_Port, LED1_Pin, GPIO_PIN_SET);
      break;

    case GPIO_PIN_4:
      if (HAL_GPIO_ReadPin (SW2_GPIO_Port, SW2_Pin))
        HAL_GPIO_WritePin (LED2_GPIO_Port, LED2_Pin, GPIO_PIN_RESET);
      else
        HAL_GPIO_WritePin (LED2_GPIO_Port, LED2_Pin, GPIO_PIN_SET);
      break;

    case GPIO_PIN_5:
      if (HAL_GPIO_ReadPin (SW3_GPIO_Port, SW3_Pin))
        HAL_GPIO_WritePin (LED3_GPIO_Port, LED3_Pin, GPIO_PIN_RESET);
      else
        HAL_GPIO_WritePin (LED3_GPIO_Port, LED3_Pin, GPIO_PIN_SET);
      break;
```

[그림 304] 인터럽트 Callback 함수 구현

5.2.1.7. 빌드 및 실행

프로젝트를 빌드 및 실행(▶)하면 앞선 polling 방식과 마찬가지로 버튼을 누르고 있는 동안 LED가 켜지는 것을 확인할 수 있다.

5.2.2. EXTI_Encoder

이번 실습은 외부 인터럽트를 이용한 엔코더 스위치 응용 프로그램을 구현해 보도록 하겠다.

5.2.2.1. 엔코더 스위치

NUCLEOEVB 보드에 사용되는 엔코더 스위치는 BOURNS사의 PEC11R-4020K-S0024 제품이다. [그림 305]와 같이 제품 사양을 보면, 1회전 시 펄스가 24개가 발생한다는 것을 알 수 있다.

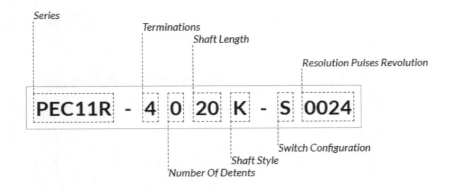

Series	**PEC11R**
Terminations	**PC Pin Horizontal/Rear Facing**
Number Of Detents	**0**
Shaft Length	**20 mm**
Shaft Style	**Metal Knurled Shaft**
Switch Configuration	**Push Momentary (0.5 mm stroke)**
Resolution Pulses Revolution	**24**
Size Height	**13.4 mm**
Size Length	**26.5 mm**
Size Width	**12.5 mm**

[그림 305] PEC11R-4020K-S0024 datasheet

또한, [그림 306]에서 보듯이 엔코더는 시계 방향(CW)으로 회전할 때는 A Signal에서 rising edge가 먼저 발생하고, 반시계 방향(CCW)으로 회전할 때는 B Signal에서 rising edge가 먼저 발생한다. 그러므로 Signal의 인터럽트가 먼저 발생했을 때, 나머지 Signal의 신호가 High인지 Low인지를 확인하면 방향을 알 수 있다.

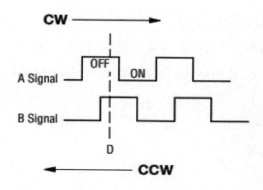

[그림 306] PEC11R-4020K-S0024 출력 특성

5.2.2.2. STM32CubeIDE 프로젝트 생성

STM32CubeIDE를 실행하고 STM32F103RB를 선택하여 프로젝트를 생성한다. Project Name은 "EXTI_Encoder"를 입력한다.

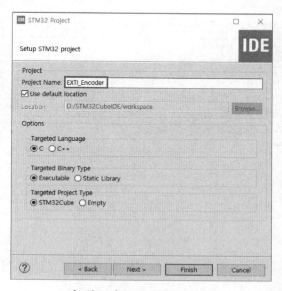

[그림 307] Setup STM32 Project

5.2.2.3. Pinout & Configuration 설정

이전 실습과 같이 System Core 카테고리의 SYS 설정의 Mode > Debug 값을 Serial Wire로 선택하고, Connectivity 카테고리의 USART2 설정의 Mode > Mode 값을 Asynchronous로 선택한다.

5.2.2.4. Clock Configuration 설정

이전 실습과 같이 PLL 클럭을 분주시켜 내부 클럭의 최대 클럭인 64㎒를 사용하기 위해 PLLMul 값을 16으로 변경하고 System Clock Mux에서 PLLCLK을 선택한다. 그리고 APB1 Prescaler 값을 2로 변경해 APB1 peripheral clocks 설정 문제를 해결한다.

5.2.2.5. Encoder 설정

① Pinout 설정

[그림 308] 및 [그림 309] NUCLEOEVB 회로도를 보면, A Signal은 PC12, B Signal은 PA15와 연결되어 있고, 엔코더 스위치 노브를 누르면 PA8 신호가 High → Low가 되도록 설계되어 있다.

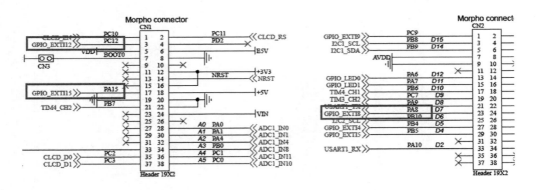

[그림 308] NUCLEOEVB 보드 Encoder 관련 커넥터 회로

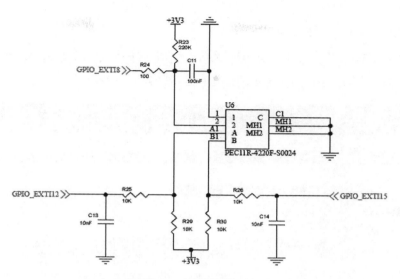

[그림 309] NUCLEOEVB 보드 Encoder 회로

마우스 왼쪽 버튼을 눌러 **[그림 310]**처럼 3개의 GPIO를 EXTI로 설정을 한다.

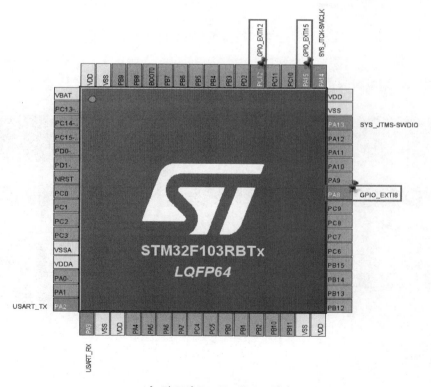

[그림 310] Encoder Pinout 변경

② GPIO Configuration 설정

[그림 311]과 같이 GPIO Configuration 영역에서 PA8은 Falling, PA15 및 PC12 는 Rising edge trigger로 설정하고 Label을 변경해 준다.

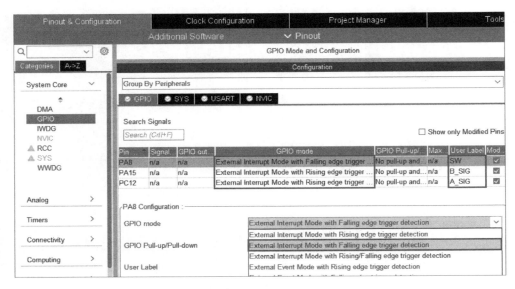

[그림 311] GPIO Configuration

[그림 312]과 같이 NVIC 탭에서 인터럽트 테이블을 활성화해 준다.

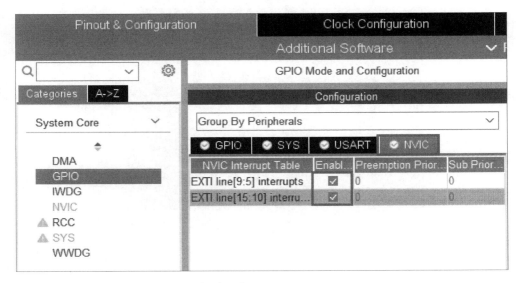

[그림 312] NVIC Configuration

STM32CubeIDE를 이용한 STM32 따라하기

5.2.2.6. GENERATE CODE

앞서 설정한 상태에 맞게 코드를 생성하기 위하여 Generate Code 아이콘(🔧)을 클릭한다.

5.2.2.7. 소스 코드 작성

① 시리얼 디버깅

3장 USART_printf 프로젝트 실습에서 다루었던 내용으로, printf 터미널 디버깅을 하기 위하여 [그림 313]과 같이 소스 코드를 복사하여 추가한다.

```c
50   /* Private function prototypes -----------------------------------------------*/
51   void SystemClock_Config(void);
52   static void MX_GPIO_Init(void);
53   static void MX_USART2_UART_Init(void);
54   /* USER CODE BEGIN PFP */
55   #ifdef __GNUC__
56   #define PUTCHAR_PROTOTYPE int __io_putchar(int ch)
57   #else
58   #define PUTCHAR_PROTOTYPE int fputc(int ch, FILE *f)
59   #endif /* __GNUC__ */
60
61   /**
62     * @brief  Retargets the C library printf function to the USART.
63     * @param  None
64     * @retval None
65     */
66   PUTCHAR_PROTOTYPE
67   {
68     /* Place your implementation of fputc here */
69     /* e.g. write a character to the UART2 and Loop until the end of transmission */
70     if (ch == '\n')
71       HAL_UART_Transmit (&huart2, (uint8_t*) "\r", 1, 0xFFFF);
72     HAL_UART_Transmit (&huart2, (uint8_t*) &ch, 1, 0xFFFF);
73
74     return ch;
75   }
76   /* USER CODE END PFP */
```

[그림 313] 시리얼 디버깅을 위한 코드

② 인터럽트 콜백 함수

HAL_GPIO_EXTI_Callback() 함수를 통해 노브를 누르면 발생하는 인터럽트에서는 변숫값을 초기화해 준다. A Signal 인터럽트가 발생했을 때 B Signal 신호 레벨을 읽어 Low면 시계 방향으로 회전하였기 때문에 변숫값을 증가시키고, B Signal 인터럽트가 발생했을 때 A Signal 신호 레벨을 읽어 Low면 반시계 방향으로 회전하였기 때문에 변숫값을 감소하도록 코드를 작성하였다.

참고로 gEnCoderCnt 변수를 volatile로 정의했는데, 앞서 언급했던 내용으로 volatile 변수의 의미를 꼭 이해하기를 바란다.

```
42
43  /* Private variables ----------------------------------------------------*/
44  UART_HandleTypeDef huart2;
45
46  /* USER CODE BEGIN PV */
47  volatile int gEnCoderCnt;
48  /* USER CODE END PV */
49
```

[그림 314] volatile 전역 변수 선언

```
243  /* USER CODE BEGIN 4 */
244  void
245  HAL_GPIO_EXTI_Callback (uint16_t GPIO_Pin)
246  {
247    switch (GPIO_Pin)
248      {
249      case GPIO_PIN_8:  // SW_Pin
250        gEnCoderCnt = 0;
251        break;
252
253      case GPIO_PIN_12: // A_SIG_Pin
254        if (!HAL_GPIO_ReadPin (B_SIG_GPIO_Port, B_SIG_Pin))
255          gEnCoderCnt++;
256        break;
257
258      case GPIO_PIN_15: // B_SIG_Pin
259        if (!HAL_GPIO_ReadPin (A_SIG_GPIO_Port, A_SIG_Pin))
260          gEnCoderCnt--;
261        break;
262
263      default:
264        ;
265      }
266  }
267  /* USER CODE END 4 */
```

[그림 315] EXTI Callback 함수 구현

③ 엔코더 카운터 변숫값 출력

시리얼 디버깅을 이용하여 엔코더 카운터 변숫값을 출력하는 루틴으로 변숫값이 변경될 때만 시리얼 출력되도록 구현하였다. 왜 이렇게 구현했을까? 의아한 독자는 소스 코드를 직접 변경하여 어떤 문제가 발생하는지 직접 실습해 보기를 바란다.

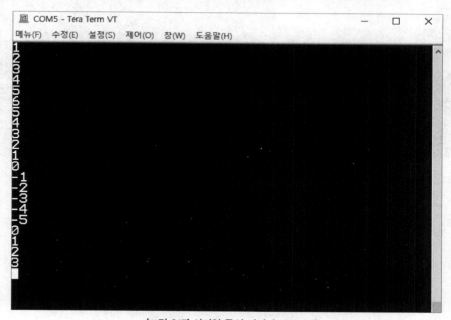

```
116     /* Infinite loop */
117     /* USER CODE BEGIN WHILE */
118     int preEncoderCnt = 0;
119
120     while (1)
121     {
122         if (preEncoderCnt != gEnCoderCnt)
123         {
124             preEncoderCnt = gEnCoderCnt;
125             printf ("%d\n", preEncoderCnt);
126         }
127     /* USER CODE END WHILE */
128
129     /* USER CODE BEGIN 3 */
130     }
131     /* USER CODE END 3 */
132 }
```

[그림 316] Encoder counter 값 출력

5.2.2.8. 빌드 및 실행

프로젝트를 빌드 및 실행(⏵)하고 터미널 프로그램을 이용하여 결과를 확인하면 [그림 317]과 같이 동작됨을 확인할 수 있는데, 여기서는 시계 방향으로 회전한 후 반시계 방향으로 회전했으며, 노브를 누른 후 시계 방향으로 다시 회전하였다.

[그림 317] 시리얼 통신 터미널 프로그램

참고로 엔코더를 시계 방향과 반시계 방향을 무작위로, 그리고 빠르게 돌려 보면서 변숫값을 관찰해 보면 변숫값의 변화가 조금 이상하다는 것을 알 수 있을 것이다. 원인은 2가지 정도로 언급할 수 있는데, 독자들의 고민으로 남겨 놓도록 하겠다.

5.2.2.9. 디버깅

앞서 LED_Blink 실습에서 소개했던 디버깅 기능을 사용해 변수 변화를 살펴보겠다.

우선 터미널 프로그램의 화면을 클리어하기 위해 **[수정(E)]→[화면 비우기(S)]** 메뉴를 선택한다.

[그림 318] 화면 비우기 메뉴 실행

[그림 319]처럼 **[Run]→[Debug]** 메뉴 또는 Debug(🌞)를 실행한다.

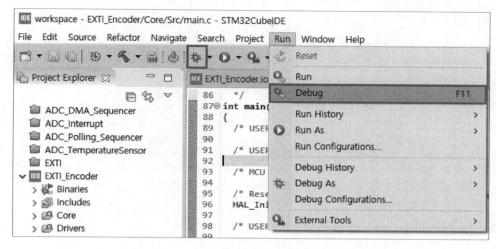

[그림 319] Debug 메뉴 실행

Debug 화면으로 전환하기 위해 ⎡Switch⎤버튼을 클릭한다.

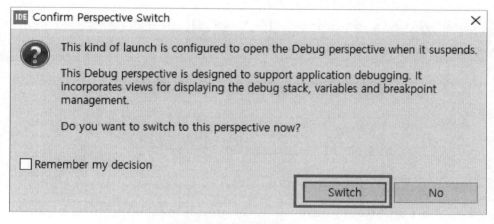

[그림 320] Confirm Perspective Switch

Debug 화면 우측의 메뉴를 통해 디버깅 간 변수, breakpoint, 표현식, 레지스터 등을 관찰할 수 있다. 그중 아이콘(»₃)을 눌러 "Live Expressions" 메뉴를 클릭한다.

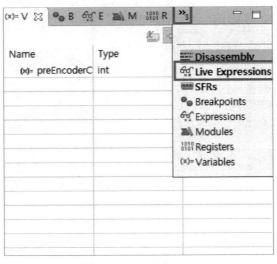

[그림 321] Live Expressions 메뉴 실행

그리고 "+Add new expression"을 마우스 왼쪽 버튼을 클릭하여 관찰하고자 하는 변수인 "gEnCoderCnt"를 입력한다.

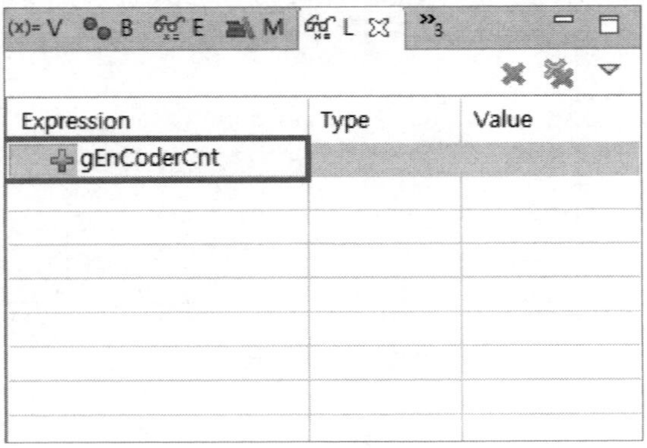

[그림 322] Live Expressions에 gEnCoderCnt 변수 추가

그리고 엔코더 스위치를 눌렀을 때 break가 되도록 250 Line 숫자 위에서 마우스 오른쪽 버튼을 클릭하여 "Toggle Breakpoint" 메뉴를 선택한다.

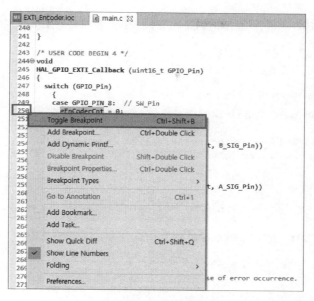

[그림 323] Breakpoint 추가

재개 버튼(⏸▶)을 클릭해 프로그램을 시작한 후, 터미널 프로그램과 "Live Expressions"에 추가된 변수의 변화를 실시간으로 관찰한다.

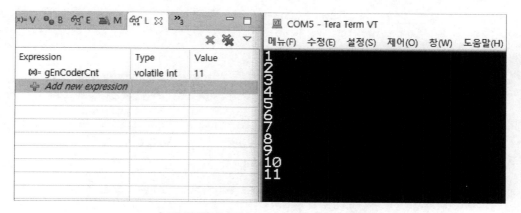

[그림 324] printf 및 Debug 모드를 이용한 디버깅

엔코더 스위치를 눌러 프로그램이 break되는지 확인한 후, 재개 버튼(▢▶)을 눌러 "gEnCoderCnt" 값 변화를 확인한다.

```
236    HAL_NVIC_EnableIRQ(EXTI9_5_IRQn);
237
238    HAL_NVIC_SetPriority(EXTI15_10_IRQn, 0, 0);
239    HAL_NVIC_EnableIRQ(EXTI15_10_IRQn);
240
241 }
242
243 /* USER CODE BEGIN 4 */
244 void
245 HAL_GPIO_EXTI_Callback (uint16_t GPIO_Pin)
246 {
247   switch (GPIO_Pin)
248     {
249     case GPIO_PIN_8:   // SW_Pin
250       gEnCoderCnt = 0;
251       break;
252
253     case GPIO_PIN_12: // A_SIG_Pin
254       if (!HAL_GPIO_ReadPin (B_SIG_GPIO_Port, B_SIG_Pin))
255         gEnCoderCnt++;
256       break;
```

[그림 325] Breakpoint에서 정지한 코드

Expression	Type	Value
(x)= gEnCoderCnt	volatile int	0
➕ Add new expression		

[그림 326] 재개 후 gEnCoderCnt 변화

디버깅 모드를 이용한 디버깅과 콘솔 출력을 통한 디버깅은 장단점이 있기에 2가지 방법을 적절하게 사용할 수 있도록 스스로 노하우를 축적하기 바란다.

5.3.1. ADC Polling Sequencer

앞서 NUCLEO 보드 디바이스에 내장되어 있는 온도 센서를 이용하여 ADC Polling
을 다루었다. 이번 실습에서는 NUCLEOEVB 보드의 가변 저항(VAR)과 조도 센서
(Cds)을 통해서 ADC 다중 채널(Sequencer)을 Polling으로 구현해 보도록 하겠다.

5.3.1.1. 가변 저항 및 조도 센서

① 가변 저항

가변 저항(Variable Resistor)은 노브를 회전함에 따라 저항값이 분배되는 부품으
로, 이러한 특성을 이용해 회로를 구성하여 가변 전압이 입력되도록 하였다.

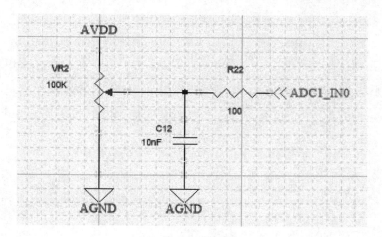

[그림 327] 가변 저항 회로도

② 조도 센서

조도 센서(Photo Resistor)는 빛의 양에 따라 전도율이 변하는 광전 효과를 가지는

소자로 [그림 328] 그래프에서 보듯이 빛이 가장 밝을 때 저항값이 1KOhm에서 100KOhm까지 변화하는 것을 알 수 있다.

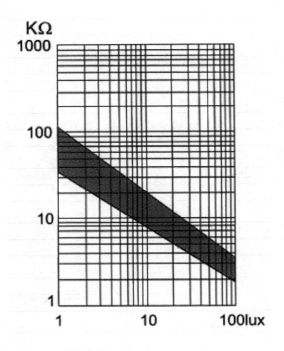

[그림 328] Illuminance Vs. Resistance

[그림 329] 회로를 보면 R27 저항값(10K)과 CDS 가변 저항값(1~100K)의 변화에 의해서 ADC 입력 전압은 0.3~3V까지 가변 전압이 입력되도록 회로를 설계했다.

만약 조도에 따른 ADC 입력 전압이 2~3V 범위로만 변화하게 설계했다면 AD 변환 결과를 풀 스케일 값으로 얻지 못할 것이다.

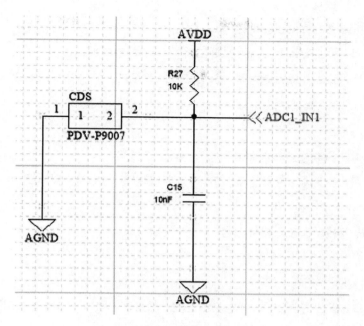

[그림 329] 조도 센서 회로도

5.3.1.2. STM32CubeIDE 프로젝트 생성

STM32CubeIDE를 실행하고 STM32F103RB를 선택하여 프로젝트를 생성한다.
Project Name은 "ADC_Polling_Sequencer"를 입력한다.

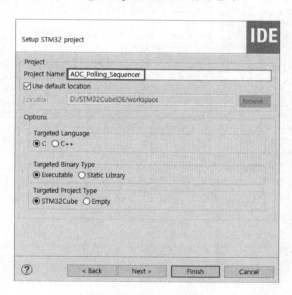

[그림 330] Setup STM32 Project

5.3.1.3. Pinout & Configuration 설정

이전 실습과 같이 System Core 카테고리의 SYS 설정의 Mode > Debug 값을 Serial Wire로 선택하고 Connectivity 카테고리의 USART2 설정의 Mode > Mode 값을 Asynchronous로 선택한다.

5.3.1.4. Clock Configuration 설정

이전 실습과 같이 PLL 클럭을 분주하여 최대 클럭인 64㎒를 사용하도록 설정한다.

5.3.1.5. 가변 저항 및 조도 센서 설정

① Pinout 설정

[그림 331]을 보면 가변 저항은 PA0, 조도 센서는 PA1에 연결되어 있다.

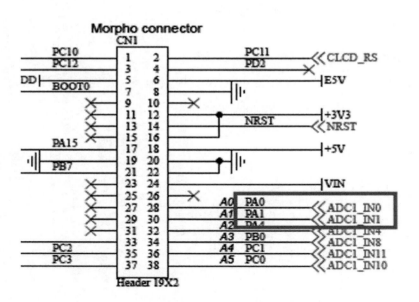

[그림 331] NUCLEOEVB 보드 VAR, Cds 관련 커넥터 회로

Pinout view에서 PA0 및 PA1 핀에서 마우스 왼쪽 버튼을 눌러 Pinout 설정을 ADC1으로 선택한다.

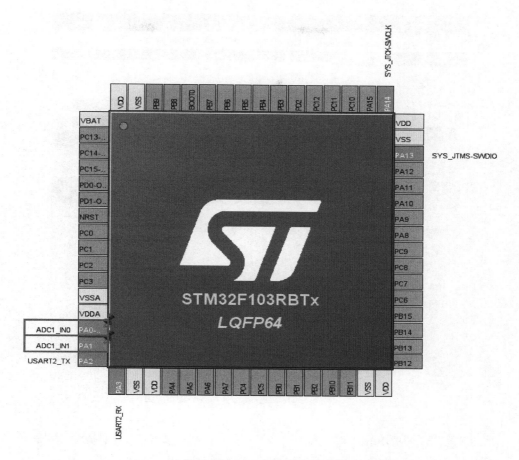

[그림 332] VAR 및 Cds Pinout 변경

② ADC1 Configuration 설정

Analog 카테고리의 ADC1를 선택하고 **[그림 333]**과 같이 Number Of Conversion 항목을 2(VAR 및 Cds)로 변경하고, Continuous Conversion Mode 항목을 Enabled로 선택한다.

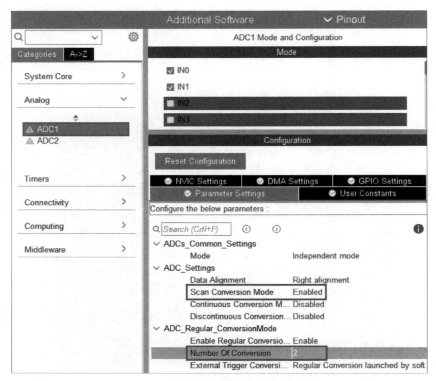

[그림 333] ADC1 Parameter Settings

[그림 334]처럼 Rank 1 및 Rank 2의 드롭다운 메뉴를 눌러 채널을 설정하는데,
Cds 채널을 우선 변환하려면 순서를 바꾸어도 상관은 없다. 각 샘플링 시간도
13.5 Cycles로 변경한다.

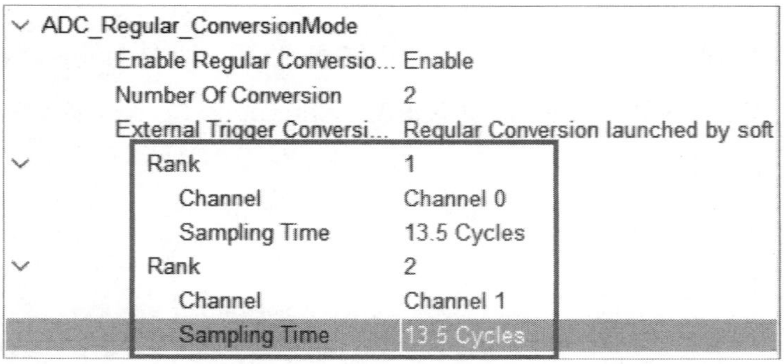

[그림 334] ADC1 Rank Parameter Settings

[그림 335]처럼 GPIO Settings 탭에서 User Label을 변경해 준다.

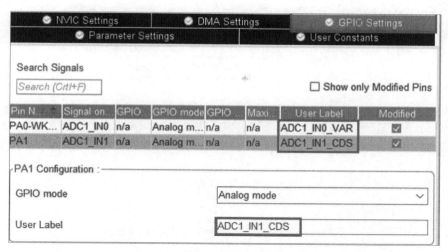

[그림 335] ADC1 GPIO Settings

5.3.1.6. Clock Configuration 재설정

Clock Configuration 탭을 선택하면 **[그림 336]**과 같이 ADC 클럭에 문제가 있다고 팝업 창에서 알려 주고 자동으로 이 문제를 해결할 것인지 물어본다. 여기서 **No**를 선택하고 직접 클럭을 설정해 보도록 하겠다.

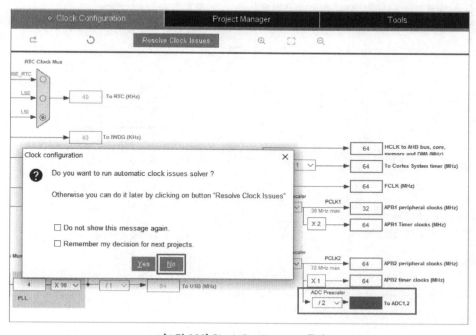

[그림 336] Clock Configuration 문제

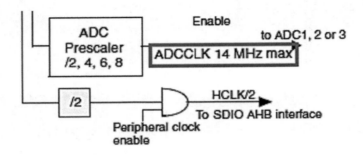

[그림 337] 최대 ADCCLK

ADC 최대 클럭은 14㎒이므로 [그림 338]처럼 ADC Prescaler 값을 8로 변경하여
ADC 클럭이 8㎒가 되도록 변경한다.

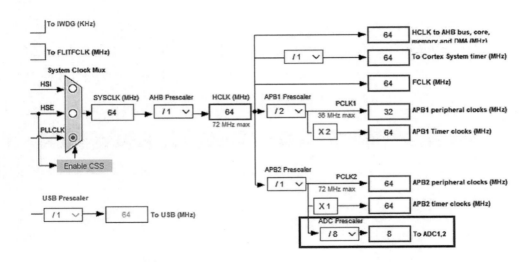

[그림 338] ADC Prescaler 변경

5.3.1.7. GENERATE CODE

앞서 설정한 상태에 맞게 코드를 생성하기 위하여 Generate Code 아이콘(◔)을 클
릭한다.

5.3.1.8. 소스 코드 작성

① 시리얼 디버깅

printf 터미널 디버깅을 하기 위하여 [그림 339]와 같이 소스 코드를 복사하여 추가한다. 참고로 이후 실습 절차에서는 시리얼 디버깅에 대하여 별도로 언급하지 않도록 하겠다.

```
52  /* Private function prototypes -------------------------------------------*/
53  void SystemClock_Config(void);
54  static void MX_GPIO_Init(void);
55  static void MX_ADC1_Init(void);
56  static void MX_USART2_UART_Init(void);
57  /* USER CODE BEGIN PFP */
58
59  /* USER CODE END PFP */
60
61  /* Private user code ------------------------------------------------------*/
62  /* USER CODE BEGIN 0 */
63  #ifdef __GNUC__
64  #define PUTCHAR_PROTOTYPE int __io_putchar(int ch)
65  #else
66  #define PUTCHAR_PROTOTYPE int fputc(int ch, FILE *f)
67  #endif /* __GNUC__ */
68
69  /**
70    * @brief  Retargets the C library printf function to the USART.
71    * @param  None
72    * @retval None
73    */
74  PUTCHAR_PROTOTYPE
75  {
76    /* Place your implementation of fputc here */
77    /* e.g. write a character to the UART2 and Loop until the end of transmission */
78    if (ch == '\n')
79      HAL_UART_Transmit (&huart2, (uint8_t*) "\r", 1, 0xFFFF);
80    HAL_UART_Transmit (&huart2, (uint8_t*) &ch, 1, 0xFFFF);
81
82    return ch;
83  }
84  /* USER CODE END 0 */
```

[그림 339] 시리얼 디버깅을 위한 코드

② 변수 선언, ADC Calibration 및 시작

가변 저항과 조도 센서 2개의 ADC 값을 저장하기 위해 배열 변수를 정의하고, HAL_ADCEx_Calibration_Start() 함수를 호출하여 ADC Calibration을 처리한다.

```
MX ADC_Polling_Sequencer.ioc    c *main.c ⊠
119
120      /* Infinite loop */
121      /* USER CODE BEGIN WHILE */
122      uint16_t uwADCxConvertedValue[2];
123
124      /* ### - 1 - Initialize ADC peripheral(CubeMX ?▨▨?▨▨ ?▨▨?▨▨) ##################### */
125
126      /* ### - 2 - Start calibration ################################### */
127      if (HAL_ADCEx_Calibration_Start (&hadc1) != HAL_OK)
128      {
129          Error_Handler ();
130      }
131
```

[그림 340] 변수 선언 및 ADC Calibration 코드

③ ADC 변환

HAL_ADC_Start() 함수를 호출하여 AD 변환을 시작하고, HAL_ADC_PollForConversion() 함수를 통해서 AD 변환이 완료될 때까지 대기 후, HAL_ADC_GetValue() 함수를 이용하여 AD 변환된 결괏값을 읽어 오면 된다. 가변 저항과 조도 센서 값을 반복해서 읽어 들이고 결과를 printf() 함수로 출력하였다.

```
MX ADC_Polling_Sequencer.ioc    c *main.c ⊠
132      /* ### - 3 - Channel configuration (MX_ADC1_Init() 처리) ################# */
133      while (1)
134      {
135          /* ### - 4 - Start the conversion process ##########################*/
136          if (HAL_ADC_Start (&hadc1) != HAL_OK)
137          {
138              /* Start Conversation Error */
139              Error_Handler ();
140          }
141
142          for (uint8_t i = 0; i < 2; i++)
143          {
144              /* ### - 5 - Wait for the end of conversion ######################*/
145              HAL_ADC_PollForConversion (&hadc1, 100);
146
147              /* Check if the continuous conversion of regular channel is finished */
148              if ((HAL_ADC_GetState (&hadc1) & HAL_ADC_STATE_REG_EOC) == HAL_ADC_STATE_REG_EOC)
149              {
150                  /* ### - 6 - Get the converted value of regular channel #############*/
151                  uwADCxConvertedValue[i] = HAL_ADC_GetValue (&hadc1);
152              }
153          }
154
155          /* ### - 7 - Stop the conversion process ############################*/
156          HAL_ADC_Stop (&hadc1);
157      /* USER CODE END WHILE */
158
159      /* USER CODE BEGIN 3 */
160          printf ("VAR=%4d, CDS=%4d\n", uwADCxConvertedValue[0], uwADCxConvertedValue[1]);
161          HAL_Delay (100);
162      }
163      /* USER CODE END 3 */
164 }
```

[그림 341] ADC 변환 및 출력 코드

5.3.1.9. 빌드 및 실행

빌드 및 실행을 하고 터미널 프로그램을 이용하여 결과를 확인하면 [그림 342]와 같이 동작됨을 확인할 수 있는데, 조도 센서 값은 어두울수록 값이 크고, 밝을수록 값이 작다.

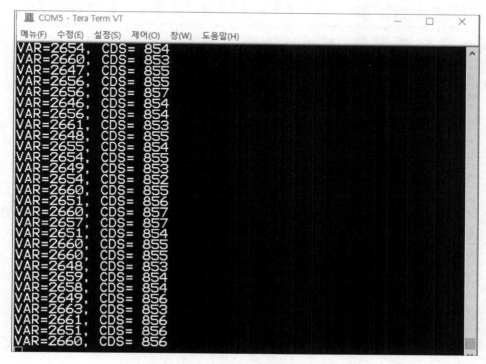

[그림 342] 시리얼 통신 터미널 프로그램

참고로 ADC Prescaler 값을 다른 값으로 변경하거나, Sampling Time 값을 다른 값으로 변경해서도 동작 테스트를 해 보기 바란다.

5.3.2. ADC Interrupt

앞선 Polling 방식의 ADC 사용을 Interrupt 방식으로 바꾸어 온도 센서(TC1047) 값을 변환하는 실습을 해 보도록 하겠다.

5.3.2.1. 온도 센서(TC1047)

NUCLEOEVB 보드에 사용되는 온도 센서는 TC1047 제품으로 [그림 343] 데이터 시트에서 보듯이 상온에서 750㎷가 출력되는 것을 알 수 있다.

TC1047/TC1047A

Precision Temperature-to-Voltage Converter

Features

- Supply Voltage Range:
  - **TC1047**: 2.7V to 4.4V
  - **TC1047A**: 2.5V to 5.5V
- Wide Temperature Measurement Range:
  - -40°C to +125°C
- High Temperature Converter Accuracy:
  - ± 2°C, Max. at 25°C
- Linear Temperature Slope: 10 mV/°C (typ.)
- Available in 3-Pin SOT-23B Package
- Very Low Supply Current:
  - 35 µA Typical

Applications

- Cellular Phones
- Power Supply Thermal Shutdown
- Temperature-Controlled Fans
- Temperature Measurement/Instrumentation
- Temperature Regulators
- Consumer Electronics
- Portable Battery-Powered Equipment

Block Diagram

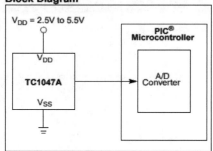

General Description

The TC1047 and TC1047A are linear voltage output temperature sensors whose output voltage is directly proportional to the measured temperature. The TC1047 and TC1047A can accurately measure temperature from -40°C to +125°C. With the TC1047, the supply voltage can vary between 2.7V and 4.4V. The power supply range of the TC1047A is from 2.5V to 5.5V.

The output voltage range for these devices is typically 100 mV at -40°C, 500 mV at 0°C, 750 mV at +25°C and 1.75V at +125°C. A 10 mV/°C voltage slope output response allows for a predictable temperature measurement over a wide temperature range. The TC1047 and TC1047A are packaged in 3-pin SOT-23B packages, making them ideal for space-critical applications.

Package Type

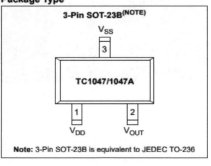

[그림 343] TC1047 datasheet

5.3.2.2. STM32CubeIDE 프로젝트 생성

STM32CubeIDE를 실행하고 STM32F103RB를 선택하여 프로젝트를 생성한다.
Project Name은 "ADC_Interrupt"를 입력한다.

[그림 344] Setup STM32 Project

5.3.2.3. Pinout & Configuration 설정

이전 실습과 같이 System Core 카테고리의 SYS 설정의 Mode > Debug 값을 Serial Wire로 선택하고 Connectivity 카테고리의 USART2 설정의 Mode > Mode 값을 Asynchronous로 선택한다.

5.3.2.4. Clock Configuration 설정

PLL 클럭을 분주하여 최대 클럭인 64㎒를 사용하도록 설정한다.

5.3.2.5. 온도 센서 설정

① Pinout 설정

[그림 345]와 [그림 346]를 보면 온도 센서는 PA4에 연결되어 있다.

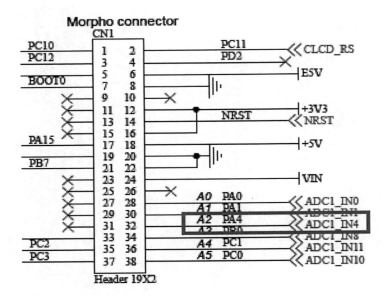

[그림 345] NUCLEOEVB 보드 TC1047 관련 커넥터 회로

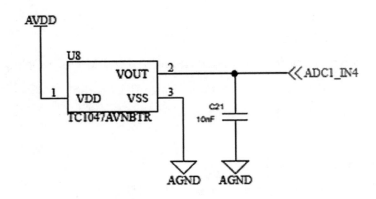

[그림 346] NUCLEOEVB 보드 TC1047 회로

Pinout view에서 PA4 핀에서 마우스 왼쪽 버튼을 눌러 Pinout 설정을 ADC2_ IN4로 선택한다. 참고로 ADC2를 선택한 특별한 이유는 없으며 다양한 설정값으로 실습을 진행하기 위함이다.

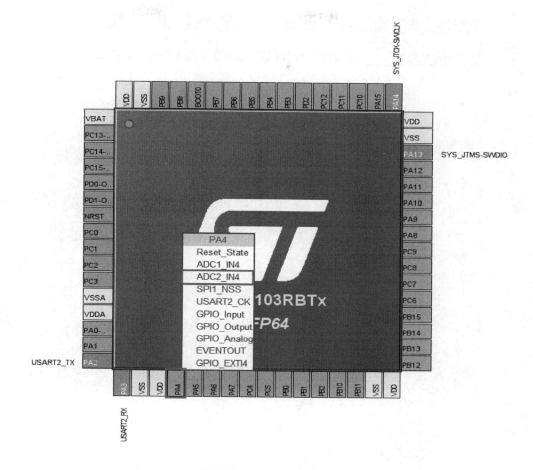

[그림 347] ADC2 Pinout 변경

② ADC2 Configuration 설정

Analog 카테고리의 ADC2를 선택하고 **[그림 348]**과 같이 Configuration의 NVIC Settings 탭을 선택하고 ADC1 and ADC2 global interrupts Enabled를 체크한다.

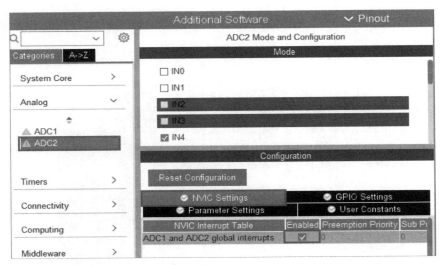

[그림 348] ADC2 NVIC Settings

[그림 349]와 같이 Parameter Settings 탭에서 Continuous Conversion Mode 항목을 Enabled로 선택하고, Sampling Time을 변경한다.

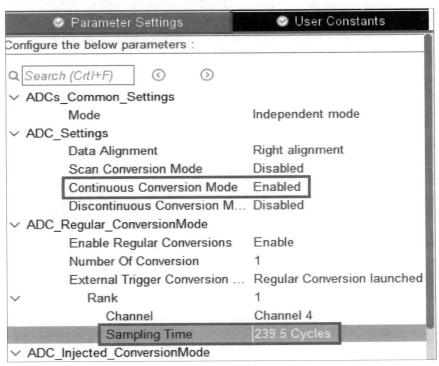

[그림 349] ADC2 Parameter Settings

5.3.2.6. Clock Configuration 재설정

Clock Configuration 탭을 선택하면 [그림 350]과 같이 ADC 클럭에 문제가 있다고 팝업 창에서 알려 주고 자동으로 이 문제를 해결할 것인지 물어본다. 자동 해결을 사용해 보기 위해 Yes를 선택한다.

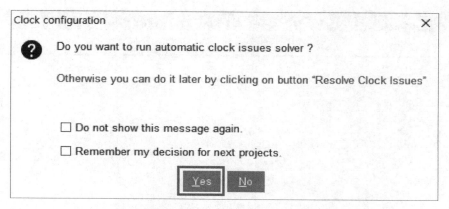

[그림 350] Clock configuration 문제

[그림 351]을 보면 자동으로 클럭 문제가 해결되었지만, HCLK가 너무 낮게 설정되어 있다. 위쪽 Reset Clock Configuration 아이콘(↺)을 눌러 이전에 저장된 Clock 설정을 불러올 수 있다.

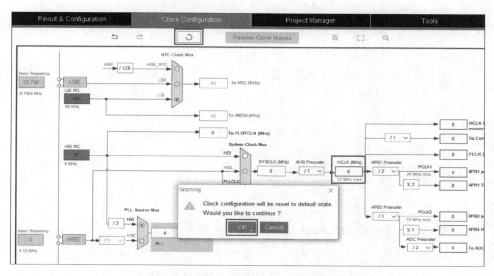

[그림 351] 자동 해결한 뒤 Reset Clock configuration

하지만 이전 Clock 설정이 저장되지 않아 초기 상태로 돌아갔다면 PLLMul 값을 16으로, System Clock Mux를 PLLCLK으로, APB1 Prescaler 값을 2로, ADC Prescaler 값을 8분주 선택하여 앞선 실습과 마찬가지로 내부 클럭이 64㎒, ADC 클럭이 8㎒가 되도록 설정한다.

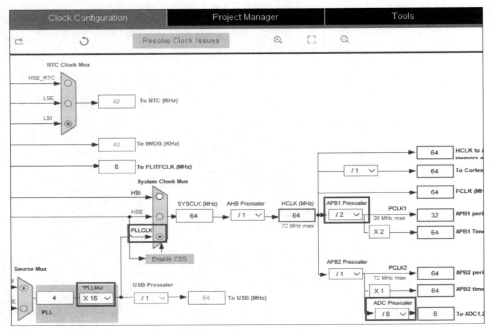

[그림 352] Clock Configuration 완료

5.3.2.7. GENERATE CODE

앞서 설정한 상태에 맞게 코드를 생성하기 위하여 Generate Code 아이콘( )을 클릭한다.

5.3.2.8. 소스 코드 작성

시리얼 디버깅을 위해 코드를 추가한다.

① 변수 선언, ADC Calibration 및 시작

온도 센서의 ADC 값을 저장하기 위해 변수를 정의하고, HAL_ADCEx_Calibration_Start() 함수를 호출하여 ADC Calibration을 처리한다.

```c
/* Private variables ---------------------------------------------------------*/
ADC_HandleTypeDef hadc2;

UART_HandleTypeDef huart2;

/* USER CODE BEGIN PV */
volatile uint16_t uwADCxConvertedValue;
/* USER CODE END PV */

/* Private function prototypes -----------------------------------------------*/
```

[그림 353] volatile 전역 변수 선언

```c
  /* USER CODE BEGIN WHILE */
  /* ### - 1 - Initialize ADC peripheral(CubeMX 자동 생성) ###################### */

  /* ### - 2 - Start calibration ############################################ */
  if (HAL_ADCEx_Calibration_Start (&hadc2) != HAL_OK)
    {
      Error_Handler ();
    }
```

[그림 354] ADC Calibration 코드

② ADC 인터럽트 콜백 함수

AD 변환이 완료되면 HAL_ADC_ConvCpltCallback() 함수가 호출되고 AD 변환 결과를 변수에 저장한다.

```c
/* USER CODE BEGIN 4 */
void
HAL_ADC_ConvCpltCallback (ADC_HandleTypeDef *AdcHandle)
{
  /* ### - 6 - Get the converted value of regular channel ##############*/
  uwADCxConvertedValue = HAL_ADC_GetValue (AdcHandle);
}
/* USER CODE END 4 */
```

[그림 355] ADC Callback 함수 구현

③ ADC 변환 시작

HAL_ADC_Start_IT() 함수를 호출하여 AD 변환을 인터럽트 시작하고, 주기적으로 변환된 값을 printf() 함수로 출력하였다.

```
MX ADC_Interrupt.ioc     c *main.c  ⊠
123
124    /* ### - 2 - Start calibration ############################### */
125    if (HAL_ADCEx_Calibration_Start (&hadc2) != HAL_OK)
126      {
127        Error_Handler ();
128      }
129
130    /* ### - 3 - Channel configuration (MX_ADC2_Init() 처리) ############# */
131
132    /* ### - 4 - Start conversion in Interrupt mode #################### */
133    if (HAL_ADC_Start_IT (&hadc2) != HAL_OK)
134      {
135        Error_Handler ();
136      }
137
138    while (1)
139    {
140        printf ("TEMP=%4d\n", uwADCxConvertedValue);
141        HAL_Delay (100);
142    /* USER CODE END WHILE */
143
144    /* USER CODE BEGIN 3 */
145    }
146    /* USER CODE END 3 */
```

[그림 356] ADC Conversion 및 출력

5.3.2.9. 빌드 및 실행

빌드 및 실행을 하고 터미널 프로그램을 이용하여 결과를 확인하면 [그림 357]과 같이 동작됨을 확인할 수 있다.

참고로 앞선 온도 센서 데이터 시트 자료를 참고하면 25℃에서 750㎷가 출력된다고 하였는데, A D 변환된 디지털 값은 $\dfrac{3.3\text{V}}{4096(12bit)} \times 1000 = 0.805664m\text{V}$ 크기로, $\dfrac{750}{0.805664} = 930.91$ 이다.

즉, 25℃에서의 AD 변환된 값은 930 정도가 된다.

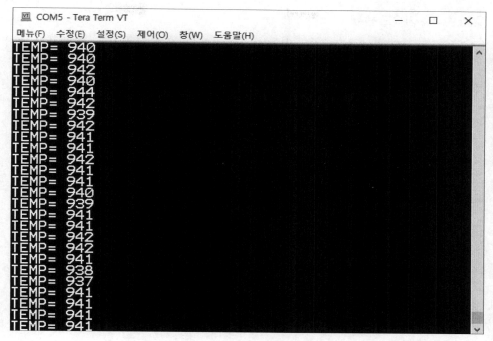

[그림 357] 시리얼 통신 터미널 프로그램

실습하는 실내 온도가 25℃ 이므로 930 디지털 값이 예상되는데, 디버깅 결과를 보면 비슷한 값이 출력됨을 알 수 있다. 여기에 소프트웨어 필터 및 오프셋을 조정하면 더욱 정밀하고 안정된 온도를 측정할 수 있다.

아래 수식은 ADC 값을 통해 온도를 계산하는 공식이며, 코드에 추가하여 온돗값 또한 출력 해 보길 바란다.

$$\mathrm{V}in = \mathrm{ADCV}alue \times \frac{3.3}{4096} \times 1000\,[m\mathrm{V}]$$

$$\mathrm{T}emp = \frac{\mathrm{V}in - 500}{10}\,[℃]$$

5.3.3. ADC DMA Interrupt

일반적으로 STM32 MCU에서 ADC를 Interrupt 방식으로 사용할 때는 DMA를 함께 사용한다. 이번 실습에서는 3축 가속도 센서의 X, Y, Z 3개 축의 신홋값을 AD 변환하는 실습을 해 보도록 하겠다.

5.3.3.1. 3축 가속도 센서

NUCLEOEVB 보드에 사용되는 가속도 센서는 ADXL335 제품으로 [그림 358] 데이터 시트를 참고하기 바란다.

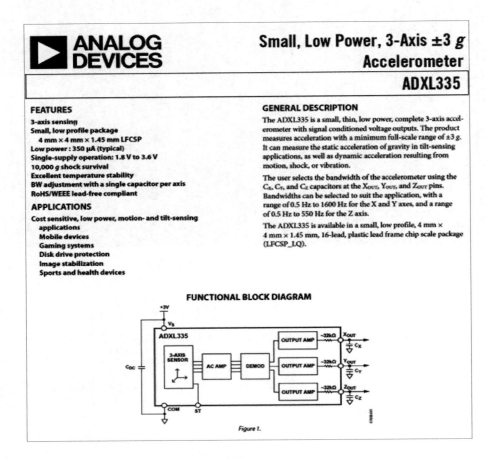

[그림 358] ADXL335 datasheet

5.3.3.2. STM32CubeIDE 프로젝트 생성

STM32CubeIDE를 실행하고 STM32F103RB를 선택하여 프로젝트를 생성한다. Project Name은 "ADC_DMA_Sequencer"를 입력한다.

[그림 359] Setup STM32 Project

5.3.3.3. Pinout & Configuration 설정

이전 실습과 같이 System Core 카테고리의 SYS 설정의 Mode > Debug 값을 Serial Wire로 선택하고 Connectivity 카테고리의 USART2 설정의 Mode > Mode 값을 Asynchronous로 선택한다.

5.3.3.4. Clock Configuration 설정

PLL 클럭을 분주하여 최대 클럭인 64㎒를 사용하도록 설정한다.

5.3.3.5. 가속도 센서 설정

① Pinout 설정

[그림 360]과 [그림 361]를 보게 되면 x축은 PB0, y축은 PC1, z축은 PC0에 연결되어 있다.

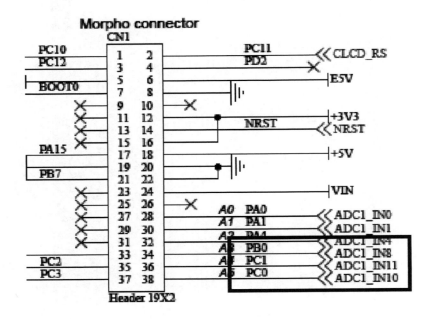

[그림 360] NUCLEOEVB 보드 가속도 센서 관련 커넥터 회로

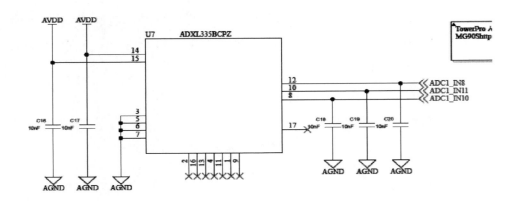

[그림 361] NUCLEOEVB 보드 가속도 센서 회로

Pinout view에서 PB0, PC0, PC1 각각의 Pinout 설정으로 ADC1 입력을 선택한다.

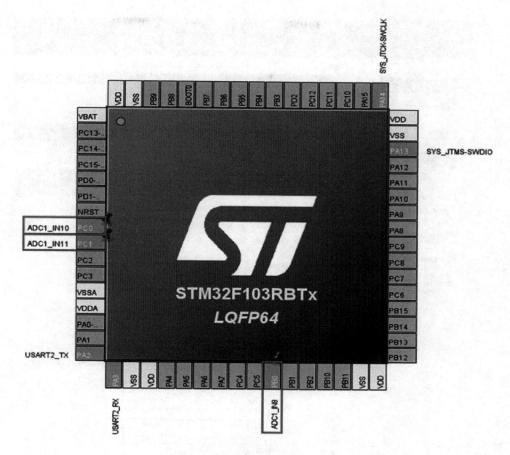

[그림 362] Pinout 변경

② ADC1 Parameter Settings

[그림 363]과 같이 Number Of Conversion을 3으로 변경하고, Scan Conversion Mode 및 Continuous Conversion Mode를 Enable로 변경한다. 그리고 Rank를 x축, y축, z축 순서로 AD 변환되도록 Rank를 설정한다.

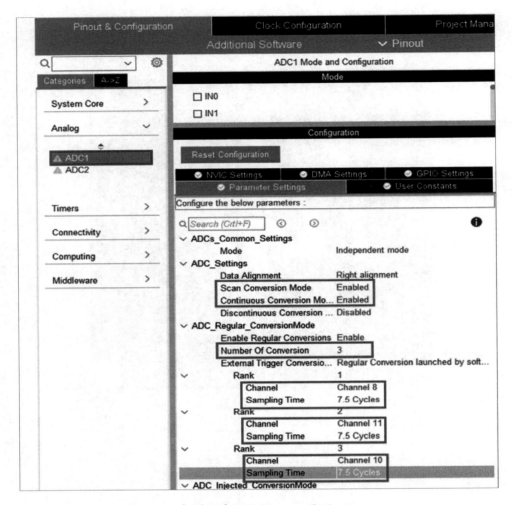

[그림 363] ADC1 Parameter Settings

③ DMA Settings

Configuration의 DMA Settings 탭을 선택하고 **Add** 버튼을 누른 후 Select에서
ADC1을 선택한다.

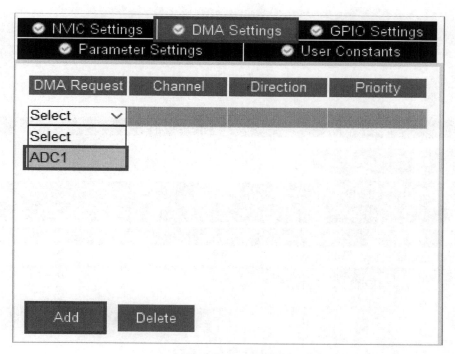

[그림 364] ADC DMA 추가

[그림 364]와 같이 ADC1 DMA를 선택하고 DMA Request Settings에서 Mode
를 Circular로 설정한다.

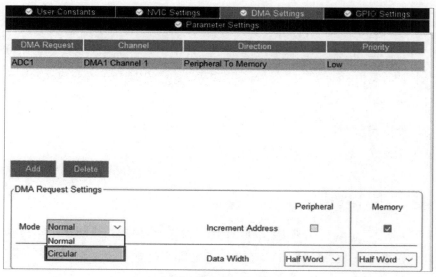

[그림 365] DMA Mode 변경

④ NVIC Settings

DMA Settings에서 DMA를 추가하면 **[그림 366]**과 같이 NVIC Settings에 DMA1 channel1 global interrupt가 자동으로 활성화되는 것을 확인할 수 있다.

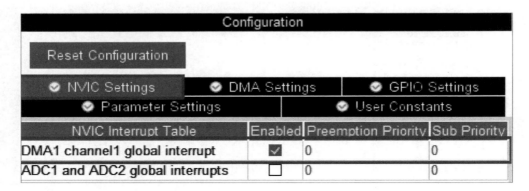

[그림 366] DMA interrupt 자동 활성화

5.3.3.6. Clock Configuration 재설정

앞선 실습과 마찬가지로 Clock Configuration 탭을 선택하여 ADC 클럭에 문제가 있다고 팝업 창이 뜨면 No 를 클릭하고, ADC Prescaler를 8로 수정하여 최종 ADC 클럭이 8㎒가 되도록 설정한다.

5.3.3.7. GENERATE CODE

앞서 설정한 상태에 맞게 코드를 생성하기 위하여 Generate Code 아이콘( )을 클릭한다.

5.3.3.8. 소스 코드 작성

시리얼 디버깅을 위해 코드를 추가한다.

① 변수 선언, ADC Calibration 및 시작

3축의 ADC 값을 저장하기 위해 변수를 정의하고 HAL_ADCEx_Calibration_ Start() 함수를 호출하여 ADC Calibration을 처리한다.

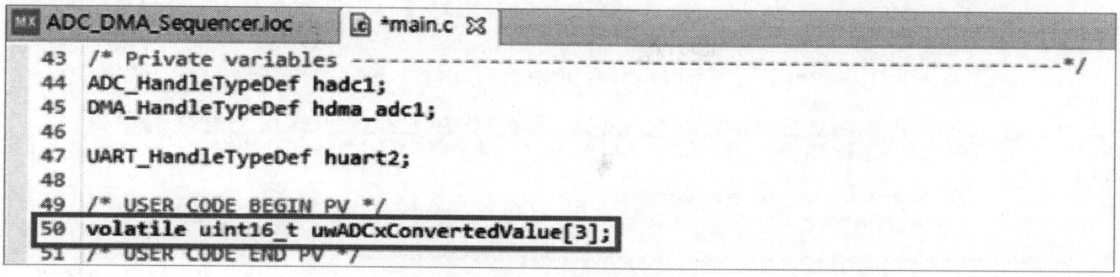

[그림 367] ADC 값 저장할 전역 변수 정의

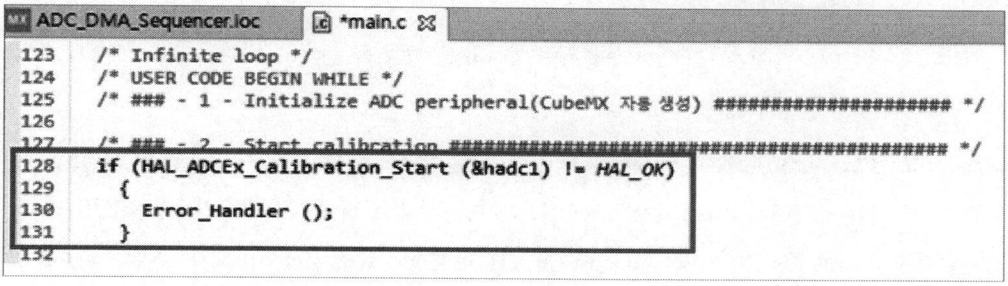

[그림 368] ADC Calibration 코드

② ADC 변환 시작

HAL_ADC_Start_DMA() 함수를 호출하여 AD 변환을 DMA 모드로 시작하고, 주기적으로 변환된 값을 printf() 함수로 출력하였다.

여기서 관심 있게 봐야 할 부분은 HAL_ADC_Start_DMA() 함수의 3번째 인잣값으로, ADC1 Parameter Settings에서 설정한 Number Of Conversion과 일치해야 한다.

```
     ADC_DMA_Sequencer.ioc        *main.c  ⊠

132
133     /* ### - 3 - Channel configuration (MX_ADC1_Init() 처리) ################## */
134
135     /* ### - 4 - Start conversion in DMA mode ############################### */
136     if (HAL_ADC_Start_DMA (&hadc1, (uint32_t*) &uwADCxConvertedValue, 3) != HAL_OK)
137       {
138         /* Start Conversation Error */
139         Error_Handler ();
140       }
141
142     while (1)
143       {
144           printf ("X=%4d, Y=%4d, Z=%4d\n", uwADCxConvertedValue[0],
145                 uwADCxConvertedValue[1], uwADCxConvertedValue[2]);
146           HAL_Delay (100);
147       /* USER CODE END WHILE */
148
```

[그림 369] ADC Conversion 및 출력 코드

5.3.3.9. 빌드 및 실행

빌드 및 실행을 하고 터미널 프로그램을 이용하여 결과를 확인하면 [그림 370]과 같이 동작됨을 확인할 수 있다. NUCLEOEVB 보드를 들고 움직이면 각 축의 가속돗값이 변동되는 것을 확인할 수 있다. NUCLEOEVB 보드의 ADXL335 chip 옆에 각 축의 방향이 표기되어 있으니 값의 변화를 확인해 보길 바란다.

[그림 370] 시리얼 통신 터미널 프로그램

TIM

5.4.1. TIM Buzzer

앞서 TIM1을 이용하여 PWM을 출력해 봤다. 이번 실습에선 TIM4의 PWM 출력을
이용해 부저 센서를 통한 멜로디 연주를 실습해 보도록 하겠다.

5.4.1.1. 마그네틱 부저 센서(BTG-47)

NUCLEOEVB 보드에 사용되는 부저 센서는 BTG-47 제품으로 **[그림 371]** 데이터 시
트를 참고하기 바란다.

BTG-47

RoHS
compliant

ORDERING CODE	BT G – 47
	①② ③

① Magnetic Buzzer
② Series Number
③ Coil Resistance

No	Specification	Data
1	Rated Voltage (V)	5
2	Operating Voltage (V)	4~8
3	Coil Resistance (Ω)	45±5
4	Resonant Frequency (Hz)	2400±300
5	*Sound Output at 10cm (dB)	Min 85
6	*Current Consumption (mA)	Max 40
7	Operating Temperature (°C)	-40 ~ +85
8	Storage Temperature (°C)	-40 ~ +85
9	Weight (g)	1.5g
10	Housing Material	PPO/Black
11	RoHS	Yes
12	Packing Quantity	100pcs/box

*Applying rated voltage (Resonant frequency, 1/2 duty, Square wave)

[그림 371] BTG-47 datasheet

5.4.1.2. STM32CubeIDE 프로젝트 생성

STM32CubeIDE를 실행하고 STM32F103RB를 선택하여 프로젝트를 생성한다.
Project Name은 "TIM_Buzzer"를 입력한다.

[그림 372] Setup STM32 Project

5.4.1.3. Pinout & Configuration 설정

이전 실습과 같이 System Core 카테고리의 SYS 설정의 Mode > Debug 값을 Serial Wire로 선택하고 Connectivity 카테고리의 USART2 설정의 Mode > Mode 값을 Asynchronous로 선택한다.

5.4.1.4. Clock Configuration 설정

이전 실습과 같이 PLL 클럭을 분주하여 최대 클럭인 64㎒를 사용하도록 설정한다.

5.4.1.5. 타이머 설정

① Pinout 설정

[그림 373]과 [그림 374]를 보면 부저 출력은 PB6에 연결되어 있다.

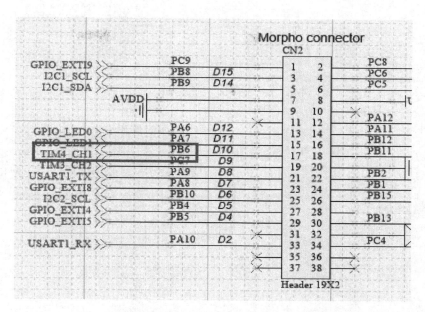

[그림 373] NUCLEOEVB 보드 Buzzer 관련 커넥터 회로

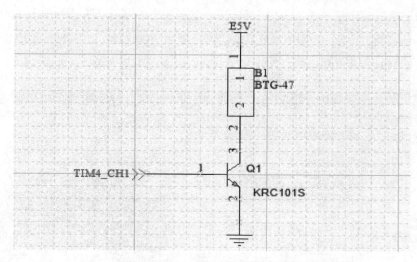

[그림 374] NUCLEOEVB 보드 Buzzer 회로

② Timer Clock 설정

데이터 시트의 Clock tree를 참고하면 TIM4는 APB1 프리스케일러를 통과한 클럭을 소스로 사용한다는 것을 알 수 있으며, Clock Configuration을 보면 64㎑ 타이머 클럭으로 설정된 것을 확인할 수 있다.

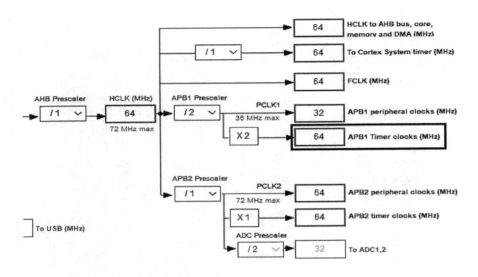

[그림 375] TIM4 타이머 클럭

③ TIM4 Mode 설정

TIM4의 채널1을 PWM 출력 모드로 설정하기 위해 [그림 376]처럼 Internal Clock 체크 박스를 클릭하고, 채널1을 PWM 출력으로 설정하면 우측 Pinout view에서 보듯 PB6 핀이 TIM1_CH1으로 설정 표시됨을 알 수 있다.

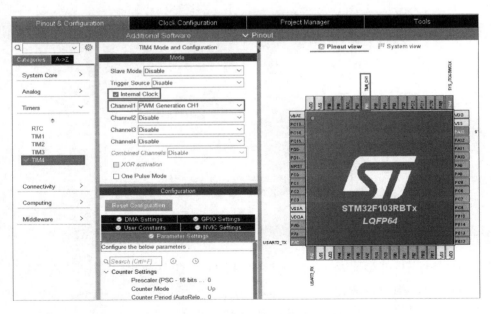

[그림 376] TIM4 Mode 설정

④ Parameter Settings

NUCLEOEVB에 사용되는 부저(Piezo Buzzer)는 발진 회로가 내장되어 있지 않기 때문에 PWM을 이용하여 외부에서 주파수를 만들어 주어야 소리가 나는데, 음계를 표현하려면 각 음계의 주파수에 맞게 PWM 주파수를 만들어 줘야 한다. 따라서 파라미터 값은 소스 코드 내에서 바꿔 줘야 하며, Timer Counter Clock을 1㎒로 설정하기 위해 Prescaler 값만 63으로 설정한다. 아래는 타이머 파라미터 설정을 위한 공식이다.

$$Prescaler = \frac{APB2 \; timer \; clock}{Timer \; Counter \; Clock} - 1$$

$$Counter \; Period = \frac{Timer \; Counter \; Clock}{Output \; Clock} - 1$$

$$Pulse = (Counter \; Period + 1) \times \frac{duty \; ratio}{100}$$

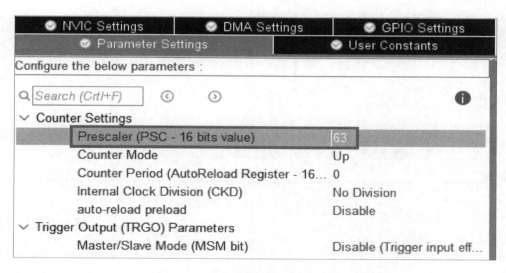

[그림 377] Parameter Settings 설정

5.4.1.6. GENERATE CODE

앞서 설정한 상태에 맞게 코드를 생성하기 위하여 **[Project]→[Generate Code]** 메뉴 (🔧)를 실행한다.

5.4.1.7. 소스 코드 작성

예제 소스는 링크(https://z49x2vmq.github.io/2018/03/11/stm32l432-pwm-piezo/)를 참고하였다.

① 매크로, 상수 선언

Timer Counter Clock 값인 1㎒를 매크로로 선언해 주고, 각 음계의 주파수를 정의하고 〈학교종〉 음계를 정의해 준다.

```
TIM_Buzzer.ioc    *main.c

38 /* Private macro ------------------------------------------------------------*/
39 /* USER CODE BEGIN PM */
40 #define TIM4COUNTERCLOCK  1000000
41 /* USER CODE END PM */
42
43 /* Private variables --------------------------------------------------------*/
44 TIM_HandleTypeDef htim4;
45
46 UART_HandleTypeDef huart2;
47
48 /* USER CODE BEGIN PV */
49 /* 소수점을 사용하지 않기 위해 100을 곱한 값 사용 */
50 enum notes
51 {
52     C4 = 26163, // 도(261.63Hz)
53     D4 = 29366, // 레(293.66Hz)
54     E4 = 32963, // 미(329.63Hz)
55     F4 = 34923, // 파(349.23Hz)
56     G4 = 39200, // 솔(392.00Hz)
57     A4 = 44000, // 라(440.00Hz)
58     B4 = 49388, // 시(493.88Hz)
59     C5 = 52325  // 도(523.25Hz)
60 };
61
62
63 /* 학교종
64  * 솔솔라 라솔솔미 솔솔 미 미 레
65  * 솔솔라 라솔솔미 솔미 레 미도 */
66 enum notes SchoolBell[] = {G4, G4, A4, A4, G4, G4, E4, G4, G4, E4, E4, D4,
67                            G4, G4, A4, A4, G4, G4, E4, G4, E4, D4, E4, C4};
68
```

[그림 378] 매크로 및 상수 선언

② PWM 생성

연주하려는 음계의 Period 설정을 위해 __HAL_TIM_SET_AUTORELOAD() 함수로 PWM의 Period를 변경하고, 듀티비를 50%로 설정하기 위해__HAL_TIM_SET_COMPARE() 함수로 PWM의 Pulse를 설정한다.

```
MX TIM_Buzzer.ioc       c *main.c ⊠
115    /* USER CODE BEGIN 2 */
116    /* ### - 1 - Initialize TIM4 PWM (CubeMX ▯▯?▯▯ ?▯▯?▯▯) ################## */
117
118    /* ### - 2 - Start PWM Signals generation for School Bell ########### */
119
120    for (uint8_t i = 0; i < sizeof(SchoolBell) / sizeof(enum notes); i++)
121    {
122        /* Set the PWM Period */
123        __HAL_TIM_SET_AUTORELOAD(&htim4, (int)(TIM4COUNTERCLOCK / SchoolBell[i] * 100));
124
125        /* Set the PWM Pulse */
126        __HAL_TIM_SET_COMPARE(&htim4, TIM_CHANNEL_1, TIM4COUNTERCLOCK / SchoolBell[i] * 100 / 2);
127        HAL_TIM_PWM_Start (&htim4, TIM_CHANNEL_1);
128        HAL_Delay (500);
129
130        /* Interval between notes */
131        HAL_TIM_PWM_Stop (&htim4, TIM_CHANNEL_1);
132        HAL_Delay (10);
133    }
134
135    /* USER CODE END 2 */
```

[그림 379] PWM parameter 설정 및 PWM 출력

5.4.1.8. 빌드 및 실행

빌드 및 실행을 하여 부저를 이용한 멜로디 연주 결과를 확인한다. 예제 코드를 이용해 듀티비를 변경하거나 다른 멜로디 연주도 가능하다.

5.4.2. TIM Servo

이번 실습에서는 스위치 입력에 따른 TIM4의 PWM 출력의 듀티비를 변경하여 서보모터를 제어하는 실습을 해 보도록 하겠다.

5.4.2.1. 서보 모터(MG90S)

NUCLEOEVB 보드에 사용되는 서보 모터는 MG90S 제품으로 디바이스마트에서 별도 구매를 해야 한다. 디바이스마트에서 "MG90S"로 검색하면 판매 제품을 확인할 수 있으며, 그 외 호환되는 제품을 사용하여도 무방하다. 실습에 사용되는 MG90S 사양은 [그림 380]처럼 기본적인 내용을 확인할 수 있으며, 더 자세한 내용은 데이터 시트를 참고하기 바란다.

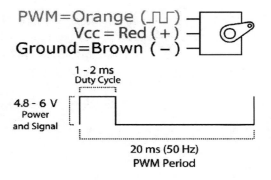

[그림 380] MG90S datasheet

5.4.2.2. STM32CubeIDE 프로젝트 생성

STM32CubeIDE를 실행하고 STM32F103RB를 선택하여 프로젝트를 생성한다.
Project Name은 "TIM_Servo"를 입력한다.

[그림 381] Setup STM32 Project

5.4.2.3. Pinout & Configuration 설정

이전 실습과 같이 System Core 카테고리의 SYS 설정의 Mode > Debug 값을 Serial Wire로 선택하고 Connectivity 카테고리의 USART2 설정의 Mode > Mode 값을 Asynchronous로 선택한다.

5.4.2.4. Clock Configuration 설정

PLL 클럭을 분주하여 최대 클럭인 64MHz를 사용하도록 설정한다.

5.4.2.5. 버튼 Input 설정

[그림 382]를 보면 NUCLEO-F103 커넥터와 연결된 스위치 회로는 [그림 383]처럼 설계되어 있다.

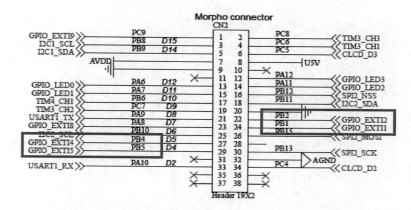

[그림 382] NUCLEOEVB 보드 스위치 관련 커넥터 회로

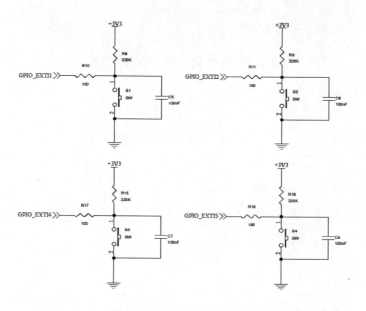

[그림 383] NUCLEOEVB 보드 스위치 회로

① Pinout 설정

Pinout view에서 **[그림 384]**처럼 PB1, PB2, PB4, PB5 각 핀에서 마우스 왼쪽 버튼을 눌러 GPIO_EXTI 속성으로 변경한다.

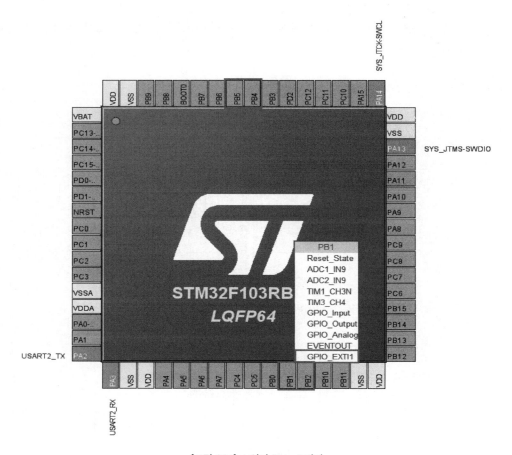

[그림 384] 스위치 Pinout 변경

② GPIO Configuration 설정

System Core 카테고리의 GPIO를 선택하고 GPIO Configuration에서 User Label을 **[그림 385]**처럼 변경한다.

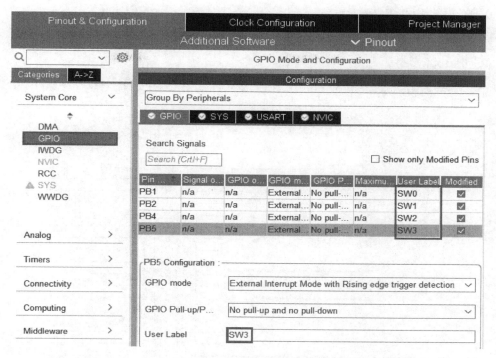

[그림 385] GPIO Configuration 변경

EXTI 인터럽트를 등록하기 위해 Configuration의 NVIC 탭을 선택하고 Ena-bled 열의 체크 박스를 [그림 386]처럼 활성화한다.

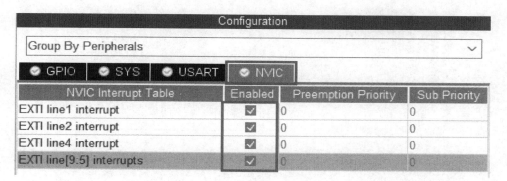

[그림 386] NVIC Interrupt Enabled

5.4.2.6. 타이머 설정

① Pinout 설정

[그림 387]과 [그림 388]을 보면 서보 모터 신호 입력은 PB7에 연결되어 있다.

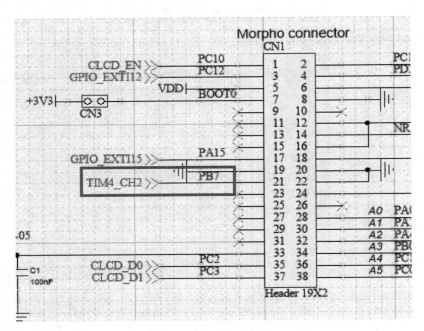

[그림 387] NUCLEOEVB 보드 Servo 관련 커넥터 회로

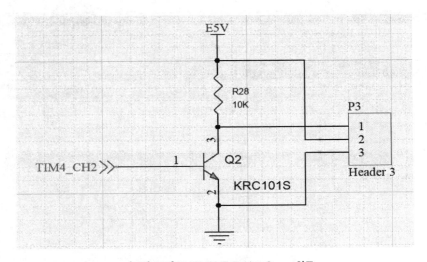

[그림 388] NUCLEOEVB 보드 Servo 회로

Pinout view에서 PB7의 Pinout 설정으로 TIM4_CH2를 선택한다.

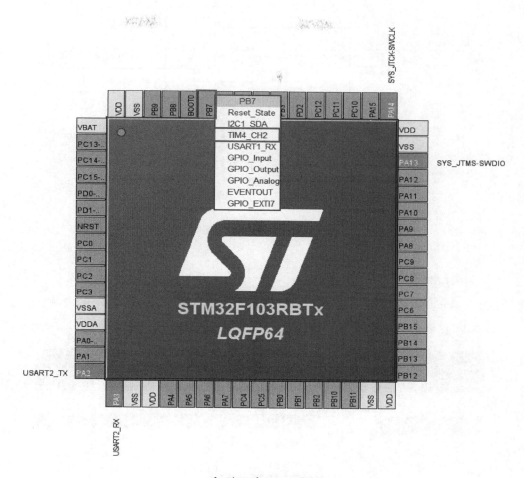

[그림 389] Pinout 변경

② Timer Clock 설정

데이터 시트의 Clock tree를 참고하면 TIM4는 APB1 프리스케일러를 통과한 클럭을 소스로 사용한다는 것을 알 수 있으며 Clock Configuration을 보면 64㎑ 타이머 클럭으로 설정된 것을 확인할 수 있다.

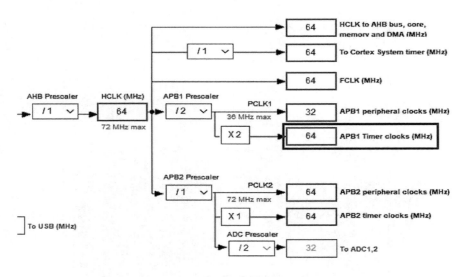

[그림 390] TIM4 타이머 클럭

③ TIM4 Mode 설정

TIM4의 채널2를 PWM 출력 모드로 설정하기 위해 [그림 391]처럼 Internal Clock 체크 박스를 클릭하고 채널2를 PWM 출력으로 설정한다.

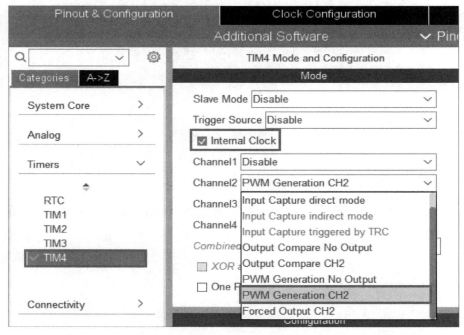

[그림 391] TIM4 Mode 설정

④ Parameter Settings

서보 모터를 제어하기 위해 PWM 주파수 설정해야 한다. **[그림 380]**의 서보 모터 사양을 보면 PWM 주기는 50Hz(20ms)에 듀티 사이클은 1~2ms임을 알 수 있다. 따라서 듀티비는 5~10% 이며 Position "0" 값을 설정하기 위해 아래 공식에 맞게 파라미터 값을 **[그림 392]**처럼 수정한다.

$$Prescaler = \frac{APB2\ timer\ clock}{Timer\ Counter\ Clock} - 1 = \frac{64Mhz}{1Mhz} - 1 = 63$$

$$Counter\ Period = \frac{Timer\ Counter\ Clock}{Output\ Clock} - 1 = \frac{1Mhz}{50hz} - 1 = 19999$$

$$Pulse = (Counter\ Period + 1) \times \frac{duty\ ratio}{100} = 20000 \times \frac{7.5}{100} = 1500$$

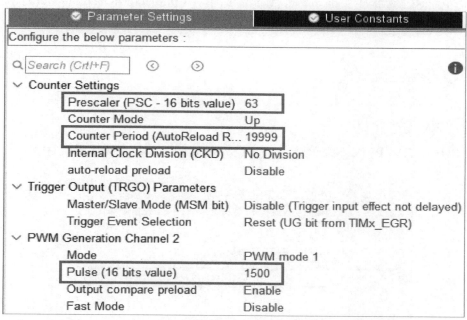

[그림 392] Parameter Settings 설정

[그림 388] 서보 모터 회로의 Q2 소자가 TIM4_CH2의 PWM 출력에 연결되어 있는데 PWM 출력과 서보 모터 신호 입력이 반전되는 특성이 있다. 그러므로 **[그림 393]**처럼 CH Polarity(극성)을 Low로 변경하여 우리가 의도하는 듀티비가 서보 모터 입력 신호가 되도록 하였다.

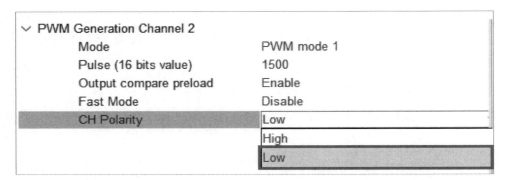

PWM Generation Channel 2	
Mode	PWM mode 1
Pulse (16 bits value)	1500
Output compare preload	Enable
Fast Mode	Disable
CH Polarity	Low
	High
	Low

[그림 393] CH Polarity 변경

5.4.2.7. GENERATE CODE

앞서 설정한 상태에 맞게 코드를 생성하기 위하여 **[Project]→[Generate Code]** 메뉴
(🔧)를 실행한다.

5.4.2.8. 소스 코드 작성

① PWM 생성

HAL_TIM_PWM_Start() 함수를 호출해 TIM4_CH2의 PWM을 출력한다.

```
92   /* Initialize all configured peripherals */
93   MX_GPIO_Init();
94   MX_TIM4_Init();
95   MX_USART2_UART_Init();
96   /* USER CODE BEGIN 2 */
97   HAL_TIM_PWM_Start (&htim4, TIM_CHANNEL_2);
98   /* USER CODE END 2 */
99
100  /* Infinite loop */
101  /* USER CODE BEGIN WHILE */
102  while (1)
103  {
```

[그림 394] PWM 출력

② EXTI Callback 함수 구현

스위치의 인터럽트에 대한 Callback 함수를 구현한다. 스위치가 눌렸을 경우 __

HAL_TIM_SET_COMPARE() 함수를 호출하여 서보 위치가 -90°, 0°, 45°, 90°가 되도록 Pulse 값에 1000, 1500, 1750, 2000을 넣어 준다.

```
272
273  /* USER CODE BEGIN 4 */
274⊖ void
275  HAL_GPIO_EXTI_Callback (uint16_t GPIO_Pin)
276  {
277    switch (GPIO_Pin)
278      {
279      case GPIO_PIN_1:  // SW0
280        __HAL_TIM_SET_COMPARE(&htim4, TIM_CHANNEL_2, 1000); // position -90°
281        break;
282
283      case GPIO_PIN_2:  // SW1
284        __HAL_TIM_SET_COMPARE(&htim4, TIM_CHANNEL_2, 1500); // position 0°
285        break;
286
287      case GPIO_PIN_4:  // SW2
288        __HAL_TIM_SET_COMPARE(&htim4, TIM_CHANNEL_2, 1750); // position 45°
289        break;
290
291      case GPIO_PIN_5:  // SW3
292        __HAL_TIM_SET_COMPARE(&htim4, TIM_CHANNEL_2, 2000); // position 90°
293        break;
294
295      default:
296        ;
297      }
298  }
299  /* USER CODE END 4 */
```

[그림 395] EXTI Callback 함수 구현

5.4.2.9. 빌드 및 실행

빌드 및 실행을 하여 각 스위치를 눌렀을 때 서보 모터의 위칫값이 바뀌는지 확인하고 오실로스코프를 이용해 다음과 같이 PWM 파형이 출력되는 것을 확인할 수 있다.

[그림 396]처럼 오실로스코프를 통해 50Hz 신호(20ms 주기)가 생성된 것을 확인할 수 있다.

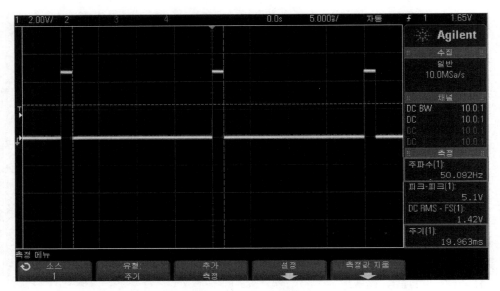

[그림 396] TIM4를 통해 생성된 PWM 파형

Pulse 값이 1,000일 때의 PWM 파형이며, 듀티 사이클이 1ms인 것을 확인할 수 있다.

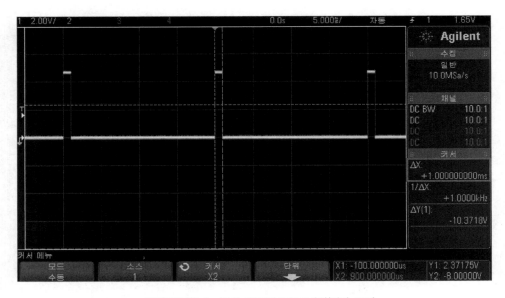

[그림 397] Pulse 값이 1000인 PWM 파형(위치 -90°)

Pulse 값이 1,500일 때의 PWM 파형이며, 신호가 활성화되는 시간이 1.5ms인 것을 확인할 수 있다.

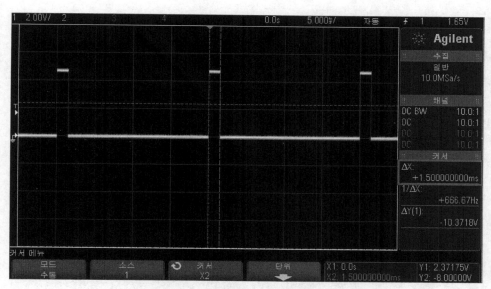

[그림 398] Pulse 값이 1,500인 PWM 파형(위치 0°)

Pulse 값이 1,750일 때의 PWM 파형이며, 신호가 활성화되는 시간이 1.75ms인 것을
확인할 수 있다.

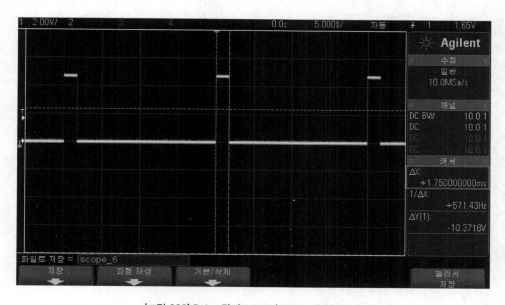

[그림 399] Pulse 값이 1,750인 PWM 파형(위치 45°)

Pulse 값이 2,000일때의 PWM 파형이며, 신호가 활성화되는 시간이 2ms인 것을 확인할 수 있다.

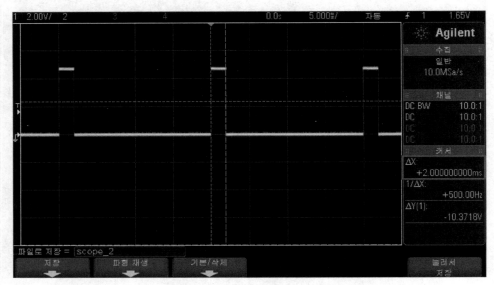

[그림 400] Pulse 값이 2,000인 PWM 파형(위치 90°)

5.4.3. TIM RGB RED

이번 실습에서는 이전에 사용했던 스위치와 TIM3의 PWM 출력을 이용하여 RGB LED 제어를 실습하겠다.

5.4.3.1. RGB LED(LS5050RGB)

NUCLEOEVB 보드에 사용되는 RGB LED는 LS5050RGB 제품으로 Red, Green, Blue 3색 LED 제품이다. [그림 401]은 간략한 제품 설명이며, [그림 402]는 LS5050RGB의 외형이다.

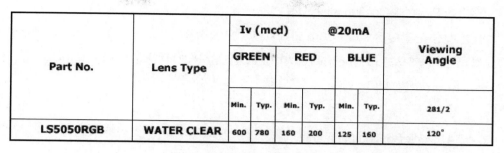

Part No.	Lens Type	Iv (mcd) @20mA						Viewing Angle
		GREEN		RED		BLUE		
		Min.	Typ.	Min.	Typ.	Min.	Typ.	281/2
LS5050RGB	WATER CLEAR	600	780	160	200	125	160	120°

[그림 401] LS5050RGB Description

[그림 402] LS5050RGB

5.4.3.2. STM32CubeIDE 프로젝트 생성

STM32CubeIDE를 실행하고 STM32F103RB를 선택하여 프로젝트를 생성한다.
Project Name은 "TIM_RGBLED"를 입력한다.

[그림 403] Setup STM32 Project

5.4.3.3. Pinout & Configuration 설정

이전 실습과 같이 System Core 카테고리의 SYS 설정의 Mode > Debug 값을 Serial Wire로 선택하고 Connectivity 카테고리의 USART2 설정의 Mode > Mode 값을 Asynchronous로 선택한다.

5.4.3.4. Clock Configuration 설정

PLL 클럭을 분주하여 최대 클럭인 64㎒를 사용하도록 설정한다.

5.4.3.5. 버튼 Input 설정

[그림 404] NUCLEO-F103 커넥터와 연결된 버튼 회로는 [그림 405]처럼 설계되어 있다.

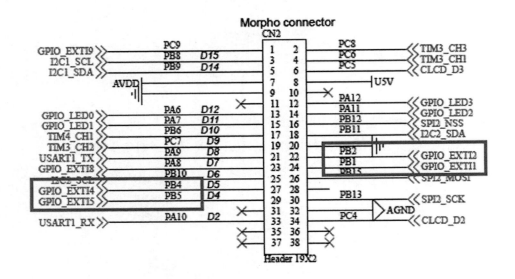

[그림 404] NUCLEOEVB 보드 EXTI 관련 커넥터 회로

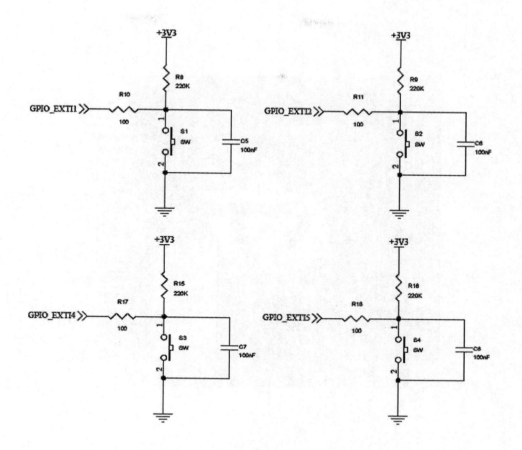

[그림 405] NUCLEOEVB 보드 EXTI 회로

① Pinout 설정

Pinout view에서 **[그림 406]**처럼 PB1, PB2, PB4, PB5 각 핀에서 마우스 왼쪽 버튼을 눌러 GPIO_EXTI 속성으로 변경한다.

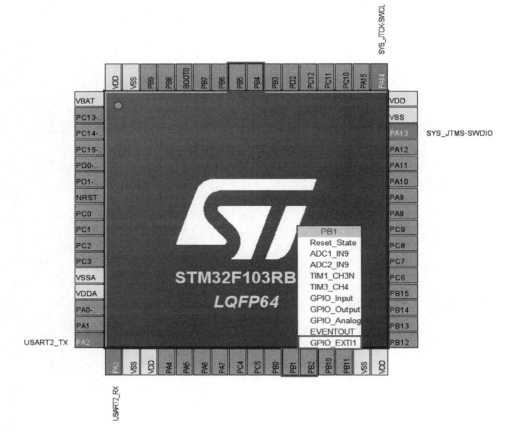

[그림 406] 스위치 Pinout 변경

② GPIO Configuration 설정

System Core 카테고리의 GPIO를 선택하고 GPIO Configuration에서 User Label을 [그림 407]처럼 변경한다.

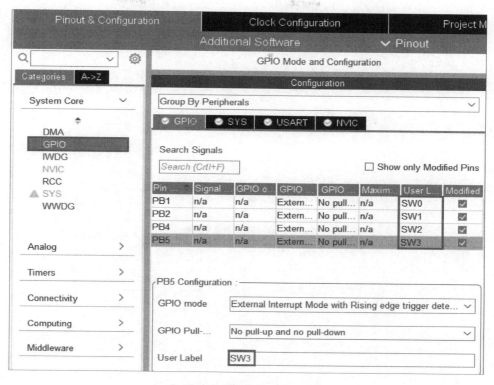

[그림 407] GPIO Configuration 변경

EXTI 인터럽트를 등록하기 위해 Configuration의 NVIC 탭을 선택하고 Enabled 열의 체크 박스를 [그림 408]처럼 활성화한다.

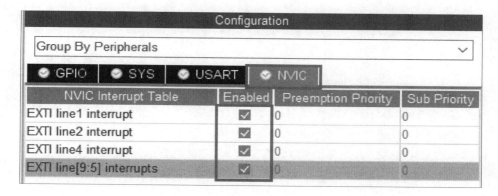

[그림 408] NVIC Interrupt Enabled

5.4.3.6. 타이머 설정

① Pinout 설정

[그림 409]와 [그림 410]을 보면 TIM3 CH1, CH2, CH3 라인과 LS5050RGB가 연결된 것을 확인할 수 있다.

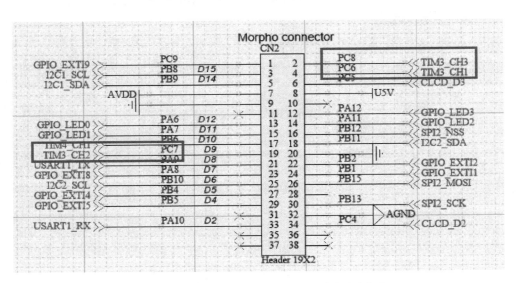

[그림 409] NUCLEOEVB 보드 RGB LED 관련 커넥터 회로

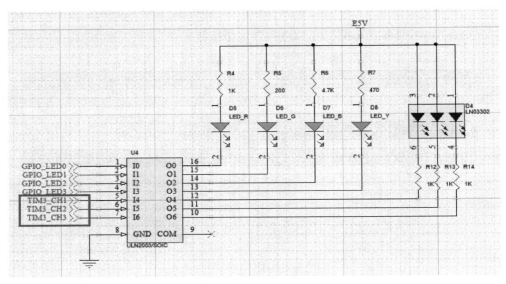

[그림 410] NUCLEOEVB 보드 RGB LED 회로

TIM3 핀 설정을 위해 Pinout view 화면에서 PC6, PC7, PC8 핀 위에 커서를 가져가 마우스 왼쪽 버튼을 눌러 TIM3_CHx 속성을 선택한다.

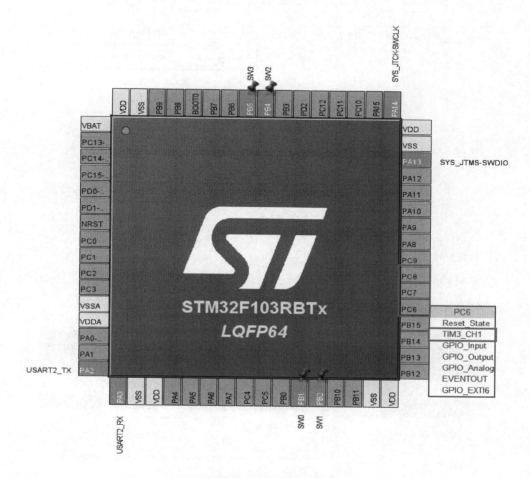

[그림 411] TIM3 Pinout 변경

② Timer Clock 설정

데이터 시트의 Clock tree를 참고하면 TIM3는 APB1 프리스케일러를 통과한 클럭을 소스로 사용한다는 것을 알 수 있으며, Clock Configuration을 보면 64㎑ 타이머 클럭으로 설정된 것을 확인할 수 있다.

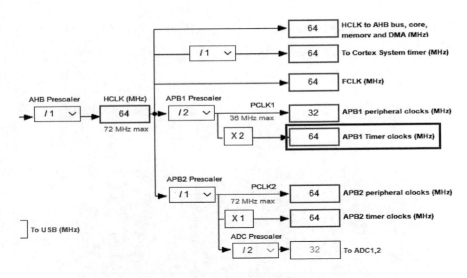

[그림 412] TIM3 타이머 클럭

③ TIM3 Mode 설정

TIM3의 채널1, 2, 3을 PWM 출력 모드로 설정하기 위해 **[그림 413]**처럼 Internal Clock 체크 박스를 클릭하고 각 채널을 PWM 출력으로 설정한다.

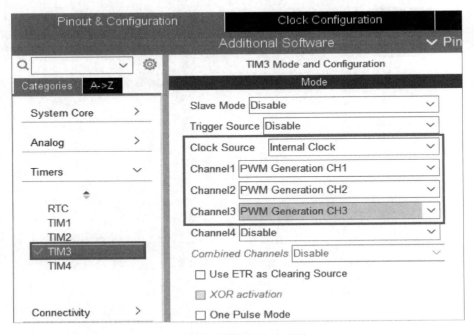

[그림 413] TIM3 Mode 설정

④ Parameter Settings

LED의 밝기를 제어하기 위해서는 PWM의 Pulse 제어를 통해 전류를 조절해야
한다. 따라서 Pulse 값은 코드에서 제어하기 위해 0으로 남겨 두고 출력 주기를
1㎑로 만들기 위해 Prescaler와 Counter Period 값을 [그림 414]처럼 변경한다.
TIM 주기에 따른 변화를 관찰해 보고 싶은 독자는 이후 빌드 및 실행까지 따라
한 후 Prescaler와 Counter Period 값을 변경해 보길 바란다.

$$\mathrm{Pr} escaler = \frac{\mathrm{APB2}\ timer\ clock}{Timer\ Counter\ Clock} - 1 = \frac{64\mathrm{M}hz}{1\mathrm{M}hz} - 1 = 63$$

$$Counter\ Period = \frac{Timer\ Counter\ Clock}{Output\ Clock} - 1 = \frac{1\mathrm{M}hz}{1\mathrm{K}hz} - 1 = 999$$

$$Pulse = (Counter\ Period + 1) \times \frac{duty\ ratio}{100}$$

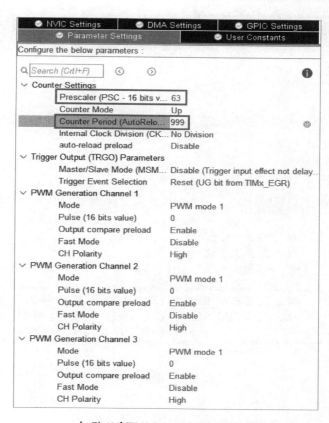

[그림 414] TIM3 Parameter Settings 설정

5.4.3.7. GENERATE CODE

앞서 설정한 상태에 맞게 코드를 생성하기 위하여 **[Project]→[Generate Code]** 메뉴 (🔧)를 실행한다.

5.4.3.8. 소스 코드 작성

① 전역 변수 정의

TIM3 각 채널의 Pulse 값을 저장할 전역 변수를 정의한다.

```
   TIM_RGBLED.ioc        *main.c ⊠     stm32f1xx_it.c
   42
   43   /* Private variables -----------------------------------------------*/
   44   TIM_HandleTypeDef htim3;
   45
   46   UART_HandleTypeDef huart2;
   47
   48   /* USER CODE BEGIN PV */
   49   volatile uint16_t gTim3Pulse[3];
   50   /* USER CODE END PV */
```

[그림 415] 전역 변수 선언

② PWM 생성

PWM 출력이 시작되도록 **[그림 416]**과 같이 각 채널별로 HAL_TIM_PWM_ Start() 함수를 호출한다.

```
   TIM_RGBLED.ioc        *main.c ⊠     stm32f1xx_it.c
   92      /* Initialize all configured peripherals */
   93      MX_GPIO_Init();
   94      MX_TIM3_Init();
   95      MX_USART2_UART_Init();
   96      /* USER CODE BEGIN 2 */
   97      HAL_TIM_PWM_Start (&htim3, TIM_CHANNEL_1);
   98      HAL_TIM_PWM_Start (&htim3, TIM_CHANNEL_2);
   99      HAL_TIM_PWM_Start (&htim3, TIM_CHANNEL_3);
   100     /* USER CODE END 2 */
```

[그림 416] 각 채널 PWM 출력

③ EXTI Callback 함수 구현

스위치의 인터럽트에 대한 Callback 함수를 구현한다. SW0~SW2가 눌렸을 경우 각 채널에 맞는 gTim3Pulse 배열의 값을 증가시켜 Pulse 값을 변경하고 __ HAL_TIM_SET_COMPARE() 함수를 호출해 해당 Pulse를 출력한다. SW3가 눌리면 모든 Pulse 값을 0으로 설정하여 LED가 꺼지도록 한다.

```c
/* USER CODE BEGIN 4 */
void
HAL_GPIO_EXTI_Callback (uint16_t GPIO_Pin)
{
  switch (GPIO_Pin)
    {
    case GPIO_PIN_1:  // SW0
      if (gTim3Pulse[0] < 1000)
        gTim3Pulse[0] += 200;
      else
        gTim3Pulse[0] = 0;

        __HAL_TIM_SET_COMPARE(&htim3, TIM_CHANNEL_1, gTim3Pulse[0]); // Red LED
      break;

    case GPIO_PIN_2:  // SW1
      if (gTim3Pulse[1] < 1000)
        gTim3Pulse[1] += 200;
      else
        gTim3Pulse[1] = 0;

        __HAL_TIM_SET_COMPARE(&htim3, TIM_CHANNEL_2, gTim3Pulse[1]); // Blue LED
      break;

    case GPIO_PIN_4:  // SW2
      if (gTim3Pulse[2] < 1000)
        gTim3Pulse[2] += 200;
      else
        gTim3Pulse[2] = 0;

        __HAL_TIM_SET_COMPARE(&htim3, TIM_CHANNEL_3, gTim3Pulse[2]); // Green LED
      break;

    case GPIO_PIN_5:  // SW3
      gTim3Pulse[0] = 0;
      gTim3Pulse[1] = 0;
      gTim3Pulse[2] = 0;
      __HAL_TIM_SET_COMPARE(&htim3, TIM_CHANNEL_1, gTim3Pulse[0]);
      __HAL_TIM_SET_COMPARE(&htim3, TIM_CHANNEL_2, gTim3Pulse[1]);
      __HAL_TIM_SET_COMPARE(&htim3, TIM_CHANNEL_3, gTim3Pulse[2]);
      break;

    default:
      ;
    }
}
/* USER CODE END 4 */
```

[그림 417] EXTI Callback 함수 구현

5.4.3.9. 빌드 및 실행

빌드 및 실행하여 각 스위치를 눌렀을 때 RGB LED의 색상이 변하는지 확인한다.

5.5.1. I2C Temperature & Humidity

이번 실습에선 I2C 통신을 이용해 온습도 센서 값을 읽어 보겠다.

5.5.1.1. 온습도 센서(BH-002-00)

NUCLEOEVB 보드에 사용되는 온습도 센서 모듈은 BH-002-00 제품으로 디바이스 마트에서 별도 구매를 해야 한다. 디바이스마트에서 "BH-002-00"으로 검색하면 판매 제품을 확인할 수 있으며, [그림 418]처럼 제품 매뉴얼에 온습도 센서에 대한 특징이 나와 있다.

---

1. 특징

BH-002-00은 매우 낮은 전력으로 우수한 측정 정확도를 제공하는 온·습도 측정 센서이며, 저렴한 비용과 저 전력에서도 동작하는 장점으로 인해 다양한 분야에서 적용될 수 있다.

- 온도측정 범위 : -40~+125℃
- 온도측정 정확도 : ±0.2℃(Typical)
- 습도측정 범위 : 0~100%RH
- 습도측정 정확도 : ±2%(Typical)
- 측정 해상도 : 14Bit
- 동작전압 : 2.7 ~ 5.5V
- Interface : I²C

[그림 418] BH-002-00 datasheet

BH-002-00 제품에 내장된 센서는 HDC1080 칩이 사용되었고, [그림 419]처럼 칩의 블록도를 볼 수 있다. 칩에 대한 자세한 특징은 데이터 시트를 참고하기 바란다.

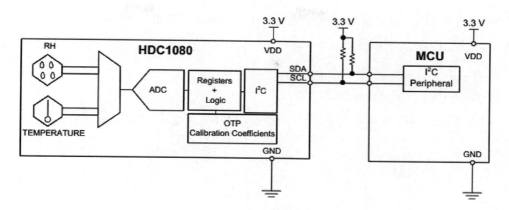

[그림 419] HDC1080 블록도

5.5.1.2. STM32CubeIDE 프로젝트 생성

STM32CubeIDE를 실행하고 STM32F103RB를 선택하여 프로젝트를 생성한다.
Project Name은 "I2C_HDC1080"를 입력한다.

[그림 420] Setup STM32 Project

5.5.1.3. Pinout & Configuration 설정

이전 실습과 같이 System Core 카테고리의 SYS 설정의 Mode > Debug 값을 Seri-

al Wire로 선택하고 Connectivity 카테고리의 USART2 설정의 Mode > Mode 값을
Asynchronous로 선택한다.

5.5.1.4. Clock Configuration 설정

PLL 클럭을 분주하여 최대 클럭인 64㎒를 사용하도록 설정한다.

5.5.1.5. LED 설정

① Pinout 설정

NUCLEO 보드의 LED 사용을 위해 Pinout view의 화면에서 PA5 핀 위에 커서
를 가져가 마우스 왼쪽 버튼을 눌러 GPIO_Output 속성을 선택한다.

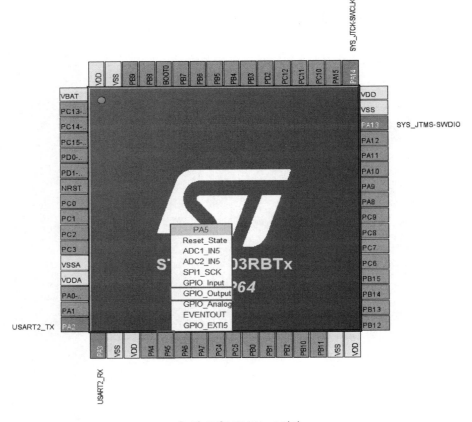

[그림 421] LED Pinout 변경

PA5 핀에서 마우스 오른쪽 버튼을 눌러 Enter User Label을 선택하여 "LD2" 라벨을 입력한다.

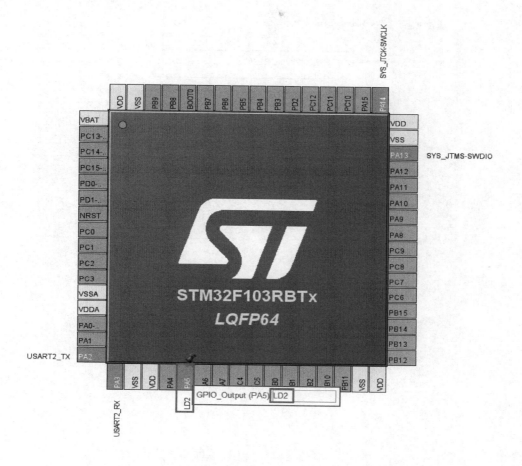

[그림 422] LED Pinout Label 변경

5.5.1.6. I2C 설정

① Pinout 설정

[그림 423]과 [그림 424]를 보면 I2C의 SCL 및 SDA는 PB8, PB9에 연결되어 있다.

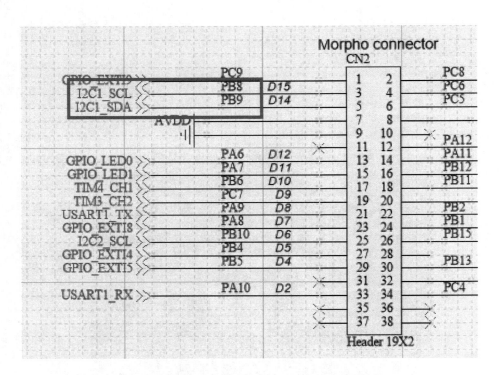

[그림 423] NUCLEOEVB 보드 온습도 센서 관련 커넥터 회로

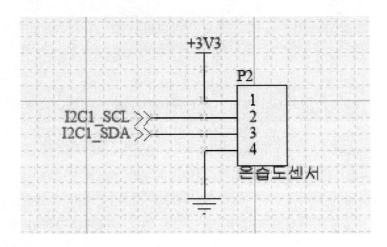

[그림 424] NUCLEOEVB 보드 온습도 센서 모듈 커넥터

② I2C1 Mode 설정

[그림 425]처럼 I2C Mode를 I2C로 설정한다.

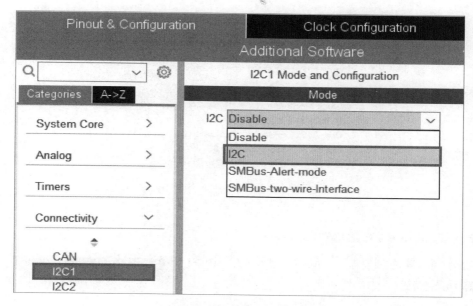

[그림 425] I2C Mode Configuration

[그림 426]에서 보듯이 HDC1080 칩은 최대 클럭 속도가 400㎑이기 때문에 [그림 427]처럼 Parameter Settings의 I2C Speed Mode를 Fast Mode로 변경한다. 나머지 파라미터는 기본값으로 사용한다.

7.7 I2C Interface Timing Requirements

	PARAMETER	TEST CONDITION	MIN	NOM	MAX	UNIT
I2C INTERFACE VOLTAGE LEVEL						
f_{SCL}	Clock Frequency		10		400	kHz
t_{LOW}	Clock Low Time		1.3			µs
t_{HIGH}	Clock High Time		0.6			µs
t_{SP}	Pulse width of spikes that must be suppressed by the input filter [1]				50	ns
t_{START}	Device Start-up time	From $V_{DD} \geq 2.7$ V to ready for a conversion [1][2]		10	15	ms

[그림 426] HDC1080 I2C 특징

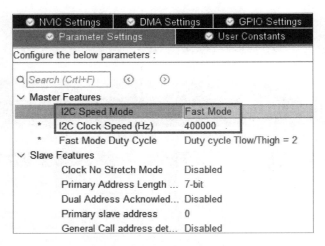

[그림 427] I2C Parameter Settings

5.5.1.7. GENERATE CODE

앞서 설정한 상태에 맞게 코드를 생성하기 위하여 **[Project]→[Generate Code]** 메뉴
(🔧)를 실행한다.

5.5.1.8. 소스 코드 작성

시리얼 디버깅을 위해 코드를 추가한다.

① HDC1080 라이브러리 프로젝트에 추가

온습도 센서 라이브러리는 카페 게시판에서 제공하고 있다. 라이브러리를 다운로
드해 프로젝트에 추가해 보도록 하겠다.

다운로드한 hdc1080.c 및 hdc1080.h 파일을 "workspace\I2C_HDC_1080\
Drivers" 폴더에서 "BSP\NUCLEOEVB\hdc1080" 폴더를 만든 후 복사한다. 저
자의 경우 "D:\STM32CubeIDE\workspace\I2C_HDC1080\Drivers\BSP\
NUCLEOEVB\hdc1080" 경로에 파일을 복사하였다.

참고로 기존에 실습한 "USART_rb" 프로젝트처럼 라이브러리 파일을 Core\Src
와 Core\Inc에 넣지 않고 따로 폴더를 만들어 관리하는 이유는 앞으로 추가될
라이브러리의 재사용이 용이하도록 하기 위해서이다.

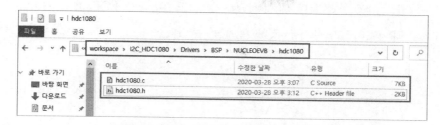

[그림 428] 프로젝트 폴더 내 hdc1080 라이브러리 복사

STM32CubeIDE의 현재 프로젝트에 커서를 올린 후 마우스 오른쪽 버튼을 클릭하여 Refresh를 클릭한다.

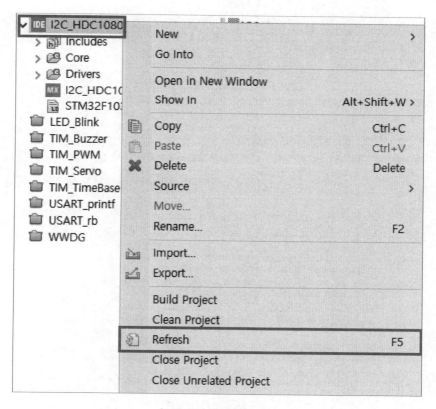

[그림 429] 프로젝트 Refresh

I2C_HDC1080 프로젝트 내 "Drivers > BSP > NUCLEOEVB > hdc1080" 폴더 내 라이브러리가 추가된 것을 확인할 수 있다.

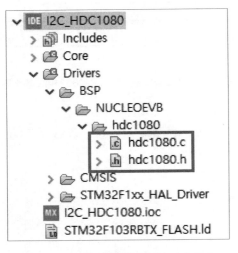

[그림 430] 프로젝트에 추가된 파일 확인

② Include path 추가

프로젝트에 추가된 HDC1080 라이브러리를 사용하기 전 Include path를 추가해야 한다. Include path를 설정하지 않는다면 라이브러리 사용을 위한 헤더 파일 추가 때 해당 파일의 전체 경로를 입력해야 되는 번거로움이 있다.

[그림 431]처럼 **[Project]→[Properties]** 메뉴를 클릭한다.

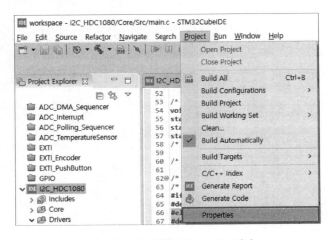

[그림 431] 프로젝트 Properties 열기

[그림 432]처럼 C/C++ Build > Settings 메뉴 선택 후 Tool Settings > MCU GCC Compiler > Include paths를 선택한다.

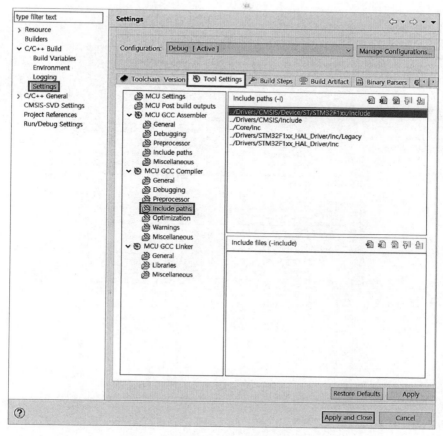

[그림 432] Include paths 선택

Include path 추가를 위해 Add 아이콘(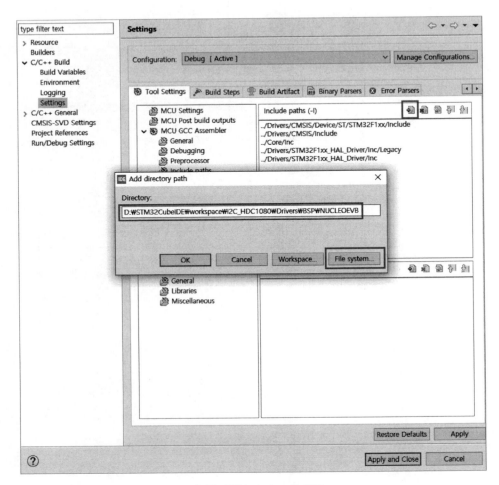)을 누른 후 [그림 433]처럼 File system···
버튼을 눌러 path 추가할 폴더를 선택한 후 OK 버튼을 누른다.

[그림 433] Include path 추가

[그림 434]처럼 path가 추가된 것을 확인하고, 변경 사항 적용을 위해 Apply and Close
버튼을 누른다.

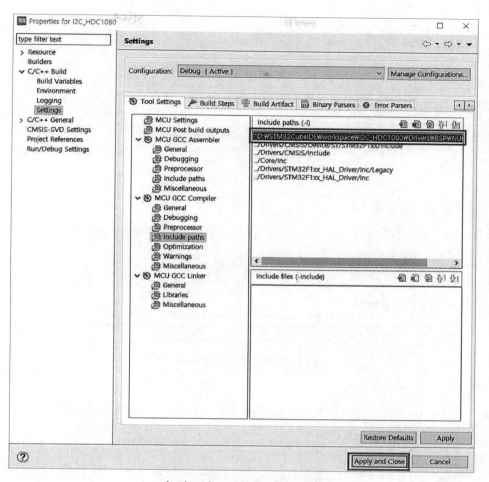

[그림 434] Include path 확인 및 적용

③ HDC1080 라이브러리 헤더 추가

Include path가 추가되었으므로 HDC1080 라이브러리 사용을 위해 main.c 파일을
열어 헤더 파일을 코드에 추가한다. 앞선 include path 추가에서 "..\NUCLEOEVB"
path까지만 추가하였기 때문에 [그림 435]와 같이 "..\NUCLEOEVB"로 부터의 path
만 입력해 준다.

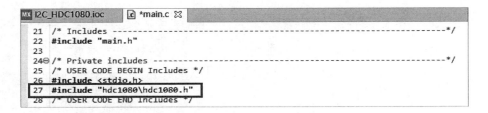

```
MX I2C_HDC1080.ioc     C *main.c 23

  21  /* Includes -------------------------------------------------*/
  22  #include "main.h"
  23
  24⊖ /* Private includes ------------------------------------------*/
  25  /* USER CODE BEGIN Includes */
  26  #include <stdio.h>
  27  #include "hdc1080\hdc1080.h"
  28  /* USER CODE END Includes */
```

[그림 435] hdc1080.h 코드 추가

④ hdc1080.h 파일

HDC1080 칩의 데이터 시트 내용을 보면 [그림 436]처럼 HDC1080의 디바이스 주소는 '1000000'으로, 0x40임을 확인할 수 있다.

8.5.1.1 Serial Bus Address

To communicate with the HDC1080, the master must first address slave devices via a slave address byte. The slave address byte consists of seven address bits, and a direction bit that indicates the intent to execute a read or write operation. The I2C address of the HDC1080 is 1000000 (7-bit address).

[그림 436] HDC1080 Address(0x40)

[그림 437] 및 [그림 438]은 HDC1080 칩 레지스터 주소를 hdc1080.h 파일에 선언해 놓은 소스 코드이다.

Pointer	Name	Reset value	Description
0x00	Temperature	0x0000	Temperature measurement output
0x01	Humidity	0x0000	Relative Humidity measurement output
0x02	Configuration	0x1000	HDC1080 configuration and status
0xFB	Serial ID	device dependent	First 2 bytes of the serial ID of the part
0xFC	Serial ID	device dependent	Mid 2 bytes of the serial ID of the part
0xFD	Serial ID	device dependent	Last byte bit of the serial ID of the part
0xFE	Manufacturer ID	0x5449	ID of Texas Instruments
0xFF	Device ID	0x1050	ID of the device

[그림 437] HDC1080 Register Map

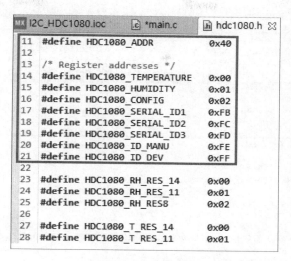

```
MX I2C_HDC1080.ioc    .c *main.c    h hdc1080.h ⊠
11  #define HDC1080_ADDR              0x40
12
13  /* Register addresses */
14  #define HDC1080_TEMPERATURE       0x00
15  #define HDC1080_HUMIDITY          0x01
16  #define HDC1080_CONFIG            0x02
17  #define HDC1080_SERIAL_ID1        0xFB
18  #define HDC1080_SERIAL_ID2        0xFC
19  #define HDC1080_SERIAL_ID3        0xFD
20  #define HDC1080_ID_MANU           0xFE
21  #define HDC1080_ID_DEV            0xFF
22
23  #define HDC1080_RH_RES_14         0x00
24  #define HDC1080_RH_RES_11         0x01
25  #define HDC1080_RH_RES8           0x02
26
27  #define HDC1080_T_RES_14          0x00
28  #define HDC1080_T_RES_11          0x01
```

[그림 438] hdc1080.h에 선언된 매크로

⑤ HDC1080 칩 ID 읽기

[그림 439]는 클럭 출력 및 I2C를 통해 HDC1080 칩의 ID를 읽기 위한 코드이며, 129 line부터 152 line까지 지시된 if-else 매크로 내용 중 if에 해당하는 부분은 hdc1080 라이브러리를 사용하지 않고 HAL 라이브러리를 사용하여 작성한 코드이며, else에 해당하는 부분은 hdc1080 라이브러리를 사용하여 칩 ID를 읽는 코드이다.

HAL_I2C_Master_Transmit() 함수를 호출하여 1byte 송신하고 HAL_I2C_Master_Receive() 함수를 호출하여 2byte 수신한다. 함수 인자로 주소를 전달할 때는 주소 7bit + R/W bit로 구성되어 8bit 정보를 전달하는데, 쓰기의 경우 0, 읽기의 경우 1 이다. 따라서 Transmit 함수에서는 I2C 주솟값 0x40와 Write bit 0을 사용하고 Receive 함수에서는 I2C 주솟값 0x40와 Read bit 1을 사용한다.

```
 MX I2C_HDC1080.ioc    c *main.c ⊠    c stm32f1xx_hal_i2c.c    h hdc1080.h    c hdc1080.c
118     /* USER CODE BEGIN 2 */
119     printf ("\nNUCLEO_F103RB HDC1080 P/G\n");
120     printf ("SYSCLK Frequency = %d\n", HAL_RCC_GetSysClockFreq ());
121     printf ("HCLK    Frequency = %d\n", HAL_RCC_GetHCLKFreq ());
122     printf ("PCLK    Frequency = %d\n", HAL_RCC_GetPCLK1Freq ());
123     /* USER CODE END 2 */
124
125     /* Infinite loop */
126     /* USER CODE BEGIN WHILE */
127
128     // chip id read
129 #if 1
130     uint8_t buf[4];
131     HAL_StatusTypeDef error;
132
133     /* Read register */
134     /* Send the read followed by address */
135     buf[0] = HDC1080_ID_DEV;
136     error = HAL_I2C_Master_Transmit (&hi2c1, 0x40 << 1, buf, 1, 100);
137     if (error != HAL_OK)
138       printf ("error\n");
139
140     HAL_Delay (100);
141
142     /* Receive a 2-byte result */
143     error = HAL_I2C_Master_Receive (&hi2c1, 0x40 << 1 | 0x01, buf, 2, 100);
144     if (error != HAL_OK)
145       printf ("error\n");
146
147     printf ("%X%X\n", buf[0], buf[1]);
148 #else
149     uint16_t id;
150     hdc1080_read_reg(&hi2c1, HDC1080_ID_DEV, &id);
151     printf("\nHDC1080's ID =  %X\n", id);
152 #endif
```

[그림 439] hdc1080 ID 읽기 코드

⑥ 변수 선언 및 초기화

온도 및 습도를 저장할 변수를 선언하고 hdc1080_init() 함수를 호출하여 온습도
데이터의 분해능을 14bit로 설정한다.

```
148  #else
149    uint16_t id;
150    hdc1080_read_reg(&hi2c1, HDC1080_ID_DEV, &id);
151    printf("\nHDC1080's ID = %X\n", id);
152  #endif
153
154    float temp;
155    uint8_t humi, bat_stat;
156
157    hdc1080_init (&hi2c1, HDC1080_T_RES_14, HDC1080_RH_RES_14, 1, &bat_stat);
158    if (bat_stat)
159      printf ("supply voltage Vcc < 2.8V\n\n");
160    else
161      printf ("supply voltage Vcc > 2.8V\n\n");
```

[그림 440] 변수 선언 및 hdc1080 초기화 함수

⑦ 온습도 데이터 획득 및 출력

hdc1080_measure() 함수를 호출하여 온습도 데이터를 획득하고 printf() 시리얼 디버깅 출력 및 LD2 LED를 토글 코드를 통해 정상 동작되는 것을 확인한다.

```
157    hdc1080_init (&hi2c1, HDC1080_T_RES_14, HDC1080_RH_RES_14, 1, &bat_stat);
158    if (bat_stat)
159      printf ("supply voltage Vcc < 2.8V\n\n");
160    else
161      printf ("supply voltage Vcc > 2.8V\n\n");
162
163    while (1)
164    {
165      hdc1080_measure (&hi2c1, &temp, &humi);
166      printf ("TEMP=%2.2f HUMI=%3d\n", temp, humi);
167
168      HAL_GPIO_TogglePin (LD2_GPIO_Port, LD2_Pin);
169      HAL_Delay (500);
170      /* USER CODE END WHILE */
171
172      /* USER CODE BEGIN 3 */
173    }
174    /* USER CODE END 3 */
```

[그림 441] hdc1080 온습돗값 획득 및 시리얼 출력

measure 함수 내부에서는 [그림 442] 및 [그림 443]과 같은 식을 사용하여 온습도 데이터를 변환하는데, 식은 데이터 시트를 참고하였다.

$$\text{Temperature}(\degree C) = \left(\frac{\text{TEMPERATURE}[15:00]}{2^{16}} \right) * 165\degree C - 40\degree C$$

[그림 442] 온도 변환식

$$\text{Relative Humidity}(\% \, RH) = \left(\frac{\text{HUMIDITY}[15:00]}{2^{16}} \right) * 100\% RH$$

[그림 443] 습도 변환식

⑧ printf() 함수 실수 출력

교재 앞부분에서 이미 설명했던 내용으로 printf() 함수에서 실숫값을 출력하기 위해서는 **[Project]→[Properties]** 메뉴를 클릭한 후 C/C++ Build > Settings > Tool Settings > MCU Settings에서 "Use float with printf from newlib-nano (-u _printf_float)" 항목을 체크해야 한다.

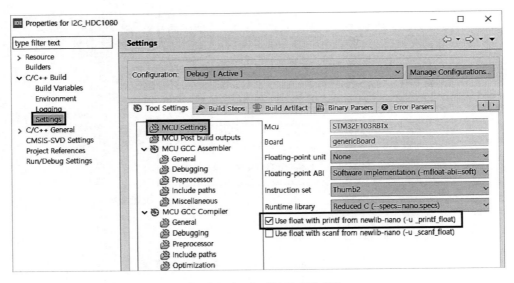

[그림 444] printf 실숫값 출력 설정

5.5.1.9. 빌드 및 실행

빌드 및 실행을 터미널 프로그램을 통해 온습돗값이 올라오는지 확인한다.

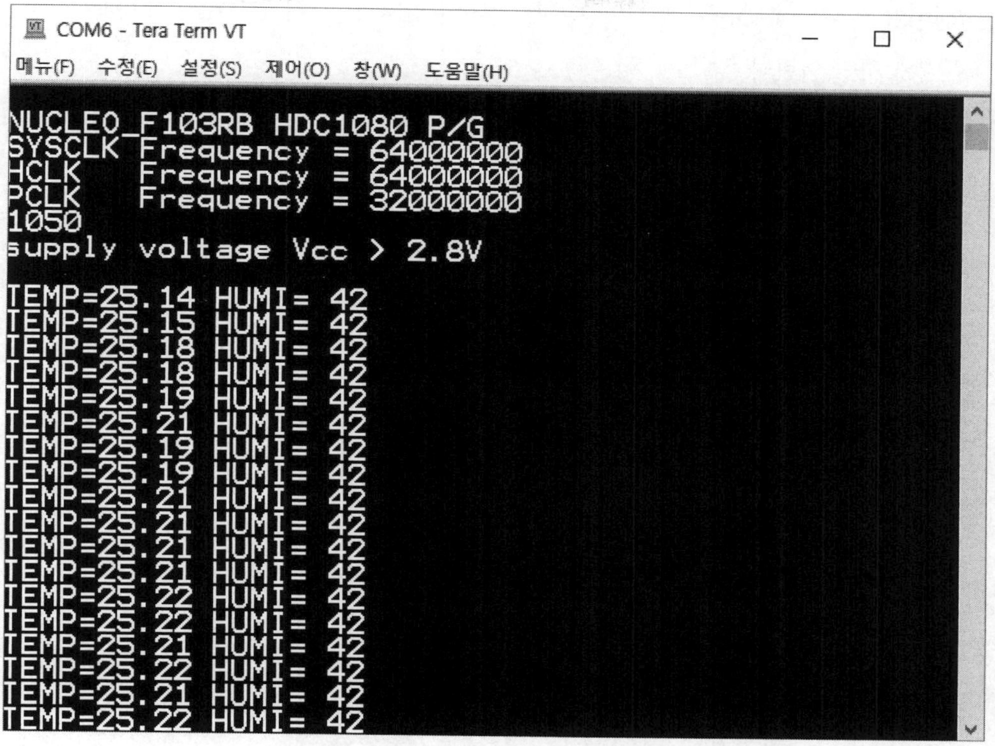

[그림 445] 시리얼 통신 터미널 프로그램

5.5.2. I2C EEPROM

EEPROM은 비휘발성 메모리로 시스템 설정 정보를 저장하는 용도로 많이 사용되어 진다. 특히 STM32 MCU는 내부 Flash 메모리를 EEPROM처럼 사용할 수 있도록 EEPROM_Emulation 예제 코드를 제공해 주는데 간단한 많은 데이터를 저장하기에 는 불편함이 있기에 이번 실습을 통해서 I2C 통신을 이용한 외부 EEPROM에 데이터 를 읽고 저장해 보도록 하자.

참고로 NUCLEO 보드의 EEPROM_Emulation 예제 코드는 "Repository\ STM32Cube_FW_F1_V1.8.0\Projects\STM32F103RB-Nucleo\Applications\ EEPROM"에 위치한다.

5.5.2.1. EEPROM(AT24C16)

NUCLEOEVB 보드에 사용되는 EEPROM은 AT24C16 칩으로 I2C 인터페이스를 제공하며 2K바이트(16KBit)의 메모리 용량을 가진다. 자세한 사항은 **[그림 446]** 데이터 시트를 참고하기 바란다.

Features

- Low Voltage Operation
  - V_{CC} = 1.7V to 3.6V
- Internally Organized as 2,048 x 8 (16K)
- I²C-Compatible (2-Wire) Serial Interface
  - 100kHz Standard Mode, 1.7V to 3.6V
  - 400kHz Fast Mode, 1.7V to 3.6V
  - 1MHz Fast Mode Plus (FM+), 2.5V to 3.6V
- Schmitt Triggers, Filtered Inputs for Noise Suppression
- Bidirectional Data Transfer Protocol
- Write Protect Pin for Full Array Hardware Data Protection (Except WLCSP)
- Ultra Low Active Current (1mA max) and Standby Current (0.8µA max)
- 16-byte Page Write Mode
  - Partial Page Writes Allowed
- Random and Sequential Read Modes
- Self-timed Write Cycle Within 5ms Maximum
- High Reliability
  - Endurance: 1,000,000 Write Cycles
  - Data Retention: 100 Years
- Green Package Options (Lead-free/Halide-free/RoHS Compliant)
  - 8-lead SOIC, 8-lead TSSOP, 8-pad UDFN, 8-lead PDIP,[1] 5-lead SOT23, 8-ball VFBGA, and 4-ball WLCSP
- Die Sale Options: Wafer Form and Tape and Reel Available

[그림 446] AT24C16 datasheet

5.5.2.2. STM32CubeIDE 프로젝트 생성

STM32CubeIDE를 실행하고 STM32F103RB를 선택하여 프로젝트를 생성한다.
Project Name은 "I2C_EEPROM"을 입력한다.

5.5.2.3. Pinout & Configuration 설정

이전 실습과 같이 System Core 카테고리의 SYS 설정의 Mode > Debug 값을 Serial Wire로 선택하고 Connectivity 카테고리의 USART2 설정의 Mode > Mode 값을 Asynchronous로 선택한다.

5.5.2.4. Clock Configuration 설정

PLL 클럭을 분주하여 최대 클럭인 64㎒를 사용하도록 설정한다.

5.5.2.5. LED 설정

① Pinout 설정

NUCLEO 보드의 LED 사용을 위해 Pinout view의 화면에서 PA5 핀 위에 커서를 가져가 마우스 왼쪽 버튼을 눌러 GPIO_Output 속성을 선택한다.

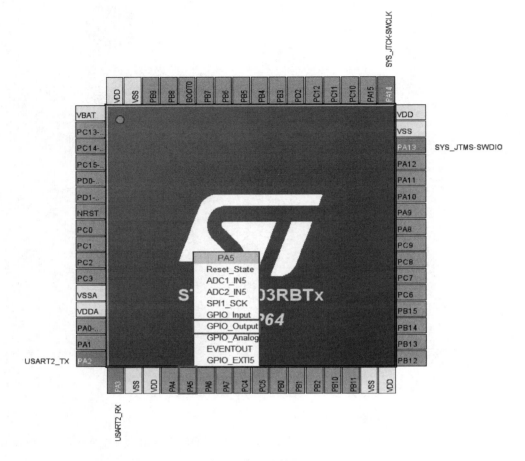

[그림 448] LED Pinout 변경

PA5 핀에서 마우스 오른쪽 버튼을 눌러 Enter User Label을 선택하여 "LD2" 라벨을 입력한다.

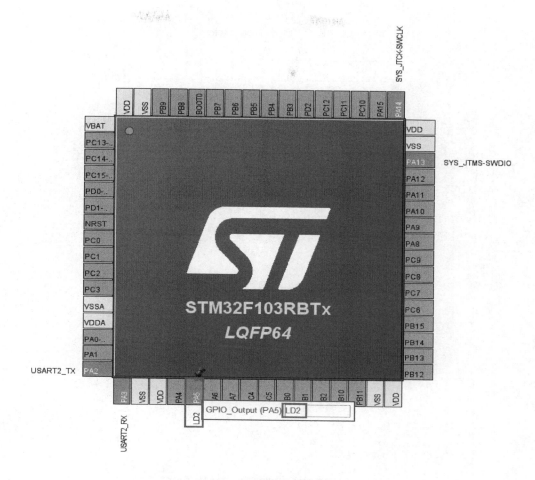

[그림 449] LED Pinout Label 변경

5.5.2.6. I2C 설정

① Pinout 설정

[그림 450]과 [그림 451]를 보면 EEPROM의 I2C_SCL 및 SDA가 PB10, PB11에 연결된 것을 확인할 수 있다.

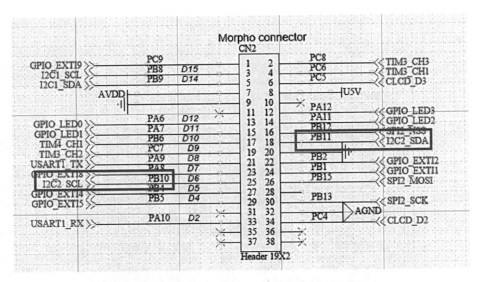

[그림 450] NUCLEOEVB 보드 EEPROM 관련 커넥터 회로

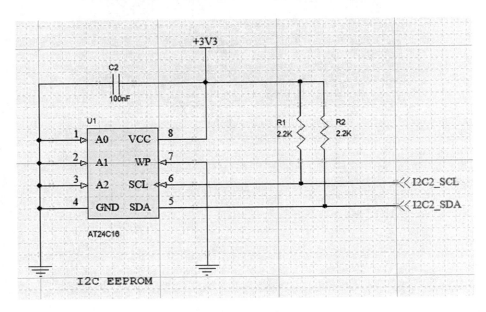

[그림 451] NUCLEOEVB 보드 EEPROM 회로

② I2C2 Mode 설정

[그림 452]처럼 I2C2의 Mode를 I2C로 설정한다.

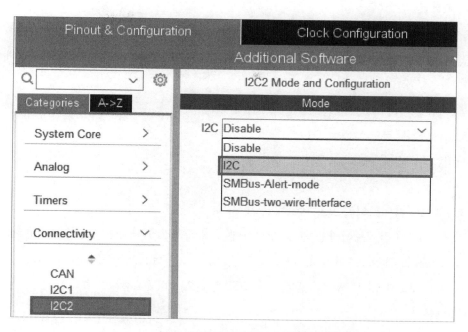

[그림 452] I2C Mode Configuration

[그림 446] 데이터 시트를 보게 되면 400㎑ 클럭 속도를 지원한다고 나와 있기 때
문에 [그림 453]처럼 Parameter Settings의 I2C Speed Mode를 Fast Mode로 변
경한다. 나머지 파라미터는 기본값으로 사용한다.

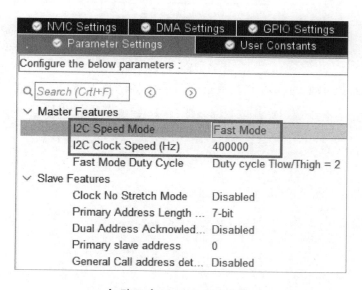

[그림 453] I2C Parameter Settings

5.5.2.7. GENERATE CODE

앞서 설정한 상태에 맞게 코드를 생성하기 위하여 **[Project]→[Generate Code]** 메뉴
(🔽)를 실행한다.

5.5.2.8. 소스 코드 작성

시리얼 디버깅을 위해 코드를 추가한다.

① AT24C 라이브러리 프로젝트에 추가

AT24C16 라이브러리는 카페 게시판에서 제공하고 있다. 라이브러리를 다운로드
해 프로젝트에 추가한다. 다운로드한 at24c.c 및 at24c.h 파일을 "workspace\
I2C_EEPROM\Drivers" 폴더에서 "BSP\NUCLEOEVB\at24c" 폴더를 만든 후 복
사한다.

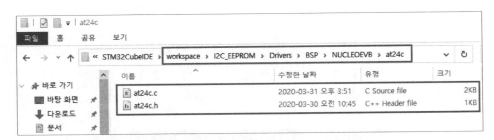

[그림 454] 프로젝트 폴더 내 AT24C 라이브러리 복사

STM32CubeIDE의 현재 프로젝트에 커서를 올린 후 마우스 오른쪽 버튼을 클릭
하여 Refresh를 클릭하면 프로젝트에 라이브러리가 추가된 것을 확인할 수 있다.

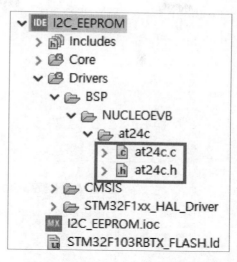

[그림 455] 프로젝트에 추가된 파일 확인

② Include path 추가

프로젝트에 추가된 AT24C 라이브러리를 사용하기 전 Include path를 추가하기
위해 [그림 456]처럼 **[Project]→[Properties]** 메뉴를 클릭한다.

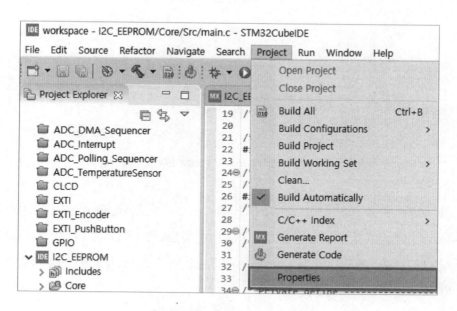

[그림 456] 프로젝트 Properties 열기

[그림 457]처럼 C/C++ Build > Settings 메뉴 선택 후 Tool Settings > MCU GCC Compiler > Include paths를 선택한다.

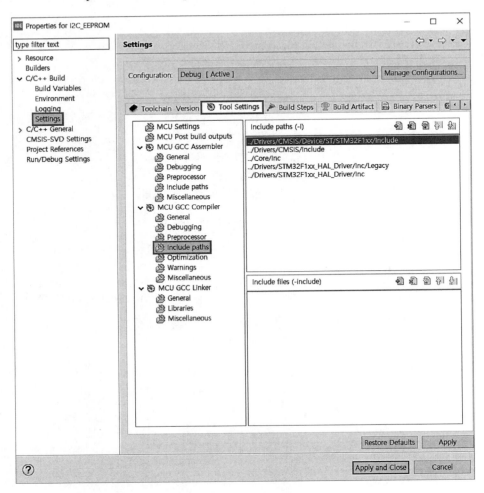

[그림 457] Include paths 선택

Include path 추가를 위해 Add 아이콘(▣)을 누른 후 **File system** 버튼을 클릭하여 workspace의 I2C_EEPROM 프로젝트 내 Drivers\BSP\NUCLEOEVB 폴더를 선택하고, 디렉터리 경로가 맞는지 확인한 후 **OK** 버튼을 누르고 **Apply and Close** 버튼을 눌러 적용한다.

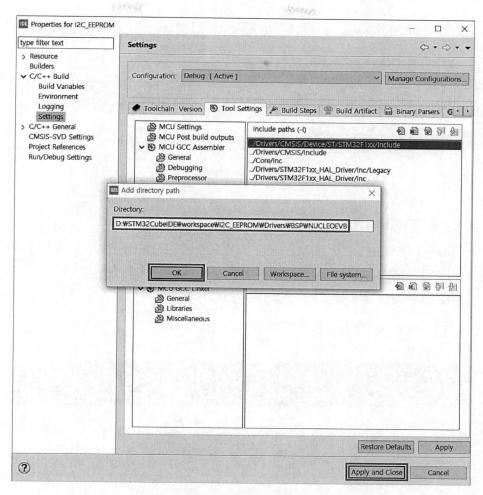

[그림 458] Include path 추가

③ AT24C 라이브러리 헤더 추가

main.c 파일을 열고 memset() 함수 사용을 위한 string.h와 AT24C 라이브러리
사용을 위한 at24c.h 헤더 파일을 추가한다.

```
MX I2C_EEPROM.ioc        [c] main.c  ⊠
  21  /* Includes ----------------------------------------------------------*/
  22  #include "main.h"
  23
  24⊖ /* Private includes --------------------------------------------------*/
  25  /* USER CODE BEGIN Includes */
  26  #include <stdio.h>
  27  #include <string.h>
  28  #include "at24c\at24c.h"
  29
  30  /* USER CODE END Includes */
```

[그림 459] 헤더 파일 추가

④ AT24C 라이브러리

[그림 460] 데이터 시트 일부를 보면 AT24C16 칩의 Address에 대한 내용이 나와 있으며 [그림 446] 데이터 시트 부분에 Page 사이즈는 16byte로 되어 있다. 라이브러리의 헤더 파일에는 위 내용이 선언되어 있으며, AT24C 라이브러리에 구현된 함수는 [그림 461]와 같이 write/read 2개뿐이다.

Package	Device Type Identifier				Most Significant Bits of the Word Address			Read/ Write
	Bit 7	Bit 6	Bit 5	Bit 4	Bit 3	Bit 2	Bit 1	Bit 0
All Package Types	1	0	1	0	A10	A9	A8	R/$\overline{W}$

[그림 460] AT24C16 Address Byte

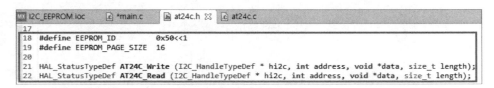

```
MX I2C_EEPROM.ioc        [c] *main.c        [h] at24c.h  ⊠   [c] at24c.c
  17
  18  #define EEPROM_ID          0x50<<1
  19  #define EEPROM_PAGE_SIZE   16
  20
  21  HAL_StatusTypeDef AT24C_Write (I2C_HandleTypeDef * hi2c, int address, void *data, size_t length);
  22  HAL_StatusTypeDef AT24C_Read (I2C_HandleTypeDef * hi2c, int address, void *data, size_t length);
```

[그림 461] at24c.h 일부

⑤ 변수 선언

EEPROM에 읽고 쓸 버퍼를 정의하고 빌드 날짜와 시간 및 클럭을 디버깅 출력한다.

참고로 __TIMESTAMP__ 매크로는 컴파일러가 제공하는 매크로이며 현재 소스가 최후로 빌드된 날짜와 시간을 나타낸다.

```
 MX I2C_EEPROM.ioc    │c│ *main.c ⊠   │h│ at24c.h   │c│ at24c.c

  94⊖ int main(void)
  95  {
  96     /* USER CODE BEGIN 1 */
  97     uint8_t i, eeprom[32];
  98     /* USER CODE END 1 */
  99
 100     /* MCU Configuration----------------------------------------------------*/
 101
 102     /* Reset of all peripherals, Initializes the Flash interface and the Systick. */
 103     HAL_Init();
 104
 105     /* USER CODE BEGIN Init */
 106
 107     /* USER CODE END Init */
 108
 109     /* Configure the system clock */
 110     SystemClock_Config();
 111
 112     /* USER CODE BEGIN SysInit */
 113
 114     /* USER CODE END SysInit */
 115
 116     /* Initialize all configured peripherals */
 117     MX_GPIO_Init();
 118     MX_I2C2_Init();
 119     MX_USART2_UART_Init();
 120     /* USER CODE BEGIN 2 */
 121     printf ("\nNUCLEO_F103RB EEPROM P/G[%s]\n", __TIMESTAMP__);
 122     printf ("SYSCLK Frequency = %d\n", (int) HAL_RCC_GetSysClockFreq ());
 123     printf ("HCLK   Frequency = %d\n", (int) HAL_RCC_GetHCLKFreq ());
 124     printf ("PCLK   Frequency = %d\n", (int) HAL_RCC_GetPCLK1Freq ());
 125     /* USER CODE END 2 */
```

[그림 462] 변수 선언, 시간 및 CLK 출력 코드

⑥ EEPROM 읽고/쓰기

AT24C_Read() 함수를 호출해 EEPROM의 메모리에 저장된 값을 읽어 eeprom 배열에 저장한다. 첫번째 배열에 저장된 값에 1을 더한 값을 memset() 함수를 이용해 eeprom 배열 전체에 저장한 후 AT24C_Write() 함수를 호출해 eeprom 배열값을 EEPROM에 쓴다.

```
 MX I2C_EEPROM.ioc      .c *main.c ⊠    .h at24c.h      .c at24c.c
127      /* Infinite loop */
128      /* USER CODE BEGIN WHILE */
129
130      if (AT24C_Read (&hi2c2, 0, eeprom, sizeof(eeprom)) != HAL_OK)
131        {
132          printf ("AT24C_Read error\n");
133        }
134
135      for (i = 0; i < sizeof(eeprom); i++)
136        printf ("%02X ", eeprom[i]);
137      printf ("\n");
138
139      uint8_t val = eeprom[0] + 1;
140
141      memset (eeprom, val, sizeof(eeprom));
142      if (AT24C_Write (&hi2c2, 0, eeprom, sizeof(eeprom)) != HAL_OK)
143        {
144          printf ("AT24C_Write error\n");
145        }
146
147      while (1)
148        {
149          HAL_GPIO_TogglePin (LD2_GPIO_Port, LD2_Pin);
150          HAL_Delay (500);
151          /* USER CODE END WHILE */
152
```

[그림 463] EEPROM Read/Write 코드

5.5.2.9. 빌드 및 실행

빌드 및 실행하여 터미널 프로그램을 통해 NUCLEO 보드의 Reset 버튼(검은색 버튼)
을 눌러 프로그램이 실행될 때마다 [그림 464]처럼 EEPROM에 저장된 값이 증가하는
지 확인한다.

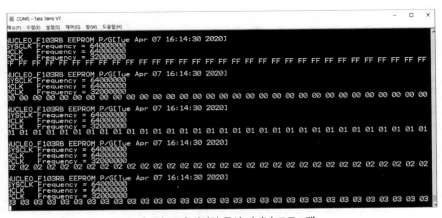

[그림 464] 시리얼 통신 터미널 프로그램

5.6.1. SPI DAC

이번 실습에선 SPI 통신을 이용한 DAC(Digital Analog Converter) 칩을 이용해 Sin파 신호를 출력해 보겠다.

5.6.1.1. DAC 컨버터(DAC7512N)

NUCLEOEVB 보드에 사용되는 DAC 칩은 DAC7512N이며 12bit 분해능을 가진다. [그림 465] 및 [그림 466]의 데이터 시트를 참고하기 바란다.

FEATURES

- *micro*POWER OPERATION: 135µA at 5V
- POWER-DOWN: 200nA at 5V, 50nA at 3V
- POWER SUPPLY: +2.7V to +5.5V
- TESTED MONOTONIC BY DESIGN
- POWER-ON RESET TO 0V
- THREE POWER-DOWN FUNCTIONS
- LOW POWER SERIAL INTERFACE WITH SCHMITT-TRIGGERED INPUTS
- ON-CHIP OUTPUT BUFFER AMPLIFIER, RAIL-TO-RAIL OPERATION
- SYNC INTERRUPT FACILITY
- SOT23-6 AND MSOP-8 PACKAGES

[그림 465] DAC7512N 특징

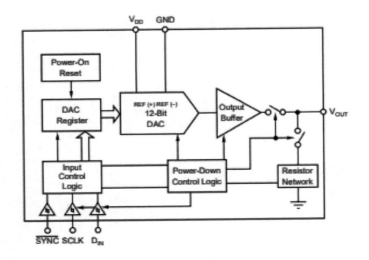

[그림 466] DAC7512N 블록도

5.6.1.2. STM32CubeIDE 프로젝트 생성

STM32CubeIDE를 실행하고 STM32F103RB를 선택하여 프로젝트를 생성한다.
Project Name은 "SPI_DAC"를 입력한다.

[그림 467] Setup STM32 Project

5.6.1.3. Pinout & Configuration 설정

이전 실습과 같이 System Core 카테고리의 SYS 설정의 Mode > Debug 값을 Serial Wire로 선택하고 Connectivity 카테고리의 USART2 설정의 Mode > Mode 값을 Asynchronous로 선택한다.

5.6.1.4. Clock Configuration 설정

PLL 클럭을 분주하여 최대 클럭인 64㎒를 사용하도록 설정한다.

5.6.1.5. SPI 설정

① Pinout 설정

[그림 468]과 [그림 469]를 보면 SPI의 MOSI는 PB15, SCK는 PB13, NSS는 PB12에 연결되어 있다.

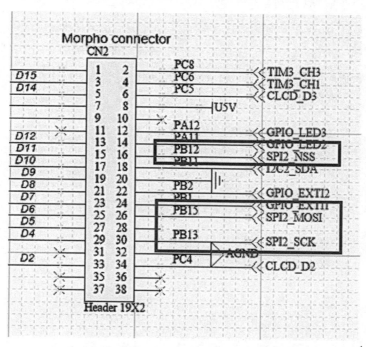

[그림 468] NUCLEOEVB 보드 DAC7512N 관련 커넥터 회로

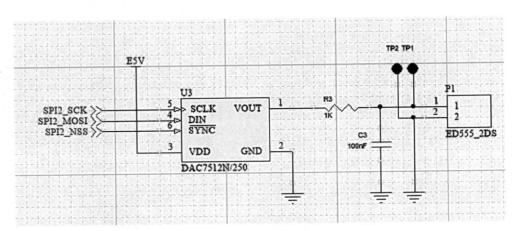

[그림 469] NUCLEOEVB 보드 DAC7512N 회로

SPI CS(Chip Select) 핀 설정을 위해 Pinout view의 화면에서 PB12 핀 위에 커서를 가져가 마우스 왼쪽 버튼을 눌러 GPIO_Output 속성을 선택한다.

참고로 SPI CS 핀은 하드웨어 제어를 설정하면 SPI_NSS 핀 설정을 사용할 수 있지만 일반적으로 SPI 디바이스 소스 코드를 구글링하여 사용하다 보면 CS를 소프트웨어 제어로 많이 구현해 놓았는데, 이는 SPI 디바이스 입장에서는 어떤 MCU와 어떻게 회로가 설계되는지에 따라 제어 상황이 달라지기 때문인 듯하다.

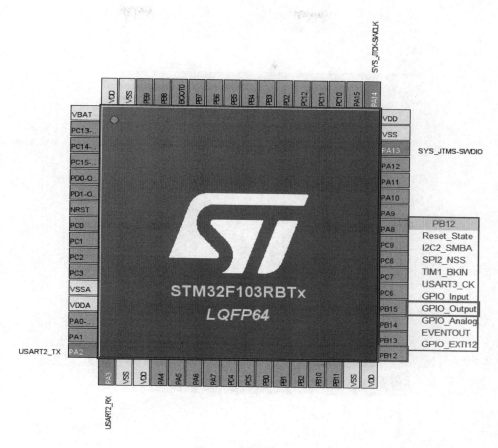

[그림 470] SPI CS Pinout 변경

PB12 핀에서 마우스 오른쪽 버튼을 눌러 Enter User Label을 선택하여 "SPI2_
CS" 라벨을 입력한다.

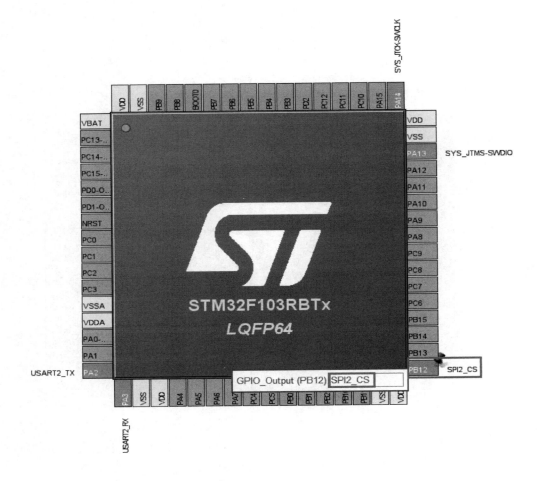

[그림 471] SPI CS Pinout Label 변경

② SPI2 Mode 설정

　　NUCLEOEVB 보드에 사용되는 DAC 칩은 데이터를 쓰기만 할 수 있고 읽을 데
이터가 없기 때문에 [그림 472]처럼 SPI Mode를 Transmit Only Master로 설정
한다.

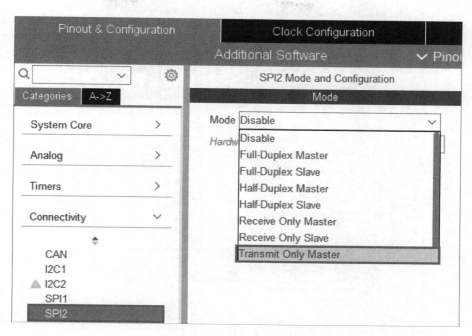

[그림 472] SPI Mode Configuration

SPI 통신의 Baud rate를 1Mbps로 설정하기 위해 [그림 473]처럼 Parameter Settings의 Prescaler를 32로 변경하고 CPHA를 2 Edge로 설정한다. 나머지 파라미터는 기본값으로 사용한다.

참고로 SPI 통신 규격의 CPOL 및 CPHA 상태에 따라 4가지 SPI 모드가 있는데, CPOL=0은 SPI 통신이 개시되는 SCK 초기 상태가 LOW일 때, CPHA=1은 SPI SCK의 2번째 Edge에서 데이터가 Latch되는 모드이다.

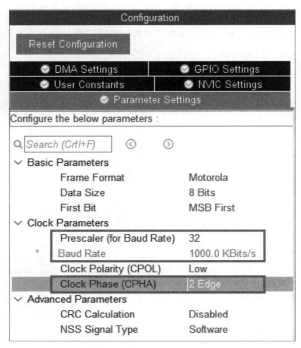

[그림 473] SPI Parameter Settings

[그림 474]를 보면 DAC 칩은 SCK이 LOW 상태에서 시작되어 Rising(첫 번째) Edge 이후 Falling(두 번째) Edge에서 데이터가 Latch되고 있다.

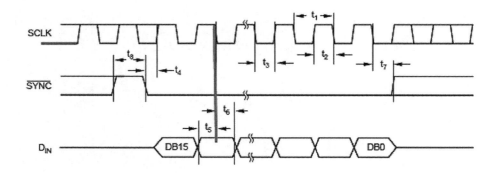

[그림 474] DAC7512 TIMING CHARACTERISTICS

5.6.1.6. GENERATE CODE

앞서 설정한 상태에 맞게 코드를 생성하기 위하여 **[Project]**→**[Generate Code]** 메뉴(🔧)를 실행한다.

5.6.1.7. 소스 코드 작성

① 헤더 파일 포함

sin 함수를 사용하기 위해 표준 라이브러리인 math.h를 include한다.

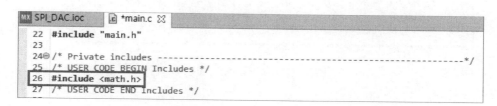

[그림 475] math.h 포함

② DAC7512_write 함수 작성

DAC7512 칩에 데이터를 쓰는 함수를 작성한다. **[그림 476]**의 데이터 시트를 참고하면 SYNC 입력이 HIGH에서 LOW로 떨어질(Falling Edge) 때 데이터 쓰기가 일어난다. 따라서 **[그림 477]**처럼 SPI2_CS 핀을 Low로 설정한 후 HAL_SPI_Transmit() 함수를 사용하여 데이터를 전송하게 된다.

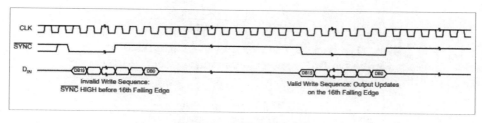

[그림 476] DAC7512 SYNC Interrupt

```
MX SPI_DAC.ioc        c  *main.c ☒
 61⊖ /* Private user code ---------------------------------------------*/
 62   /* USER CODE BEGIN 0 */
 63
 64⊖ uint8_t
 65   DAC7512_write (unsigned short data)
 66   {
 67     uint8_t buff[2], ret;
 68
 69     HAL_GPIO_WritePin (SPI2_CS_GPIO_Port, SPI2_CS_Pin, GPIO_PIN_RESET);
 70
 71     buff[0] = (uint8_t) (data >> 8);
 72     buff[1] = (uint8_t) data;
 73
 74     ret = HAL_SPI_Transmit (&hspi2, buff, 2, 1000);
 75
 76     if (ret)
 77       return ret;
 78
 79     HAL_GPIO_WritePin (SPI2_CS_GPIO_Port, SPI2_CS_Pin, GPIO_PIN_SET);
 80
 81     return 0;
 82   }
 83   /* USER CODE END 0 */
```

[그림 477] DAC7512_write 함수 작성

③ Sin파 생성

math.h에 정의된 sin() 함수를 사용하여 DAC 출력을 설정한다. M_PI 또한
math.h에 정의되어 있는 π(원주율) 값이다. 0~360°까지의 각돗값을 라디안으로
변환하기 위한 식은 이며 위 라디안 값을 sin() 함수에 넣어 주면 해당하는 sin값
을 얻을 수 있다. [그림 478]의 식은 데이터 시트 내용이며 DAC7512에 쓸 10진숫
값은 0~4095임을 알 수 있다.

$$V_{OUT} = V_{DD} \bullet \frac{D}{4096}$$

where D = decimal equivalent of the binary code that is
loaded to the DAC register; it can range from 0 to 4095.

[그림 478] Ideal Output Voltage

```
119    /* Infinite loop */
120    /* USER CODE BEGIN WHILE */
121    while (1)
122    {
123        double sinValue;
124        for (int i = 0; i < 360; i++)
125        {
126            sinValue = sin ((M_PI * i) / 180);
127            DAC7512_write (2047 + 2047 * sinValue);
128        }
129    /* USER CODE END WHILE */
130
131    /* USER CODE BEGIN 3 */
132    }
133    /* USER CODE END 3 */
```

[그림 479] DAC7512 칩을 이용한 sin파 생성 코드

5.6.1.8. 빌드 및 실행

빌드 및 실행하여 **[그림 480]** DAC 출력(P1) 단자에 오실로스코프를 연결하여 DAC 출력이 나오는지 확인한다.

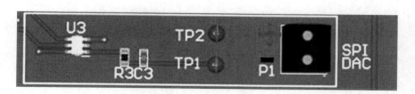

[그림 480] NUCLEOEVB DAC 출력 단자

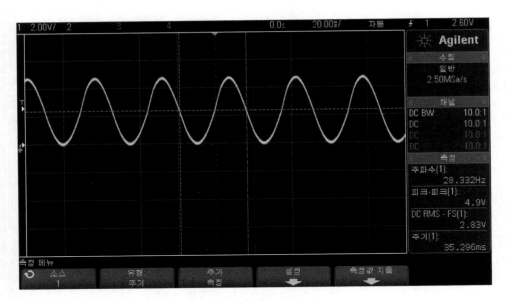

[그림 481] DAC7512 칩으로 생성된 사인파

STM32CubeIDE를 이용한 STM32 따라하기

이번 실습에선 CLCD(Character LCD)를 사용해 간단한 문자열 및 숫자를 출력해 보겠다.

5.7.1. 1602 CLCD

NUCLEOEVB 보드에 사용되는 CLCD는 16자x2라인(1602)으로 구성되어 있고, CLCD의 Pin Configuration은 **[그림 482]**를 참고하기 바란다. CLCD의 Data bus는 8-bit mode와 4-bit mode가 지원되는데 본 실습에서는 Pin11~14, 4라인만 사용하는 4-bit mode로 실습을 하겠다.

참고로 8-bit mode는 Data bus를 8라인 사용하여 한 번에 1바이트 데이터를 보내는 것에 반해서 4-bit mode는 1바이트 데이터를 4비트씩 2번 나누어 전송하는 차이가 있다.

Pin No	Pin Name	Descriptions
1	VSS	Ground ,0V
2	VDD	Logic Power Supply
3	V0	Operating voltage for LCD
4	RS	Data / Instruction Register Select (H: Data Signal, L: Instruction Signal)
5	R/W	Read / Write (H: Read Mode, L: Write Mode)
6	E	Enable Signal
7	DB0	Data Bit 0
8	DB1	Data Bit 1
9	B2	Data Bit 2
10	DB3	Data Bit 3
11	DB4	Data Bit 4
12	DB5	Data Bit 5
13	DB6	Data Bit 6
14	DB7	Data Bit 7
15	LED_A	Backlight Anode
16	LED_K	Backlight Cathode

[그림 482] 1602 CLCD Pin Configuration

5.7.2. STM32CubeIDE 프로젝트 생성

STM32CubeIDE를 실행하고 STM32F103RB를 선택하여 프로젝트를 생성한다. Project Name은 "CLCD"를 입력한다.

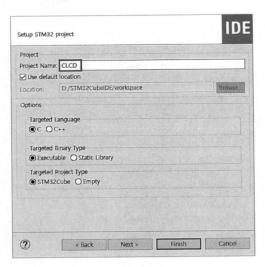

[그림 483] Setup STM32 Project

5.7.3. Pinout & Configuration 설정

이전 실습과 같이 System Core 카테고리의 SYS 설정의 Mode > Debug 값을 Serial Wire로 선택하고 Connectivity 카테고리의 USART2 설정의 Mode > Mode 값을 Asynchronous로 선택한다.

5.7.4. Clock Configuration 설정

PLL 클럭을 분주하여 최대 클럭인 64㎒를 사용하도록 설정한다.

5.7.5. LED 설정

① Pinout 설정

NUCLEO 보드의 LED 사용을 위해 Pinout view의 화면에서 PA5 핀 위에 커서를 가져가 마우스 왼쪽 버튼을 눌러 GPIO_Output 속성을 선택한다.

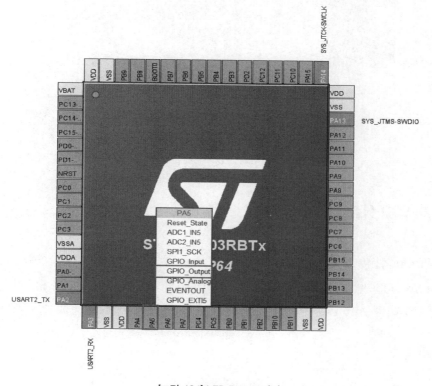

[그림 484] LED Pinout 변경

PA5 핀에서 마우스 오른쪽 버튼을 눌러 Enter User Label을 선택하여 "LD2" 라
벨을 입력한다.

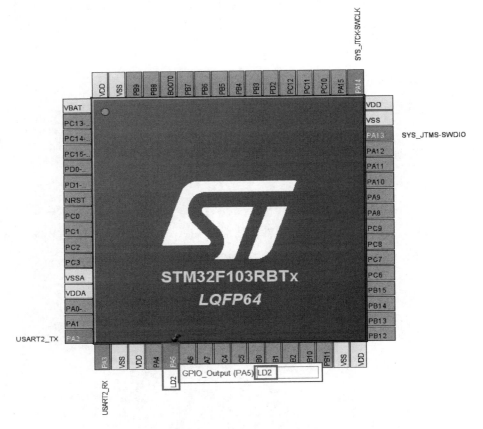

[그림 485] LED Pinout Label 변경

5.7.6. LCD 설정

① Pinout 설정

[그림 486]과 [그림 487]을 보면 CLCD의 Data 라인 D0~D3 및 RS, EN 라인 연결
을 확인할 수 있다.

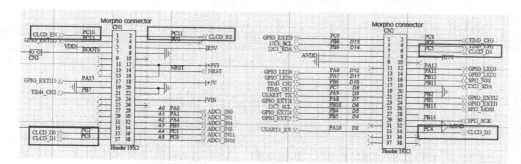

[그림 486] NUCLEOEVB 보드 CLCD 관련 커넥터 회로

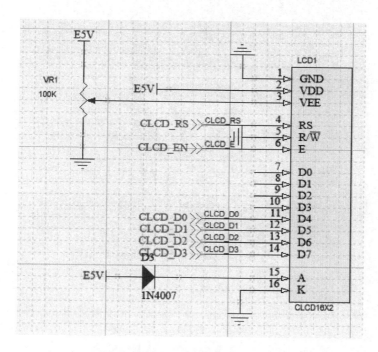

[그림 487] NUCLEOEVB 보드 CLCD 회로

CLCD 핀 설정을 위해 Pinout view 화면에서 PC2, PC3, PC4, PC5, PC10, PC11 핀 위에 커서를 가져가 마우스 왼쪽 버튼을 눌러 GPIO_Output 속성을 선택한다.

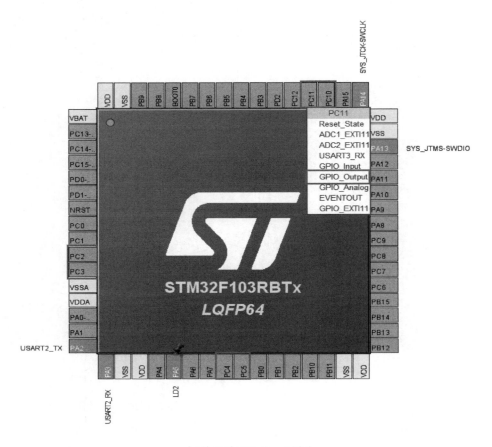

[그림 488] LCD Pinout 변경

각 핀에서 마우스 오른쪽 버튼을 눌러 Enter User Label을 선택하여 PC2 핀은 "CLCD_D0", PC3 핀은 "CLCD_D1", PC4 핀은 "CLCD_D2", PC5 핀은 "CLCD_D3", PC10 핀은 "CLCD_EN", PC11 핀은 "CLCD_RS" 라벨을 입력한다.

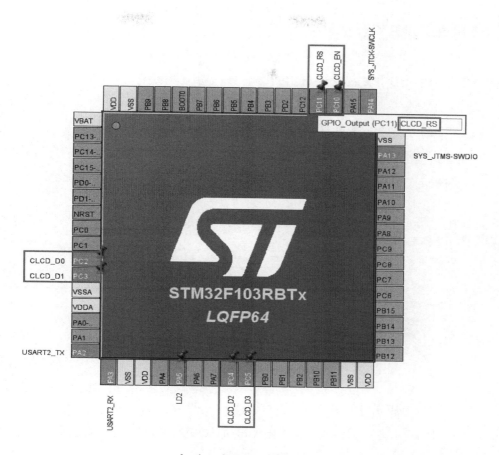

[그림 489] LCD Pinout Label 변경

5.7.7. GENERATE CODE

앞서 설정한 상태에 맞게 코드를 생성하기 위하여 **[Project]→[Generate Code]** 메뉴
(🔧)를 실행한다.

5.7.8. 소스 코드 작성

① CLCD 라이브러리 프로젝트에 추가

CLCD 사용을 위해 작성된 라이브러리를 카페 게시판에서 제공하고 있다. 라이브러리를 다운로드해 프로젝트에 추가해 보도록 하겠다.

다운로드한 clcd.c 및 clcd.h 파일을 "workspace\CLCD\Drivers" 폴더에서 "BSP\NUCLEOEVB\clcd" 폴더를 만든 후 복사한다.

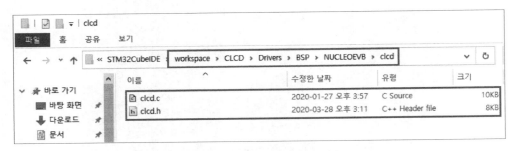

[그림 490] 프로젝트 폴더 내 clcd 라이브러리 복사

STM32CubeIDE의 현재 프로젝트에 커서를 올린 후 마우스 오른쪽 버튼을 클릭하여 Refresh를 클릭하면 프로젝트에 라이브러리가 추가된 것을 확인할 수 있다.

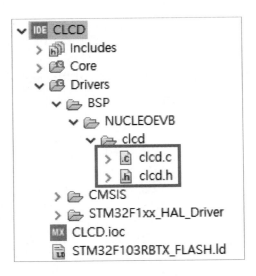

[그림 491] 프로젝트에 추가된 파일 확인

② Include path 추가

프로젝트에 추가된 clcd 라이브러리를 사용하기 전 Include path를 추가하기 위해 [그림 492]처럼 **[Project]→[Properties]** 메뉴를 클릭한다.

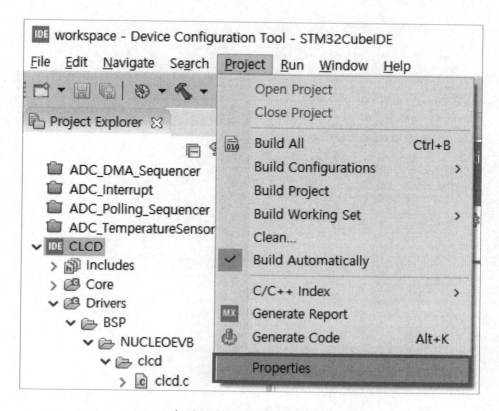

[그림 492] 프로젝트 Properties 열기

[그림 493]처럼 **C/C++ Build ⟩ Settings** 메뉴 선택 후 **Tool Settings ⟩ MCU GCC Compiler ⟩ Include paths**를 선택한다.

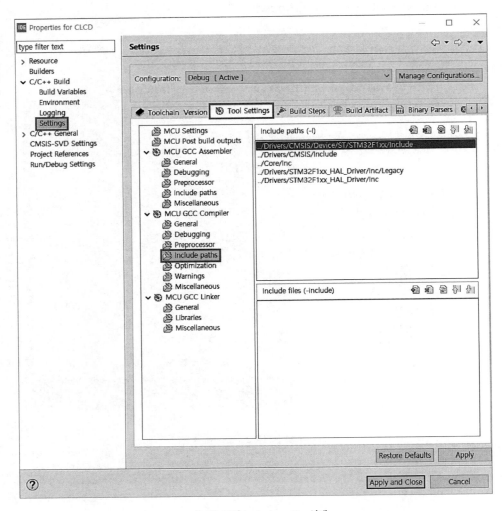

[그림 493] Include paths 선택

Include path 추가를 위해 Add 아이콘(📥)을 누른 후 │**File system···**│ 버튼을 클릭한다.

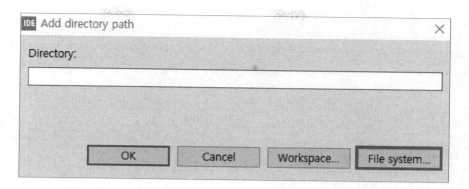

[그림 494] Add directory path

workspace의 CLCD 프로젝트 내 "Drivers\BSP\NUCLEOEVB" 폴더를 선택하고 **폴더 선택** 버튼을 클릭한다.

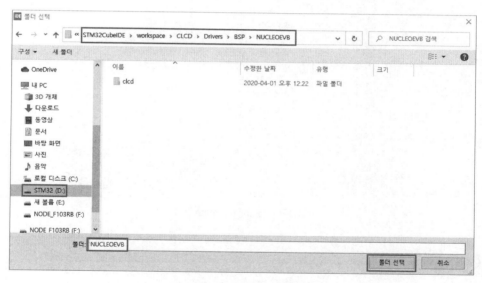

[그림 495] 라이브러리 폴더 선택

[그림 496]에서 디렉터리 경로가 맞는지 확인한 후 **OK** 버튼을 누르고, 변경 사항 적용을 위해 **Apply and Close** 버튼을 누른다.

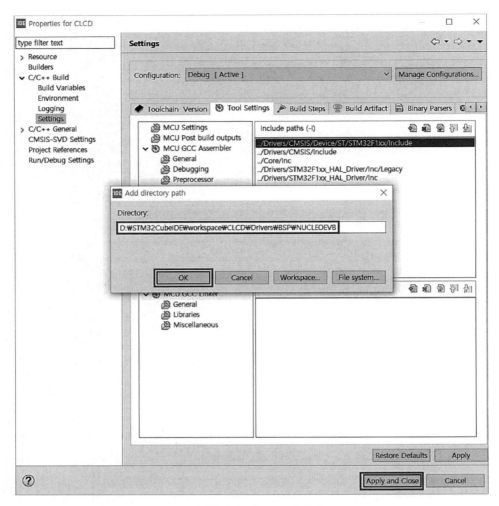

[그림 496] Include path 추가

③ clcd 라이브러리 헤더 추가

main.c 파일을 열고 sprint() 함수 사용을 위한 stdio.h와 clcd 라이브러리 사용
을 위한 clcd.h 헤더 파일을 추가한다.

```c
/* Includes ------------------------------------------------------------------*/
#include "main.h"

/* Private includes ----------------------------------------------------------*/
/* USER CODE BEGIN Includes */
#include <stdio.h>
#include "clcd\clcd.h"
/* USER CODE END Includes */
```

[그림 497] 헤더 파일 추가

④ CLCD 라이브러리와 회로도 핀 맵핑

앞선 CLCD Pinout 설정 내용을 바탕으로 clcd.h 파일에 CLCD 제어를 위한 핀 맵핑을 통해서 드라이버를 NUCLEOEVB 보드에 맞게 포팅한다.

```c
 */
#include "stm32f1xx_hal.h"
#include "main.h"
/**
 * @defgroup TM_HD44780_Macros
 * @brief    Library defines
 * @{
 */

/* 4 bit mode */
/* Control pins, can be overwritten */
/* RS - Register select pin */
#ifndef HD44780_RS_PIN
#define HD44780_RS_PORT        CLCD_RS_GPIO_Port
#define HD44780_RS_PIN         CLCD_RS_Pin
#endif
/* E - Enable pin */
#ifndef HD44780_E_PIN
#define HD44780_E_PORT         CLCD_EN_GPIO_Port
#define HD44780_E_PIN          CLCD_EN_Pin
#endif
/* Data pins */
/* D4 - Data 4 pin */
#ifndef HD44780_D4_PIN
#define HD44780_D4_PORT        CLCD_D0_GPIO_Port
#define HD44780_D4_PIN         CLCD_D0_Pin
#endif
/* D5 - Data 5 pin */
#ifndef HD44780_D5_PIN
#define HD44780_D5_PORT        CLCD_D1_GPIO_Port
#define HD44780_D5_PIN         CLCD_D1_Pin
#endif
/* D6 - Data 6 pin */
#ifndef HD44780_D6_PIN
#define HD44780_D6_PORT        CLCD_D2_GPIO_Port
#define HD44780_D6_PIN         CLCD_D2_Pin
#endif
/* D7 - Data 7 pin */
#ifndef HD44780_D7_PIN
#define HD44780_D7_PORT        CLCD_D3_GPIO_Port
#define HD44780_D7_PIN         CLCD_D3_Pin
#endif

/**
 * @}
```

[그림 498] CLCD 핀 맵핑

⑤ CLCD 라이브러리

CLCD 라이브러리에 구현되어 있는 함수는 **[그림 499]**와 같으며 각 함수 선언마다 간략한 주석이 있지만 드라이버 검증 및 최적화가 되어 있지 않다는 것을 언급한다.

CLCD.ioc | *main.c | clcd.h | clcd.c

```
 * @defgroup TM_HD44780_Functions

 * @brief  Initializes HD44780 LCD
 void CLCD_Init (uint8_t cols, uint8_t rows);

 * @brief  Turn display on
 void CLCD_DisplayOn (void);

 * @brief  Turn display off
 void CLCD_DisplayOff (void);

 * @brief  Clears entire LCD
 void CLCD_Clear (void);

 * @brief  Puts string on lcd
 void CLCD_Puts (uint8_t x, uint8_t y, char *str);

 * @brief  Enables cursor blink
 void CLCD_BlinkOn (void);

 * @brief  Disables cursor blink
 void CLCD_BlinkOff (void);

 * @brief  Shows cursor
 void CLC_CursorOn (void);

 * @brief  Hides cursor
 void TM_HD44780_CursorOff (void);

 * @brief  Scrolls display to the left
 void CLCD_ScrollLeft (void);

 * @brief  Scrolls display to the right
 void CLCD_ScrollRight (void);

 * @brief  Creates custom character
 void CLCD_CreateChar (uint8_t location, uint8_t * data);

 * @brief  Puts custom created character on LCD
 void CLCD_PutCustom (uint8_t x, uint8_t y, uint8_t location);
```

[그림 499] CLCD 라이브러리 구현 함수들

CLCD 컨트롤러인 HD44780의 데이터 시트를 보면 CLCD 제어를 위한 명령어가 **[그림 500]**처럼 나와 있으며, 이를 **[그림 501]**처럼 clcd.c 파일에 선언해 놓았다. 왜 헤더 파일에 define을 선언하지 않았는지 프로그래밍 관점에서 생각해 보기를 바란다.

Instruction	Code										Description	Execution Time (max) (when f_{cp} or f_{osc} is 270 kHz)
	RS	R/W	DB7	DB6	DB5	DB4	DB3	DB2	DB1	DB0		
Clear display	0	0	0	0	0	0	0	0	0	1	Clears entire display and sets DDRAM address 0 in address counter.	
Return home	0	0	0	0	0	0	0	0	1	—	Sets DDRAM address 0 in address counter. Also returns display from being shifted to original position. DDRAM contents remain unchanged.	1.52 ms
Entry mode set	0	0	0	0	0	0	0	1	I/D	S	Sets cursor move direction and specifies display shift. These operations are performed during data write and read.	37 µs
Display on/off control	0	0	0	0	0	0	1	D	C	B	Sets entire display (D) on/off, cursor on/off (C), and blinking of cursor position character (B).	37 µs
Cursor or display shift	0	0	0	0	0	1	S/C	R/L	—	—	Moves cursor and shifts display without changing DDRAM contents.	37 µs
Function set	0	0	0	0	1	DL	N	F	—	—	Sets interface data length (DL), number of display lines (N), and character font (F).	37 µs
Set CGRAM address	0	0	0	1	ACG	ACG	ACG	ACG	ACG	ACG	Sets CGRAM address. CGRAM data is sent and received after this setting.	37 µs
Set DDRAM address	0	0	1	ADD	ADD	ADD	ADD	ADD	ADD	ADD	Sets DDRAM address. DDRAM data is sent and received after this setting.	37 µs

[그림 500] HD44780 Instruction

```
CLCD.ioc      *main.c      clcd.h      clcd.c

117  /* Commands*/
118  #define HD44780_CLEARDISPLAY        0x01
119  #define HD44780_RETURNHOME          0x02
120  #define HD44780_ENTRYMODESET        0x04
121  #define HD44780_DISPLAYCONTROL      0x08
122  #define HD44780_CURSORSHIFT         0x10
123  #define HD44780_FUNCTIONSET         0x20
124  #define HD44780_SETCGRAMADDR        0x40
125  #define HD44780_SETDDRAMADDR        0x80
126
127  /* Flags for display entry mode */
128  #define HD44780_ENTRYRIGHT          0x00
129  #define HD44780_ENTRYLEFT           0x02
130  #define HD44780_ENTRYSHIFTINCREMENT 0x01
131  #define HD44780_ENTRYSHIFTDECREMENT 0x00
132
133  /* Flags for display on/off control */
134  #define HD44780_DISPLAYON           0x04
135  #define HD44780_CURSORON            0x02
136  #define HD44780_BLINKON             0x01
137
138  /* Flags for display/cursor shift */
139  #define HD44780_DISPLAYMOVE         0x08
140  #define HD44780_CURSORMOVE          0x00
141  #define HD44780_MOVERIGHT           0x04
142  #define HD44780_MOVELEFT            0x00
143
144  /* Flags for function set */
145  #define HD44780_8BITMODE            0x10
146  #define HD44780_4BITMODE            0x00
147  #define HD44780_2LINE               0x08
148  #define HD44780_1LINE               0x00
149  #define HD44780_5x10DOTS            0x04
150  #define HD44780_5x8DOTS             0x00
```

[그림 501] clcd.c 파일 내 선언된 매크로

⑥ CLCD 초기화

CLCD_Init() 함수를 호출하여 16자 2라인으로 CLCD를 초기화하고 CLCD_
Puts() 함수를 이용해 CLCD에 문자를 출력한다.

```
    MX CLCD.ioc     .c *main.c ⊠    .h clcd.h      .c clcd.c
 90     /* Initialize all configured peripherals */
 91     MX_GPIO_Init();
 92     MX_USART2_UART_Init();
 93     /* USER CODE BEGIN 2 */
 94     // LCD 초기화
 95     CLCD_Init (16, 2);
 96     CLCD_Puts (0, 0, "NUCLEOEVB");
 97     CLCD_Puts (0, 1, "HEDY Co.LTD");
 98     HAL_Delay (1000);
 99
100     /* USER CODE END 2 */
```

[그림 502] LCD 초기화 코드

⑦ LCD에 변수 출력

CLCD도 컴퓨터 모니터(시리얼 디버깅)와 마찬가지로 표준 출력 장치로 사용할 수
있는데, 가장 쉽게 사용할 수 있는 방법이 sprint() 함수를 이용해 스트링 버퍼(배
열)에 문자열을 만들어 CLCD에 문자열을 출력하는 것이다.

CLCD_Clear() 함수를 호출하여 이전에 출력한 글자를 지운 후 sprint() 함수를
이용하여 count 변숫값을 CLCD에 출력하는 코드를 작성하였다.

```
MX CLCD.ioc        c *main.c ⊠    h clcd.h        c clcd.c

102    /* Infinite loop */
103    /* USER CODE BEGIN WHILE */
104    CLCD_Clear ();
105
106    char sBuf[16] = { 0 };
107    char count = 0;
108
109    CLCD_Puts (0, 0, "NUCLEOEVB");
110
111    while (1)
112      {
113        /* USER CODE END WHILE */
114        sprintf (sBuf, "Count Num = %3d", count);
115        CLCD_Puts (0, 1, sBuf);
116
117        if (count >= 100)
118          count = 0;
119        else
120          count++;
121
122        HAL_Delay (200);
123        /* USER CODE BEGIN 3 */
124      }
125    /* USER CODE END 3 */
```

[그림 503] count 변숫값 LCD 출력 코드

5.7.9. 빌드 및 실행

빌드 및 실행하여 [그림 504]처럼 CLCD에 Count 값이 출력되는 것을 확인한다.

[그림 504] CLCD에 Count 값 출력

5.8. Application

앞선 실습들을 통해서 임베디드 프로그램 개발에 대한 막연한 두려움은 조금이나마 해소되지 않았을까 싶다. 시스템 설계가 완료되어 임베디드 프로그램 개발 업무가 주어진다면 시작에 자신감을 가지기 바란다.

이번 장은 단위 테스트로 진행했던 실습들을 복합적인 동작이 실행되도록 설계 명세서를 정의하였고, 설계 명세서에 따른 프로그램을 구현해 보면서 실습을 마무리해 보자. 구현된 코드 및 NUCLEOEVB 회로도는 게시판을 통해서 공유하도록 하겠다.

5.8.1. Demo1

터치 센서를 누를 때마다 "화면 1→화면 2→화면 3→화면 4"로 CLCD 출력 정보가 전환되고, 각 화면 상태에서 세부 동작 수행에 따른 기능이 수행되도록 프로그램을 구현해 보자.

화면	CLCD 출력	세부 동작
1	VAR: AD 변환값 CDS: AD 변환값	VAR 가변 저항을 돌리면 AD 변환값 출력
2	TCA1047: 온도 HDC1080: 온도, 습도	
3	Servo: 출력값 Encoder: 카운터 값	VAR ADC에 따른 서보모터 동작 엔코더 노브를 누르면 카운터 값 초기화
4	DAC: 출력값 RGB: 출력값	VAR ADC에 따른 DAC 출력 S1~S3 택 스위치 누를 때 각 RGB 값 200씩 증가 S4 택 스위치 누르면 RGB 값 0

〈표 2〉 Demo1 Application 동작 시퀀스

5.8.2. Demo2

스마트폰과 BLE(블루투스 저전력) 모듈이 무선 연결되어 통신 프로토콜을 통해서 NUCLEOEVB 보드의 각 장치를 모니터링 및 제어하는 프로그램을 구현해 보자.

안드로이드 폰 앱은 게시판을 통해서 공유할 예정이며, 프로토콜은 아래와 같이 간략하게 설계하여 구현하도록 하겠다.

STX	CMD	DEVICE	DATASIZE	DATA	ETX
1	1	1	1	variable	1
				데이터형은 little-endian	
	0x52(R)	디바이스 데이터 읽기			
	0x57(W)	디바이스 데이터 쓰기			
	R	V	2	가변 저항(0~4095) 부호 없는 정숫값(unsinged short)	
	R	P	2	조도 센서(0~4095) 부호 없는 정숫값(unsinged short)	
	R	T	4	TC1047 온도 센서(-45.0~125.0℃) 부호 있는 실숫값(float)	
	R/W	E	4	엔코더 부호 있는 정숫값(int)	
	R/W	S	2	서보모터(-90~90℃) 부호 있는 정숫값(short)	
0x02	R	I	4+1	HDC1080 온습도 센서 온도: 부호 있는 실숫값(float) 습도: 부호 없는 정숫값(unsinged char)	0x03
	R/W	D	2	DAC(0~4095) 부호 없는 정숫값(unsinged short)	
	R/W	L	4	LED LED0 값|LED1 값|LED2 값|LED3 값 값 0x00: LED OFF 값 0x01: LED ON	
	R/W	M	3	RGB LED R 값|G 값|B 값 값: 부호 없는 정숫값(unsinged char), 0~255	
	R	R	4	택 스위치 LED0 값|LED1 값|LED2 값|LED3 값 값 0x00: LED OFF 값 0x01: LED ON	
	R/W	1	16	CLCD Line1 문자열	
	R/W	2	16	CLCD Line2 문자열	

〈표 3〉 통신 프로토콜